KB053993

통상의 길 50년

통상의 길 50년

김철수 회고록

초판 1쇄 2019년 08월 30일

지은이 김철수
책임편집 홍은비
마케팅 김선미

펴낸곳 매경출판㈜ **펴낸이** 전호림
등록 2003년 4월 24일(No. 2-3759)
주소 (04557) 서울시 중구 충무로 2(필동1가) 매일경제 별관 2층 매경출판㈜
홈페이지 www.mkbook.co.kr
전화 02)2000-2601(기획편집) 02)2000-2645(마케팅) 02)2000-2606(구입 문의)
팩스 02)2000-2609 **이메일** publish@mk.co.kr
인쇄 · 제본 ㈜M-print 031)8071-0961
ISBN 979-11-6484-012-0(03040)

이 도서의 국립중앙도서관 출판예정도서목록(CIP)은 서지정보유통지원시스템 홈페이지(http://seoji.nl.go.kr)와
국가자료공동목록시스템(http://www.nl.go.kr/kolisnet)에서 이용하실 수 있습니다.
(CIP제어번호:CIP2019032881)

통상의 길
50년

김철수 회고록

매일경제신문사

충돌을 경쟁으로 승화시키고, 다른 문화와 생활 방식을 관용하게 하는
국제 무역은 인간이 할 수 있는 가장 인도주의적 행동이다.

회고록을 시작하며

　해를 넘기면 팔순을 맞이한다. 우연과 행운이 이어지고 주위의 많은 사람에게 큰 빚을 지면서 80년 가까운 세월을 살아왔다. 내년이 되면 우리나라도 광복 75주년을 맞이한다. 자랑스러운 대한민국은 그 역사의 첫 구간을 나와 동행하며 내게 도전과 성취의 기회를 쉼 없이 열어주었다. 나는 그 누구보다 나라에 큰 빚을 지며 살아왔다. 흘러간 모든 시간을 기억할 수는 없지만, 기억나는 데 까지는 모두 기록으로 남기고 싶었다. 그 시간과 그때 일어났던 일들이 온전히 나만의 소유가 아니고, 그 이야기를 알고 싶은 다른 사람들과 공유해야 한다고 믿기 때문이다.

　우리나라는 학업과 군복무를 마친 내게 공직에 나설 기회를 열어 주었다. 그것도 우리 경제발전의 생명줄과도 같았던 수출진흥정책의 일익을 맡겨 주었다. 그로부터 20여 년 동안 나는 우리나라가 세계경제와 호

흡을 맞추며 그 시장을 넓혀 나가도록 돕는 일에 골몰했다. 1970~1980
년대에는 노골적인 보호무역주의에 맞서야 했고, 한국 경제 성장에 걸맞
은 개방의 압박도 점점 거세어졌다. 나는 그 전쟁 아닌 전쟁의 일선에 서
있었다. 정부의 통상협상대표로 가장 오래 머문 기록도 그 때 세워졌다.
특허청장과 코트라 사장으로 그리고 마지막으로 상공장관으로 공직을
마무리할 때까지 '통상'은 시대가 내게 부여한 소명이었다.

　나는 정부를 떠난 후에도 통상을 벗어나지 못했다. 우리나라에서 처
음으로 주요 국제기구의 수장에 도전했지만 그 결과는 절반의 성공에
그쳤다. 나는 WTO 사무차장을 맡으면서 다시 통상의 삶을 이어갔다.
그 후 대학에서, 법률회사에서, 그리고 한 사람의 전문가로서 통상관련
연구소를 설립하는 등 통상 무대에서 활동하며 오늘을 맞이했다.

　물론 나는 대단한 성취를 이루지 못했다. 오히려 눈에 띄지 않는 많은
잘못을 저질렀을 것이다. 내가 정리한 기록을 살펴보고 그 잘못을 찾아
낸다면 그 또한 가치 있는 일이라 생각하며 이 회고록을 정리했다. 기록
에 대한 개인적 욕심이 앞서 5년 전 내가 작성하고 발표했던 연설과 강
연, 그리고 논문을 한데 묶어 국·영문 두 권의 책으로 출간한 적이 있
다. 그 책이 이 회고록의 토대가 되었다. 훗날 내 기록을 살펴보려는 분
들께 이 두 권의 책과 회고록이 서로 보완이 될 수 있을 것이라 생각된
다. 더불어 이 회고록이 최근 악화일로에 있는 통상환경을 조명하는데
도움이 되고 우리의 해결책을 찾는데 참고가 된다면 더 바랄 나위가 없
을 것이다.

　지난 시간의 기억을 되살리려 하다 보니 이번 기회에 반드시 고마움

을 전해야 할 많은 분들을 잊고 넘어가는 경우가 있을 것이다. 나와 함께 정부에서, WTO에서, 그리고 대학과 법률회사에서 일하고 고민한 모든 분들께 진심을 다해 다시 한 번 감사드린다.

마지막으로 나의 80년을 이처럼 기록할 만한 시간으로 만들어준 모든 분들, 나를 지켜준 존경하는 부모님과 사랑하는 가족, 특히 나의 아내 한유순에게 이 회고록을 바친다.

2019년 8월

김 철 수

목 차

1부

통상의 길

2019 무역구제 서울국제포럼에서 기조연설

은퇴를 앞두고

2019 서울국제포럼 기조연설

나는 2019년 5월 무역위원회 주최로 서울에서 개최된 무역구제 서울국제포럼에 기조연설자로 서게 되었다. 은퇴를 앞두고 마지막으로 참여하는 국제 행사가 될 것이었다. 1973년 상공부 과장으로 출발하여 50년 가까이 통상 분야의 길을 걸어온 나로서는 정부 간 통상 관련 행사에서 기조연설을 끝으로 은퇴하는 것은 의미 있다고 생각했다. 따라서 무역위원회 강명수 상임위원이 방문하여 이를 정중히 제안했을 때 기꺼이 받아들였다. 제1차관보 시절 나는 대외무역법을 개정하여 무역구제 업무를 담당하는 무역위원회 설치의 근거를 마련하는 데 직접 참여했다. 통상정책 및 협상을 담당하며 우리 수출에 부과된 반덤핑 등 무역구제 조치들에 대해 고민했고, 문제 해결을 위해 애쓰기도 했다. 우루과이라운드 협상에서는 개인 자격으로 반덤핑협상을 관장하는 협상 그룹의 의장으로 선출되었다. 나는 4년 동안 협상을 이끌었다. 따라서 무역구제 문제는 내게 비교적 익숙한 통상정책의 영역이었다.[1]

무역구제 서울국제포럼은 2000년대 초 시작한 무역위원회의 대표적인 국제 사업으로 세계 주요국 무역구제 기구의 책임자와 WTO 간부들을 초청해 정책 담당자 간의 유대를 강화하고 의견을 교환하는 장 역할을 해왔다. 무역구제제도를 운용하는 주요국의 무역구제 업무 책임자가 모이는 이 행사는 거의 매년 서울에서 개최되며, 중요 국제회의로 발전하고 있다. 우리 기업들은 수입국의 정책 책임자들로부터 직접 해당국의 정책 관행을 들을 기회로 삼아 유용하게 활용하고 있는 것으로 안다. 나는 우리 정부의 대표는 아니지만, 민간전문가로서 적절한 기조연설문을 작성하기 위해 심혈을 기울였고, 이광현 ITI 원장의 도움을 받아 연설문을 준비했다. 아마도 내가 직접 작성하는 마지막 기조연설문이 될 것이었다.

이번 행사의 주제는 '변화하고 있는 세계 무역 환경과 무역구제의 장래'였다. 이 회의는 13개국 무역구제 기구의 대표와 WTO의 규범 국장이 참여하는 큰 규모의 국제회의였다. 나는 기조연설에서 사실에 근거한 주장과 앞으로 무역구제 문제에 어떻게 대응하는 것이 바람직한가에 대해 이야기했다.

'세계무역환경의 변화'는 회의 주제 중 하나였다. 이와 관련해서 국가별로 어느 정도의 공감대가 있을 것이기 때문에, 나는 세계무역환경이 최근 G-20의 보호무역주의와 미국의 일방주의에 따라 악화하고 있다고 주장했다. WTO의 최근 보고서에 따르면 무역 제한조치가 무역 원활화 조치를 상당히 웃돌고 있었다. WTO 사무총장의 최근 연구 발표에는 작년 한 해 5,800억 미국달러에 상당하는 무역에 대해 무역 제한조치가 이루어졌으며 이는 전년에 비해 일곱 배가 늘어난 수준이라는 분석이 실리기도 했다. 또한, 스위스의 연구소 글로벌 트레이드 앨럿Global Trade Alert 의 연구에 따르면 G20 국가의 무역 제한조치는 2008년 이후 약 1만 3,000건 취해졌고, 2018년 말에도 약 1만 건의 무역 제한조치가 지속됐다(이 분석에는 반덤핑, 상계관세, 세이프가드 조치 등이 무역제한 조치에 포함됐다). 즉, 나는 이러한 연구와 통계를 활용하여 세계 무역환경이 악화하고 있다는 사실을 지적했고, 세계 모든 무역국이 세계무역환경 호전을 위해 노력해야 할 마땅한 의무가 있다는 것을 강조했다.

회의의 두 번째 주제인 '무역구제의 장래'와 관련하여 나는 네 가지 고려사항을 먼저 제시했다. 첫째, 전통적으로 무역 구제조치를 취하는 국가들이 정책을 계속 추진하고 있다. 최근에는 과거 조치 대상이었던 많은 개도국이 스스로 무역 구제조치를 취하고 있고, 그 예로 인도가 1995년 이후 반덤핑 관세를 제일 자주 부과한 국가로 부상했다. 둘째, 무역구제 조치는 WTO 분쟁 해결에 가장 중요한 통상 문제로 부상했고, 2018년 말까지 WTO의 총 분쟁 해결 573건 중 55%인 313건이 반덤핑, 상계관세 혹은 세이프가드 관련 사항이다. 따라서 WTO 차원에서 관련 규범 향상을 위한 노력과 회원국의 국내법을 보다 투명하고 공정하게 운영하는 노력이 필요하다. 셋째, 그동안 무역구제 관련 국제적 논의가 중단된 상태에서 일부 국가들이 반덤핑, 상계관세 등 무역구제 관련 국내법을 개정하는 경향이 있고, 개정 일부가 WTO 협정을 위배한다면 WTO 분쟁 해결절차로 갈 가능성이 있다. 마지막으로 많은 WTO 회원국들은 무역 구제 관련 국제 규범이 바뀌어야 한다고 믿고 있다. 도하라운드 무역규범 협상에서 42개 회원국이 2015년 협상 중단에 이르기까지 288개의 새로운 제안서를 제출한 것이 그 증거이다.

정리하자면 이런 것이었다. 위 네 가지 고려사항에 비추어 모든 WTO 회원국들은 무역구제제도가 투명하고 공정하게 운영되도록 힘을 합쳐야 한다. 문제를 해결하기 위해서는 우루과이라운드 때와 마찬가지로 다자간무역협상을 통해 일부 규정의 변경과 협상이 이루어져야 하지만, 현재로서는 2015년 말 도하라운드가 중단된 이후 재개될 가능성은 희박해 보인다. 따라서 이런 다자간 협상이 이루어지기 전까지는 회원국들이 반덤핑, 보조금 상계관세, 세이프가드 위원회 활동에 효율적으로 참여하고 협정에 규정한 대로 관련 국내 조치를 충실히 통고하는 것이 필요하다. 아울러 위원회 활동을 보다 활성화하여 의견교환과 협의를 강화할 필요가 있으며 연례처럼 되어버린 무역구제 서울국제포럼을 어떻게 활용할 것인가에 대한 진지한 토의도 필요하다는 의견을 제시하였다. 다소 강한 톤의 연설이었지만, 정부를 떠나 있는 민간 통상전문가로서는 충분히 할 수 있는 이야기였다고 생각하면서 연설을 마쳤다.

나는 은퇴를 앞둔 통상 원로로써 최근 급변하는 세계 통상환경에서 몇 가지 우려스러운 현상을 보고 후배들에게 당부의 말을 남기고 싶다. 트럼프 행정부 출범 후 미국은 유례없는 전방위 통상공세를 펼치고 있으며 이는 중국과 유럽 연합의 무역보복을 촉발하고 있다. 또한, 미중 무역

전쟁으로 우리나라를 비롯한 주변국들의 우려를 낳고 있으며, WTO 또한 설립 이래 최대의 위기를 맞고 있다. 우리나라는 다소 출혈이 있었으나 이미 한미 FTA 개정협상을 잘 마무리한 바 있다. 앞으로도 수많은 위기와 기회가 있을 것이지만 통상 문제를 다루는 우리의 유능한 인재들이 잘 대처해 나가리라 믿고 있다.

이런 통상환경의 변화 속에서 나는 통상전문가로서 강연하거나, TV에 출연하거나, 신문 인터뷰에 나가 의견을 피력할 기회가 있었다. 은퇴를 앞두고 이런 요청에 응해 나름대로 의견을 피력하는 것은 나의 책무라고 생각되었다. 나는 우선 2018년 6월 SBS CNBC의 시사 프로그램 〈제정임의 문답쇼, 힘〉에 출연하여 제정임 교수와 한 시간 동안 대담을 나누었다. 한미 통상, WTO, 미중 무역 전쟁 등이 대화의 주요 토픽으로 등장했고 이 문제에 대하여 자유롭게 의견을 피력할 수 있었다.[2] 이어 동년 10월에는 경인 지역 언론인 모임인 '월미회'에서 초청을 받아 '미중 무역 전쟁과 한국경제'라는 제목으로 강연을 하게 되었다. 최동호 전 KBS 부사장과 성병욱 전 중앙일보 주필이 초청해준 오찬 강연이었다. 마지막으로 2018년 12월 말에는 〈디지털타임스〉의 이규화 논설실장과 장시간 인터뷰를 하면서 주요 통상 이슈 전반에 걸쳐 의견을 피력했고, 인터뷰는 동 신문 12월 21일 자에 이례적으로 두 페이지에 걸쳐 크게 보도되었다. 유튜브에서도 찾아볼 수 있다.[3]

트럼프 행정부의 통상공세

2017년 초 트럼프 미 대통령은 취임하자마자 그의 공약을 하나둘씩 실행으로 옮기고 있었다. 그가 후보 시절 얘기했던 미국 우선주의 정책이 제일 먼저 실천으로 옮겨진 분야가 통상이었다. 트럼프는 우선 오바마 행정부가 마무리했던 아시아태평양지역 12개국의 자유무역협정TPP 탈퇴를 시작으로 미국에 '나쁜' 무역협정을 철폐하거나 재협상하겠다고 발표했다. 나쁜 협정 중에는 NAFTA와 한미 FTA도 포함되었다. 이어 트럼프는 미국이 과거에 쓰지 않았던 미국 통상확대법 232조, 즉 국가안보를 이유로 한 수입제한 권한을 발동하여 철강과 알루미늄 수입에 대해 각각 25%와 10%의 추가관세를 부과하기로 했다. 이어 미국은 중국을 상대로 통상법 301조에 규정된 지식재산권 침해에 대한 보복 조치로 두 차례에 걸쳐 대중국 수입 2,500억 불에 대해 추가관세 10~25%를 부과함으로써 통상공세는 절정에 이르게 되었다.

중국, 유럽 연합은 미국을 겨냥한 무역보복을 준비하는 한편 미국의 불합리한 통상공세를 WTO에 제소했다. 그동안 GATT/WTO 체제 속에서 진행되어왔던 주요 무역국 간의 협력체제가 깨지면서 세계 통상 환경은 악화일로를 걷게 되었고, 그 상황은 지금도 진행 중이다.

한미 FTA 재협상

트럼프 행정부의 첫 무역협정 개정 대상은 한미 FTA였다. 이 개정 협상은 미국이 통상확대법 232조에 따라 철강제품에 대한 25% 관세인상 조치를 발표한 후였기 때문에, 정부가 미국의 요구와 대미 수출의 중요한 품목인 철강 통상 문제를 어떻게 해결할 것인가가 초미의 관심사였다. 다행히 한미 FTA 개정은 큰 출혈 없이 합의되었다. 일부 분야에서 미국에 약간 유리한 방향으로 협정이 개정되기는 하였으나 수출에 치명적일 정도의 양보는 하지 않았기 때문에 그만하면 선방한 것으로 판단한다. 다만 우리나라가 철강제품에 대한 미국의 관세 인상조치에서 제외되는 대신 과거 3년간의 대미 평균 수출물량의 70% 선으로 제한되는 수량 쿼터 제도를 받아들인 것은 적지 않은 영향을 미칠 것이기 때문에 이것은 큰 출혈이다. 그러나 한미 FTA를 보존하기 위해 최소한의 양보가 불가피했다고 판단되며, 정부가 선제적으로 잘 대응한 것으로 생각한다. 다만 쿼터협정에서 대상 품목을 56개로 세분화한 것은 앞으로 대미 철강 수출의 큰 어려움으로 작용할 것으로 본다.

트럼프 행정부는 한미 FTA 개정 합의가 이루어진 후 자동차와 자동차 부품에 대해 미국 통상확대법 232조 조사를 하고 이 분야에서도 관세인상을 위협하고 있다. 트럼프는 2019년 5월에 유럽 연합과 일본에 대한 232조 조치 여부를 6개월 후 결정하겠다고 했다. 그러나 한미 FTA 재협상 과정에서 자동차에 대한 협의가 있었고 우리 측이 일부 양보했음에도 한국산 자동차와 부품의 면제 결정은 하지 않았다. 예측할 수 없게 움직여 온 트럼프 행정부 통상정책의 향방을 참작하면 우려할 만한 상황이 전개되는 것 같다. 자동차와 부품 수입으로 미국 안보가 침해받을 수 있다는 어처구니없는 미국의 주장과 그에 따른 정책은 우리뿐만 아니라 모든 자동차 수출국에 취하는 태도다. 그 때문에 만약 6개월 후 미국이 유럽 연합이나 일본에 관세인상을 조처한다면 그 여파가 한국에 미칠 수도 있다. 한국은 한미 FTA 재협상에서 자동차 교역 문제를 미국에 이미 양보한 바 있으므로 당연히 관세인상 조치에서는 면제되어야 한다고 끈질기게 주장할 필요가 있다. 미국 행정부가 미국 의회의 계속된 압력으로 NAFTA 대신 체결된 USMCA 협정 비준의 대가로 캐나다와 멕시코에 철강, 알루미늄의 232조 관세인상을 철회했던 결과는 참고할 만하다. 결국, 한미 FTA는 앞으로 우리가 다소의 양보를 하는 한이 있더라도 유지 보존할 수 있도록 노력해야 할 무역협정이라고 생각한다.

WTO의 개혁

WTO는 현재 많은 도전에 직면하고 있다. WTO의 여러 기능 중 그동안 비교적 잘 운영되어왔던 분쟁 해결절차마저 그 핵심 역할을 하는 항소 기구의 위원(재판관)이 미국의 반대로 새로 임명되지 않고 있다. 2019년 연말이면 이 기능이 마비될 수도 있다는 위기의식이 WTO 회원국 사이에 팽배하다. 무역협상 기능도 미국이 도하협상의 무용론을 제기하여 2015년에 중단되었고 그 이후 제대로 작동되고 있지 못하다.

이런 현상은 WTO 설립을 주도하고 지난 70년 동안 다자간 무역체제 운영에 중추적인 역할을 한 미국이 트럼프 행정부가 들어서면서 WTO에 불만을 노골화하고 체제를 수호하기 위한 지도력을 발휘하지 않고 있을 뿐 아니라, WTO 규범을 존중하지 않는데 그 원인이 있다고 생각한다.

지난 2019년 3월 로버트 라이타이저Robert Lighthizer 미국 통상대표부의 대표는 미 의회 증언에서 WTO에 네 가지 불만을 공개했다. 그는 첫째, WTO 분쟁 해결 기능에 있어 패널과 항소 기구는 WTO 협정상 회원국의 권리와 의무를 침해하는 결정을 내리고 있고, 둘째, WTO는 WTO의 규정을 위반한 중국의 국가 주도적, 중상주의적 무역 경제 정책으로 발생하는 도전을 해결하지 못하고 있을 뿐만 아니라, 셋째, 협상 기능에 있어 세계 무역의 새로운 이슈를 효율적으로 다루고 있지 못하고, 세계 경제에서 큰 비중을 차지하고 있는 국가들은 개도국 지위를 고집하고 있으며, 넷째, 일부 국가들이 통고 의무처럼 WTO 협정에 규정된 각종 의무를 이행하지 않음으로 운영에 큰 지장을 초래하고 있다고 주장했다.[4]

나는 이런 불만에도 불구하고 미국이 쉽사리 WTO를 탈퇴하리라고는 생각하지 않는다. 그러나 미국의 불만 사항은 어떤 방식으로든 WTO의 개혁을 통해 개선해 나갈 필요가 있다. 물론 미국의 주장을 개도국이 지지해줄 가능성은 크지 않다. 하지만 개혁 없는 WTO가 더 약화하고 무능한 국제기구로 전락할 가능성이 있다. 몇몇 국가를 중심으로 WTO 개혁문제가 논의되고 있다. 미국이 아직 적극적으로 동참하고 있지는 않지만, 이 개혁 노력을 지지하고 있다. 중국도 앞으로 이런 노력에 동참할 것으로 본다.

우리는 다자간 무역체제에서 가장 많은 혜택을 많이 본 나라로서 WTO 체제가 와해되지 않도록 건설적인 역할을 해야 한다. 우리는 이제 중견무역국으로서 다른 나라와 협조하여 날로 대립으로 치닫는 세계 최대 교역국 사이의 관계를 협력의 길로 이끌고, 선진국과 개도국 사이에서 입장을 조정하는 중재자 역할을 자임해야 한다. 우리는 G20, OECD, APEC, WTO에서 적절한 역할을 함으로써 규범에 입각한 세계 무역 체제가 확립될 수 있도록 더 많은 기여를 할 필요가 있다.

 ## 미중 무역 전쟁

트럼프 대통령은 후보시절 중국을 미국 무역적자의 가장 큰 원인으로 지적했다. 불공정 무역 정책으로 미국의 일자리를 빼앗고 미국의 기술과 지식재산권을 침해하고 있다면서 중국에 미국통상법 301조 조사를 예고했다. 이 조항은 1970~1980년대 이후 민주, 공화 양당 행정부 모두가 자주 사용했던 무역정책도구인데, 협상을 통해 상대국의 무역관행을 바꾸어 놓는 강력한 무기였다. 우리나라도 여러 차례 걸쳐 그 대상이 되기도 했다. 그러나 WTO가 설립된 후에는 거의 사용하고 있지 않았다. 그러나 미국 신 행정부는 WTO에 규정되어 있지 않은 상대방 국가의 불공정 무역관행은 우루과이라운드 이행 법안에 통상법 301조를 원용할 수 있다는 해석을 통해 트럼프의 공약을 실천으로 옮겼다.

미국은 중국을 상대로 2017년 8월 301조 조사를 개시했다. 그리고 2018년 3월 중국이 정당한 대가를 지불하지 않고 미국 기업을 대상으로 기술이전을 강제하고, 미국 내의 투자나 기업 합병을 통해 기술 이전을 도모하며, 미국기업의 영업 비밀을 허가 없이 도용하고 있다고 결론 내렸다. 또한, 이러한 불공정 무역관행 조사를 위해 중국에 협의를 요청했다. 이후 미국은 중국의 기술이전 관련 관행이 WTO 규범에 위배된다는 이유로 WTO에 제소를 단행했다. 여러 차례 협의 절차가 진행됐으나 미국은 2018년 6월과 8월 두 차례에 걸쳐 500억 달러, 9월에는 추가로 2,000억 달러에 상당하는 중국 수입물품에 10~20%의 추가 관세를 부과하기로 결정했다. 2018년 11월 부에노스아이레스의 G20 정상회담에서 시진핑 주석과 트럼프 대통령이 만나 협상을 진행하고 2019년 여러 차례에 걸쳐 고위급 회담을 통해 문제 해결을 시도했지만 해결되지 않았다. 트럼프 대통령은 2019년 5월 10일 그 동안 미루어 놓았던 2,000억 불에 대한 추가관세 10%를 25%로 인상하겠다고 발표하여 양국 간 무역 긴장은 더 한층 고조되고 있다. 중국은 대미 무역 흑자를 줄이는 데 협조하겠지만, 미국이 중국에 제기하는 '구조 문제'에 대한 개혁 요구는 받아들이지 않고 있다. 한편 미국은 자국 내 지지를 업고 이번 기회에 중국 정부주도의 산업무역정책을 바꾸어 보겠다는 생각이 강한 것 같다. 중국도 미국에 일방적 무역 보복을 단행하고 600억 불 상당의 대미 수입품에 관세인상을 단행했다.

미중 무역 분쟁은 표면적으로는 지식재산권 침해가 대상이지만 실제로는 세계 최강대국 사이의 패권 경쟁이라는 국내외 여러 전문가의 시각에 나는 동의한다. 설사 미중 협상이 곧 타결된다고 해도 양국의 경제, 기술 분야의 패권 경쟁은 계속될 것이다. 미국은 중국이 2001년 WTO에 가입하며 점차 시장경제로 이행할 것을 기대했으나 중국 정부의 경제 관여는 더욱 고착화되고 있다. 미국은 중국이 정부주도로 '중국제조 2025'와 같은 정책을 추진하여 막대한 보조금과 금융지원을 통해 미래 산업을 집중 육성하고 있다고 보는 것 같다. 중국은 미국 시장의 중요성을 고려하여 미국의 불만을 잠재우기 위해 농산물, 항공기 등을 추가로 구매하는 것 정도에는 협조할 것이다. 그러나 중국의 발전을 담보하는 핵심 경제 산업 통상정책에 근본적인 변화를 일으키지는 않을 것으로 예상된다. G2 간 이견이 합리적 규범에 따라 해결되고 양국 간 분쟁이 다자간규범 속에서 해결되는 것이 세계 경제 전체를 위해서도 바람직할 것이다. 그러나 그럴 가능성은 적다고 본다.

미중 무역 전쟁이 앞으로 어떻게 전개되든지 양국 의존도가 높은 우리나라는 영향을 가장 많이 받는 나라 중 하나가 될 것이다. 2018년도 우리 수출의 37%(중국 25%, 미국 12%)는 이 두 나라에 의존하고 있고, 우리 기업들은 직간접적으로 중국과의 공급사슬을 보유하고 있다. 대중 수출의 80% 가까이가 부품과 소재인데, 이를 중국 내에서 가공하여 공급하고 수출하는 구조이기 때문이다. 만약 무역 분쟁이 확대된다면 우리 경제에도 상당한 주름이 오게 될 것이 틀림없다. 우리는 이 전쟁의 향방을 좌우할 수 없으므로 무역 분쟁 전개방향에 따라 발생하는 위험에 잘 대응하고 기회를 활용할 준비를 해두어야 한다. 단기적으로 볼 때 우리는 미중 무역 분쟁에서 중립을 지켜야 한다고 생각한다. 현재로서는 이 문제가 국제 규범에 의해 원만히 해결되어야 한다고 주장하는 다른 나라들과 입장을 같이 하면서 WTO 개혁에 동참하는 전략이 가장 현명해 보인다. 그러나 조금 더 멀리 내다보면 우리가 준비하고 해야 할 일이 있다. 먼저 G2 양국에 대한 무역의존도가 과다하다고 생각되므로 시장다변화를 적극적으로 추진해야 한다. 인도, 아세안 등 개도국 진출을 확대하고 아직 FTA가 체결되지 않은 국가에 이를 추진하여 새로운 시장을 확보해야 한다. 또한, 현재 추진 중인 FTA의 조속 타결을 추진하고 시장개방도가 낮은 기존의 FTA 개정 협상을 본격적으로 추진해야 한다. 우리가 참여하고 있는 아시아태평양 국가를 대상으로 한 역내포괄적경제동반자협정RCEP(Regional Comprehensive Economic Partnership)을 빠른 시일 안에 마무리 짓도록 힘을 보태고, 최근 재개하기로 한 한중일 FTA가 동력을 다시 찾도록 주도적 역할을 해야 할 것으로 본다. 그리고 미국이 빠진 포괄적·점진적 환태평양경제동반자협정CPTPP(Comprehensive and Progressive Trans-Pacific Partnership) 가입 문제를 적극적으로 검토해야 한다. 일본과는 어떤 형태의 FTA 체결이 바람직할지 더욱 심층적으로 분석하여 입장을 정할 필요가 있다. FTA 재충전 정책은 미국의 지속적인 일방주의 통상정책의 대비책이다. 이것은 WTO 약화 가능성을 대비한 보험 정책 차원에서도, 새로운 시장 확보 차원에서도 긴요하다고 본다.

악화일로의 세계통상환경

이 회고록을 마무리하는 지금, 세계무역환경은 악화일로를 걷고 있다. 미중무역전쟁은 G20에서의 미중 양국 정상 간 합의에 따라 협상이 재개되고 있지만, 이를 통해 양국 간 갈등이 완전히 해결될 조짐은 아직 보이지 않는다. 미국은 세계 최대 교역국인 EU와의 관계에서도 자동차 및 부품과 관련된 이른바 232조 관세인상 조치와 관련된 갈등을 지속하면서, 프랑스 정부가 현재 추진하는 디지털 세제도입을 정면 반대하고 무역 보복을 예고하고 있다. 최근 WTO가 발표한 한 연구보고서에 따르면 지금 진행되는 세계 무역 분쟁이 지속될 경우, 세계 경제와 무역에 미칠 영향이 상당할 것이라 한다.[5]

이 조사 보고서는 2022년 세계 경제 성장률은 당초 추세치보다 1.96%, 무역은 17% 감소할 전망이며, 이는 2009년 세계 금융 위기와 맞먹는 경제손상 효과라고 분석했다. 무역 분쟁의 부정적 경제영향을 가장 많이 받는 나라는 분쟁의 당사자인 미국과 중국 다음으로 우리나라와 캐나다, 일본이었다.

한편 WTO의 모든 회원국의 호소에도 불구하고 미국은 항소기구 위원의 임명 동의를 계속 거부하고 있다. 이렇게 가다가는 올해 연말이면 WTO의 분쟁 해결 기능이 마비될 수도 있다는 우려가 심각하게 대두되고 있다. 이에 더하여 미국은 일부 선발 개도국이 개도국 우대조항을 원용하지 못하도록 WTO 규정의 개정을 시도하고 있으며, 이것이 관철되지 않을 경우 미국이 일방적으로 개도국 지위를 인정하지 않겠다는 새로운 정책을 발표한 바 있다. 미국의 입장은 일부 국가들의 WTO 개혁 논의에 찬물을 끼얹을 것으로 보이며, 농업 분야의 개도국 지위를 주장하는 한국에 영향을 미칠 가능성이 있다.

이러한 전례 없는 미국의 통상공세는 전후 자국의 추진 아래 확립되어가던 다자간 무역체제에 심각한 손상을 스스로 가져올 뿐만 아니라 국가 간 협력을 와해하는 결과를 낳을 수 있다. 이미 미국은 이민처럼 무역과 무관한 정치적 문제를 통상과 연관 짓고, 근거가 희박해 보이는 국가 안보 문제를 통상 규제의 근거로 활용하는 전례를 남기며 세계 무역 환경을 어지럽혔다. 다른 나라가 유사한 무역 제한조치를 취할 명분을 제공하고 있는 것이나 다름없다.

전통적으로 일본은 우리나라와 함께 세계에서 자유무역을 주장하고 다자간 무역체제를 신봉해왔다. 그러던 일본이 최근 우리나라에 수출규제를 도입하고, 우리를 화이트 리스트 국가에서 제외한 것은 사실상 미국의 일방주의 통상정책을 답습하는 것으로 보인다. 국제통상 규범상 '신뢰'를 이유로 수출규제조치를 취하는 것은 있을 수 없는 일이며 모든 수단을 동원해 저지해야 한다.

세계 2차 대전 이후 세계통상체제는 최근까지 무역자유화의 큰 흐름 속에서 세계 경제성장과 개도국의 경제발전을 이끌어 왔다. 몇 번에 걸친 경제 위기와 침체기마다 보호무역이 부활하고 통상공세가 거칠었던 적은 있지만 대체로 자유무역이 큰 흐름이었고, 세계 무역은 세계 경제 성장세보다 세 배 가까이 신장했다. 그러나 지금의 세계무역 환경은 심상치 않은 위기를 맞았다. 과거에도 미국의 일방적인 통상공세가 있었지만, 그 대상이나 강도 면에서 지금 펼쳐지는 통상환경의 악화는 심각한 수준이다. 무역 의존성이 높은 우리나라는 특단의 조치가 필요한 상황이다. 우리는 모든 지혜를 동원해 이를 헤쳐 나가야 하며 세계 무역 환경 개선을 위한 노력의 선두에 서야 할 것이다.

 ## 은퇴와 앞날

　　나는 법률회사 고문으로 취임한 지 12년이 되는 2017년 가을부터 은퇴를 생각했다. 아직 건강에 특별한 문제가 없었고 일도 그리 힘들지 않았지만, 왠지 모르게 이제는 쉴 때가 되었다는 생각을 하게 되었다. 그동안 정부에서, 국제기구에서 또한 대학에서 치열한 삶을 살아왔고 이제 법률회사로 와 할 만큼 했으니 내가 하고 싶은 일을 마음껏 해보고 싶다는 생각이 들었다. 가족과 더 많은 시간을 나누고 싶었고, 시간이 부족하다는 핑계로 읽지 못했던 역사책도 더 읽고 싶었다. 그동안 미뤄두었던 일본어 배우기도 시작할 때가 된 것 같았다. 2017년 가을에 미국 출장을 다녀와서 법률회사 측에 이런 의사를 전달하고 양해를 구했다. 몇 차례에 걸쳐 퇴진 의사를 밝혔으나 법률회사 측에서는 간곡히 이를 만류했다. 그동안 내게 여러모로 배려해준 회사의 만류를 쉽게 뿌리칠 수 없었다. 그다음 해 말까지 은퇴 시기를 미루겠다고 하고 1년을 더 근무하기로 했다. 2005년 법률회사의 상임고문으로 부임한 후 많은 은혜를 입은 데 대한 나의 최소한의 예의였다.

돌이켜보면 14년이란 짧지 않은 기간 법률회사 고문으로 일하면서, 나는 주로 특허 분야 외국 고객을 확보하는 데 이바지하고자 했다. 특허청장을 지낸 나로서는 이 분야에 어느 정도 감각을 유지하고 있었고 외국인들과 일한 경험도 누구보다 많았기 때문이다. 국내 고객을 확보하려면 과거 정부에서 일할 때 알던 이들에게 부탁해야 하는 상황이었는데, 이게 부담으로 다가오기도 했다. 반면 외국기업과 접촉하고 그들을 설득하는 일은 부담 없이 마음 편하게 할 수 있는 일이었기 때문에 그렇게 희망하게 되었다. 법률회사 측도 주력 고객인 외국기업을 대상으로 효율적 마케팅활동을 펼치고자 했으므로 내 제안을 기쁘게 받아들였다. 나는 그 후 외국 고객을 대상으로 계속 활동해갔다. 오랜 경험을 가진 변리사, 변호사분들이 능숙한 솜씨로 외국 기업의 특허출원 및 소송 관련 사안을 잘 대응해 주었다. 나는 새로운 고객을 유치하고, 특허 분야 정책적 이슈들의 협의를 담당했다. 그리하여 변리사, 변호사들과 좋은 팀을 이루었고, 꾸준히 신규고객을 확보하는 성과를 거둘 수 있었다고 생각한다. 다행히 우리 법률회사는 특허업계의 심한 경쟁 속에서도 외국 특허 사건을 다루는 주요 법률회사로서의 위치를 공고히 할 수 있었다. 그동안 나하고 같이 다니며 초기에 고생한 김성기 소장과 오랫동안 같이 활동한 김태홍 소장 그리고 김동환 변호사에게 감사를 드린다.

나는 2005년 법률회사에 합류하면서 통상 분야의 연구소 설립을 건의했다. 법률회사와 시너지를 이룰 수 있다고 생각했기 때문이다. 또한, 우리나라에서도 무역정책과 관련한 연구 자문 수요도 꽤 있을 것으로 예상했다. 그러나 설립된 무역투자연구원ITI(Institute for Trade and Investment)

의 운영은 쉽지 않았다.

사회과학 분야 민간연구원으로서 상업적 활동의 지속가능성을 확보하기란 쉽지 않은 일이었다. 그러나 이런 어려움 속에서도 법률회사의 지원과 여러 분들의 도움에 힘입어 무역투자연구원은 나름대로 꾸준히 정부, 기업, 국제기구로부터 프로젝트를 수주하고 연구영역을 넓혀 나갔다. 그리고 통상 분야의 민간연구원으로서는 독보적인 위치를 차지하고 있다. 2018년부터는 법률회사로부터 연구원을 분리하여 독자적으로 운영하게 되었다. 나는 독립한 연구원의 이사장으로서, 우리 연구원이 민간통상연구소로서 그 기반을 더욱 공고히 하고 발전할 수 있도록 이광현 원장을 도와 힘을 보탤 계획이다.

나는 공직을 떠나 민간에 와서도 한시도 통상 문제에 관심을 가지지 않은 적 없다. 돌이켜 보면 이런 한결같은 마음은 어린 시절 부모님의 가르침과 처음 공직에 들어설 때부터 갖고 있던 의지, 공직 생활에서의 경험이 크게 작용했기 때문이 아닌가 생각한다.

" 특허청장과 코트라 사장으로 그리고 마지막으로
상공장관으로 공직을 마무리할 때까지 '통상'은
시대가 내게 부여한 소명이었다. 정부와
WTO에서, 대학과 법률회사에서, 그리고 한
사람의 전문가로서 통상 무대에서 활동하며
오늘을 맞이했다. "

2부

배움의 시기

1957년 주일대사로 부임하신 아버님을 따라 일본에서 가족과 함께

격동의 시대, 나의 유년기

 어린 시절

    우리 세대는 해방 몇 년 전에 태어나 어린 시절에 6·25 전쟁을 겪는 등 격동의 시대에 살았다. 나의 아버님은 김유택 씨로 1911년 황해도 재령군 신원면에서 여유 있는 집안의 한학자의 아들로 태어나셨다. 처음에는 집에서 한문을 배우시다가 해주고보를 거쳐 경성고등상업학교(현 서울 상대)를 졸업하신 후 황해도 연백군 천태 금융조합이사로 부임하셨다. 그 후 2년 만에 청운의 뜻을 품고 일본 유학을 결심하셨고, 일본 구주제국대학 법학부에 합격하여 유학하시게 된다. 아버님은 1938년에 대학을 졸업하시고 조선은행 시험에 합격하여 입행하시게 된다. 나는 1941년 아버님이 조선은행 행원으로 군산지점에 근무할 시절 그곳에서 태어났다. 해방 당시 아버님의 근무지가 황해도 해주였기 때문에 그곳에 있다가 아버님을 따라 월남하게 되었다. 배를 타고 한밤중에 남하하던 중 풍랑을 만나 온 가족이 고생했던 일이 어렴풋이 기억난다. 서울에 와서는 후암국민학교를 4학년까지 다니다가 6·25를 맞아 부산으로 내려가 피난 생활을 시작했고 그곳에서 국민학교를 마치고 경기중학교에 입학했다.

어린 시절을 돌이켜보면 나는 부모님을 잘 만나 어려운 시절에도 큰 고생 없이 자랐다. 아버님은 일제 강점기 말엽인 1938년에 일본구주제국대학을 졸업하고, 해방 당시 조선은행의 한국인 간부였다. 따라서 일본이 떠난 후 금융전문가로서 은행뿐만 아니라 정부에서도 중요 보직을 맡게 되셨다. 해방 후 한국은행 초기의 여신부장, 이사를 거쳐 재무부 이재국장을 지내신 후 6·25 전쟁 당시에는 재무부 차관이 되셨다. 부산 임시정부 시절인 1951년에는 한국은행 수석부총재를 거쳐 총재로 취임하셨다.

혼란기였던 부산 피난 시절에도 나는 비교적 안정된 여건에서 학교에 다닐 수 있었다. 한국은행은 부산에서 행원 자녀들의 교육을 위하여 한국은행 학습반이라는 국민학교를 설립했다. 비록 열악한 환경이었지만 텐트 교실에서 5, 6학년 시절을 보내게 되었고, 경기중학교로 진학할 수 있었다. 나와 같이 졸업한 남학생들은 당시 명문 중학교였던 경기, 서울, 경복중학교로 진학했고, 여학생들은 경기, 이화, 숙명 중학교로 간 것으로 기억한다. 여느 학교와 달리 학생 수가 얼마 되지 않았기 때문에 같이 공부한 학생들은 무척 가까운 사이가 되었고, 졸업 후에도 긴밀한 관계를 유지했다. 지금도 연세대 부총장을 지낸 박준서 교수, 울산대 교수를 지낸 임충신 교수, 미국 조지 워싱턴 대학의 김영기 교수와는 가깝게 지내고 있다.

아버님은 항상 바쁘셨기 때문에 자식들과 많은 시간을 보내시지 못했다. 또한, 과묵하시어 집에서도 말수가 적으셨다. 그러나 그때에도 아버님은 자식들 교육에 많은 관심을 보이셨다. 본인이 일본유학을 한 것이 큰 도움이 됐다고 생각하셨는지 영수형님을 제일 먼저 미국으로 보냈다. 형님은 서울대 화학공학과를 졸업하고 장교로 군을 제대한 뒤 바로 위스콘신 대학으로 유학을 떠났다. 이어 고등학생이었던 둘째 여수 형님을 캘리포니아에 있는 한 고등학교로 유학을 보내셨다. 나는 형님들이 일찍 유학을 떠나는 것을 보면서 나도 언젠가는 유학을 가게 되지 않겠느냐고 막연히 생각했다. 해외에 대한 나의 관심은 당시 아버님이 한국은행 총재 시절 추진했던 한국의 국제통화기금IMF과 국제부흥개발은행IBRD 가입과 관련된 활동 때문이기도 했다. 나로서는 당시 이런 국제기구 가입 필요성에 대해서 아는 바가 없었지만, 아버님이 이 일로 자주 해외 출장을 하셨고 국내에서도 외국인을 대상으로 활동하셨기 때문에 외국 이야기를 들을 기회가 종종 있었다. 당시 내가 살고 있던 회현동 한국은행 총재 사택에는 외국인들을 위한 연회가 가끔 개최되기도 했다. 1954년 한국은행 주도로 추진된 우리나라의 국제금융기구 가입은 아버님이 한은 총재로서 추진한 가장 우선순위가 높은 일이었다.

나는 중고등학교 시절 아버님께서 우리나라 중앙은행의 책임자로 활동하는 모습을 보면서 자랐다. 아버님은 이승만 대통령의 상당한 신임을 얻어 1955년 말 한국은행 총재로 중임되었다. 그 후 아버님은 한국은행의 정치적 중립성, 금융의 자율성과 관련해 재무부와 상당한 의견 차이가 있었던 것 같다. 나중에 아버님의 회고록[6]을 보고 알게 된 것이지만, 아버님은 소신으로 자기 뜻을 관철하려고 노력하셨다. 나는 옆에서 아버님이 고민하는 모습을 지켜보았고 1956년 말 대통령에게 사표를 제출하게 된 경위를 들을 수 있었다. 아버님은 공직자로서 소신을 지키는 것이 중요한 일이라는 것을 행동으로 보여주신 셈이었다. 이 일은 나에게 깊은 인상을 남겼고, 후에 내가 공직 생활을 하며 그 신념을 사표로 삼게 되었다.

아버님은 5년간의 한국은행 총재 재임 기간을 마친 후 몇 개월 안 되어 주일대사로 임명되었다. 아버님의 회고록에 따르면 전혀 예상하지 못했던 인사였다고 한다. 당시 경기고 2학년이었던 나와 우리 가족은 일본으로 가게 되었다. 당시 이승만 정부의 외교관들은 일본어를 하지 못하게 되어있었다. 주일대사는 특히 일본어를 쓰지 말 것을 이 대통령이 친히 당부했다고 한다. 그러니 대사의 자제가 일본학교에 다니는 것은 상상하기 어려웠다. 따라서 나는 도쿄미국인학교American School in Japan에 입학했고 동생들은 영국계 국제 학교에서 공부하게 되었다. 영어가 서툴러 고생했지만, 경기 중고등학교에서 영어회화 동아리 활동을 열심히 했던 것이 다소나마 도움이 되었다. 나의 첫 유학 생활의 시작이었다. 1년이 지난 어느 날 아버님께서 나를 형님들이 가 있던 미국으로 보내겠다는 말씀을 하셨다. 나도 이왕 도쿄의 미국학교에서 공부할 바에는 미국 본토에 가서 공부하고 싶다는 생각에 들뜬 마음으로 유학 생활을 준비했다. 나는 1958년 8월, 흥분된 마음으로 혼자 미국으로 떠나 호놀룰루, 샌프란시스코 등 몇 개의 기착지를 거쳐 거의 30시간 만에 뉴욕에 도착했다. 그리고 마중 나온 여수 형님을 따라 매사추세츠의 우스터 아카데미Worcester Academy 고등학교 2학년으로 입학하며 미국 유학 생활을 시작했다. 당시 열일곱 살 때였다.

 ## 미국 유학

우스터 아카데미는 1880년대 영국의 사립학교를 본 따 설립된 사립 고등학교로, 전교생이 약 500명 정도 되는 소규모 고등학교였다. 매사추세츠에서 두 번째로 큰 도시인 우스터 지역의 대학 준비 고등학교Prep School였던 이곳은 당시 하버드 대학에서 공부하던 여수 형님이 여러 군데 알아본 후 추천해준 학교였다. 엄격한 규율과 교육을 강조하는 그곳에서는 모든 학생이 정장을 하고 학교생활을 해야 했다. 어린 나이에 부모와 떨어져 유학 생활을 하는 데는 외로움도 있었고 여러 가지 어려움도 있었다고 기억된다. 그러나 나는 집을 떠난 첫 외국 유학 생활에 적응하기 위해 큰 노력을 했다.

2년 동안 그곳에서 공부하는 동안 특별한 과외수업을 받지 않고도 수업을 따라갈 수 있었다. 도쿄의 미국인 학교를 1년 다닌 것이 큰 도움이 되었다. 영어나 역사를 제외하고는 수학·과학·생물 등 이과 과목들은 서울 학교에서 배운 것으로 충분히 따라갈 수 있었다. 특히 수학은 한국에서는 그리 취미도 없었고 특별히 우수한 편도 아니었는데 미국 고등학교의 수학 수준은 내가 전혀 공부하지 않고도 항상 우수한 성적을 올릴 수 있을 정도였다. 따라서 영어를 비롯한 인문·사회 과목에 열중했다. 내게는 특히 영작문 과목이 어려웠다. 그러나 이때 배운 영어 글쓰기는 후에 대학에서도 큰 도움이 되고 사회에 나와서도 내가 직접 영어 연설문을 쓸 수 있는 능력을 갖추는 데 도움이 되었다. 이 학교는 또한 전인교육에 역점을 두고 있었다. 오후 3시까지는 학과 수업을 하고 그 후 가을, 겨울, 봄에 각각 다른 운동을 선택하여 학교를 대표하는 선수가 되도록 했다. 나는 운동을 좋아했기 때문에 가을에는 축구, 겨울에는 농구, 봄에는 야구를 택해 적극적으로 학교 선수 생활을 했다. 한국에서 가끔 동네 축구를 하던 내 실력으로도 11학년 때 학교대표로 선발되기 충분했고 12학년 때는 축구팀의 주장이 되었다. 실력이 미치지 못했던 농구와 야구는 학교의 제2팀 선수로 활동했다.

고등학교 시절 특별히 기억에 남는 일이 두 가지 있다. 하나는 중창단을 결성하여 미국 학생들과 함께 교내 외에서 노래했던 것이고, 두 번째로는 교내 연극 활동에 참여한 것이다. 나는 원래 음악을 좋아하여 경기 고등학교에 다닐 때도 합창단 소속이었다. 미국에서도 노래 실력을 인정받아 학교 크리스마스 음악회에서 성가를 독창할 기회도 있었다. 12학년이 되자 예일대학 출신 젊은 영어교사가 선생님으로 채용되었다. 이분은 중창단 결성을 추진했고 나는 제일 먼저 이에 응모하여 중창단의 일원으로 무반주 합창을 부르게 되었다. 'Offbeats박자치'라고 위트있게 명명한 이 중창단은 학교행사는 물론 이따금 우스터 지역사회에서 열렸던 학교 모금행사에서도 노래를 불러 꽤 유명해졌다. 12학년이 되어서는 야심 차게 뮤지컬 공연을 계획하기도 했다. 캠퍼스 내에는 졸업생이 기증한 500석 규모의 극장이 있어 여기서 연극공연이 가끔 있었다. 졸업하던 해에는 '가난뱅이에서 부자로From Rags to Riches'라는 미국 작가의 뮤지컬을 올렸고, 나는 이 작품에 나오는 중국인 아편쟁이 역을 맡았다. 단역이었지만 합창하는 장면이 꽤 많아서 즐겁게 공연에 참여했다. 도쿄에 있을 때 한국 교회의 크리스마스 공연에서 '예수의 탄생'이라는 연극을 해봤기 때문에 처음 연극공연에 참여한 것은 아니었다.

돌이켜보면 모든 것이 새로웠던 미국에서의 고등학교 유학 생활은 어려움도 많았지만 나는 새로운 환경에 적응하기 위해 부단히 노력을 기울였다. 이제 우스터 아카데미를 졸업한 지 60년이 되어가지만, 여전히 나는 이 학교에 대한 기억이 새롭다. 그곳에서 처음 미국 유학 생활을 시작했고, 그 후 대학교와 대학원 생활도 성공적으로 마무리할 수 있었다. 그러므로 이 학교에 고마움이 있다. 나중에 귀국하여 국내에서 일할 때도 그때 터득한 바람직한 생활 태도 그리고 국제감각이 보이지 않게 도움이 되었다고 생각한다. 나는 이 고마움을 깊이 간직하고 있으며 얼마안 되지만 지금까지도 매년 우스터 아카데미에 기부금을 보내고 있다. 나는 2010년 아주 오랜만에 이 학교로 돌아가게 되었다. 졸업 50주년을 맞이하여 학교가 제정한 '자랑스러운 졸업생상Distinguished Alumnus Award'을 받게 되었기 때문이다. 집사람에게 내가 다닌 학교를 보여줄 기회가되었고 수상식 행사에 참석한 30여 명의 동창생과도 반갑게 재회하여옛 추억을 나눌 기회도 되었다. 이 학교에 다닌 첫 한국인으로서 상을 받게 된 것은 무척 영광스러운 일이었다. 동창생 중에는 미국 뉴발란스 New Balance사의 창립자이자 회장인 존 데이비스John Davis가 있다. 그 또한 내 시상식에 참석해 축하해 주었다.

 터프츠대학교

비교적 학생 수가 적은 고등학교에 다닌 나는 그런 학교의 장점을 잘 알게 되었다. 따라서 대학 진학 시에 나는 큰 도시 인근에 있는 작은 학교에 가기를 원했다. 학교 성적이 아주 우수하지는 않았지만, 졸업반의 상위 10%에 들었고, 또 외국 학생이라는 희소한 신분 때문에 좋은 대학교에 갈 수 있으리라고 생각했다. 여러 학교의 합격통지를 받았지만 나는 보스턴 근교 메드퍼드Medford에 있는 터프츠대학Tufts University을 선택했다. 아주 작은 학교도 아니고 그리 크지도 않은 대학으로 이공계 대학도 있었으나 인문사회과학 계통의 전통이 강한 대학이었으므로 내게 이상적이었다. 특히 국제관계학 분야에서 유명한 플레처 스쿨 Fletcher School of Law and Diplomacy(외교관 및 국제전문가 양성 대학원)이 캠퍼스 내에 있어 이것도 마음에 들었다.

당시 대학원에는 한국 학생이 드물게 있었지만, 학부에는 나 혼자 한국인이었다. 그러나 나는 대학 생활을 순조롭게 시작했고 고등학교 때처럼 다양한 과외활동과 스포츠팀에 참여했다. 처음엔 경제학을 전공할 생각에 경제학 분야 수업을 들어보았지만, 적성에 맞지 않았다. 오히

46

려 역사학과 정치학 과목들이 더 흥미로웠다. 불어에도 관심이 생겨 불어 과목을 수강했고, 외국어에 관한 관심이 커져 이탈리아어 수업도 들었다.

2학년이 되었을 때는 1학년 때 재미를 붙인 역사학과 정치학 모두 전공하기로 했다. 복수전공을 위해 두 분야에 걸쳐 상당수의 과목을 들어야 했는데, 역사학 쪽은 될 수 있으면 필수과목만을 들었고 정치학 쪽에 더 비중을 두었다. 플레처 스쿨의 저명한 교수들이 학부에서도 강의했기 때문에 국제정치학 과목을 많이 들었다. 아버님이 외교관으로 활동하시는 것을 보며 자랐기 때문에 그에 대한 동경도 작용했다. 후에 대학원에 가서는 비교정치학으로 관심이 바뀌었다.

대학 2학년이 되어서는 집안 형편이 어렵게 되었다. 4·19 이후 아버님은 주영대사를 그만두고 귀국하여 그해 7월 주변 사람들의 권유로 인천에서 국회 의원선거에 출마하여 떨어지셨다. 자세히는 모르지만, 한국은행 총재로 은퇴하시며 상당한 퇴직금을 받으셨는데 4년간 주일대사와 주영대사를 지내는 동안 아들들의 해외 유학비용을 충당하신 상태에서 선거를 치렀기 때문에 어려움에 봉착하신 것 같다. 나는 당시 대학에서 등록금 일부만을 장학금으로 받으면서 공부했으므로 적지 않은 돈을 집에서 받아왔다. 어머님께서 편지로 어려운 사정을 말씀하시면서 앞으로 돈을 보내지 못할 터이니 대책을 마련하라고 하셨다. 나는 학교에 근로 장학금을 신청하여 교정에서 일하며 장학금을 받아 등록금을 갚게 되었고, 주말에는 인근 고급휴양지의 일류 식당에서 웨이터로 일하며 용돈을 마련했다. 방학 때는 될 수 있으면 짧은 시간에 많은 돈을 벌 수 있는 일을 구했다. 당시에도 외국 학생의 취업제한은 있었지만, 단속을 잘 하지 않을 때여서 여러 가지 일을 할 수 있었다. 여름방학 동안 뉴욕의 FNCB(지금의 CITI BANK)에서 불어를 영어로 번역하는 일도 해 봤고, 메인 주에 있는 고등학생들을 위한 하기학교에서 학생을 지도하는 카운슬러 역할, 그리고 겨울방학 동안 보스턴 시내에서 엄청나게 두꺼운 전화번호부를 트럭에 싣고 사무실에 배달하는 일까지 다양한 경험을 해보았다. 당시는 서럽기도 하고 힘들었던 일이었지만 돌이켜보면 다 즐거운 추억이다. 3학년 때는 내가 지내던 기숙사의 사감을 보좌하여 신입생과 저학년 학생들을 지도하는 학생감독관으로 선정되어 기숙사 비용과 식사를 완전히 해결할 수 있었다. 돈을 벌어서 유학 생활을 해야 했기 때문에 3학년 때는 과외활동을 자제할 수밖에 없었고 좋아하는 운동도 중단했다. 대학에서는 축구선수가 되었지만, 시합 도중 골절상을 입어 선수로서의 생활은 마감하게 되었다. 그러나 고등학교 시절부터 배운 테니스는 교내 대회에 나가 결승전까지 진출하는 좋은 성적을 올릴 정도의 실력을 키울 수 있었다. 사회생활을 하면서도 테니스는 젊은 시절의 주된 취미생활이었다.

대학 고학년에 들어서면서 장차 한국에 돌아가 어떤 일을 할 것인가 고민하게 되었다. 막연히 정부에 들어가 일하고 싶다는 희망을 품었지만, 구체적인 복안은 없었다. 부모님께 이런 희망을 편지로 말씀드렸지만 어떤 지침도 주지 않으시고 공부 열심히 하라는 당부만 하셨다. 어머님은 한 달에 한 번씩 편지를 쓰셨다. 일찍 유학한 내가 혹여 한문을 잊을까 항상 한문을 섞어서 편지를 보내셨다. 그리고 나도 한문을 써서 답장

48

을 보내라고 주문하셨다. 사전을 찾아가며 한문을 써 편지를 보내면 틀린 한자를 고쳐서 다시 보내주시기도 했다. 덕분에 나는 어느 정도 한문을 익혔으며 이것이 나중에 정부에서 일하는 데 큰 도움이 되었다.

나는 3학년이 되어서야 대학원에 진학하겠다는 생각을 굳혔다. 학자로서의 길을 걷기 위해서가 아니라 귀국해서 정부에서 일하려면 석·박사 학위가 있으면 유리할 것이라는 판단을 스스로 하게 된 것이다. 나는 대학교 1~2학년 때는 학교 성적이 그다지 좋지 못했다. 핑계 같지만 내가 벌어서 공부해야 하는 상황이었기에 항상 시간에 쫓겼기 때문이다. 그러나 대학원 진학을 결심하고는 성적을 끌어올리지 않으면 안 되었고 3학년이 되어서는 일하면서 공부하는 생활 방식에 익숙해졌다. 공부하는 요령도 많이 좋아져서 성적도 끌어올릴 수 있었다. 학부에서는 복수전공을 했지만, 대학원에서는 정치학을 전공하기로 하고 정치학과목에 집중하여 3, 4학년 수강계획을 짜게 되었다.

사회과학도로서 당시의 어려움은 대학원을 갈 때 충분한 장학금을 받기가 쉽지 않다는 것이었다. 지금도 그렇지만 공학이나 자연과학 계통보다 인문계나 사회과학 분야는 그때도 장학금이 충분치 않았다. 그래서 나는 입학지원서를 낸 대학원 중에서 연구 장학금을 주겠다고 한 암허스트에 있는 매사추세츠 주립대학을 선택했다. 나는 고등학교부터 대학원까지 유학 생활을 모두 매사추세츠에서 한 셈이다. 유매스UMASS라고 불렸던 이 대학은 내가 가게 될 무렵 주 정부에서 막대한 교육예산을 투입해 학교 시설과 교수진을 대폭 보강하던 시기였다. 내가 가게 된 정치학과도 미국의 저명한 교수들이 대거 새로 영입되어 훌륭한 학과로 형성되어가고 있었다. 나는 1964년 가을 유매스에서의 대학원 생활을 시작했다.

유매스대학원

대학원 생활을 시작한 지 1년이 된 시점에 부모님이 미국에 방문하셨다. 그동안 아버님은 한 번 다녀가신 적이 있었지만, 어머님은 꼬박 8년 만에 뵙게 되었다. 나는 오래 귀국을 하지 못했으니 한 학기를 휴학하고 부모님과 함께 한국으로 돌아갔다. 고등학교 2학년 때 떠난 한국이 어떻게 변했는지 궁금했고 기대 또한 컸다. 당시 나는 24살로, 결혼이 급한 상황은 아니었다. 그러나 미국에서 대학원 생활을 막 시작했고 박사 학위를 받을 때까지 앞으로 몇 년은 더 공부해야 했다. 따라서 좋은 사람을 만날 수 있다면 결혼을 하고 함께 미국으로 돌아가 학업을 이어가는 것도 나쁘지 않다고 생각했다. 부모님도 같은 생각이셨다. 당시 이화여대에 다니고 있던 사촌 동생이 친구를 소개해주겠다고 해서 나가보니 불문과 4학년에 다니고 있던 한유순이 나와 있었다. 청순하고 매력적인 여성이었다. 내 아내가 될 이 사람은 아직 어렸기 때문에 결혼을 전제로 나온 것은 아니었다. 우리는 운명적인 첫 만남 이후 수차례 더 만나며 친해졌고, 1965년 말쯤 그녀는 내 청혼을 받아주었다. 당시 이화여대 학칙상 졸업 전 결혼은 금지되어 있었다. 그러나 내가 미국으로 돌아가 학업을 계속해야 했으므로 어쩔 수 없이 졸업 전 1966년 초로 결혼날짜를 잡고 많은 하객의 축복 속에서 성대한 결혼식을 올렸다. 아버님이 알고 지내시던 윤일선 서울대 총장님이 주례를 서 주셨다.

나의 장인어른이 되신 분은 한희석 씨로 일제 강점기 말기인 1936년 일본 고등 문관시험 행정과에 합격하여 창녕·동래 군수와 평안남도 지방과장을 지내셨다. 해방 후에는 내무부 지방 국장과 차관을 지내시고 천안에서 1954년에 자유당 소속으로 국회의원에 당선된 후 재선에 성공하여 1958년에 국회부의장으로 선출되었다. 자유당 실력자의 한 분으로서 4·19 이후 옥고를 치르시는 파란만장한 정치역정을 겪은 분이셨는데 내가 집사람과 결혼할 때는 쉬고 계셨다. 자녀들에게는 항상 따뜻하고 자상한 아버지셨으며 특히 집사람을 많이 아끼셨다. 사위인 내게도 친절하고 정중히 대해주셨다. 우리 내외가 결혼 후 미국으로 떠난 뒤 장인어른은 진양화학의 사장과 회장을 역임하시고 후에는 한국신발 수출조합 이사장으로 활동하셨다. 우리 내외가 귀국하고 내가 정부에 들어간 지 10년 뒤인 1983년 8월에 별세하셨다.

우리 내외는 결혼 후 곧바로 미국으로 떠나 대학원 생활에 복귀하였다. 사학과 교수의 집 2층에 조그마한 개조 아파트를 빌려 신혼생활을 시작하게 되었는데, 넉넉하지 않은 생활이었지만 희망을 품고 행복하게 생활을 시작했다. 나는 대학원에 들어간 지 2년 차에 학교에서 강의 장학금을 받게 되어 형편이 다소 좋아졌다. 미국에서 고등학교·대학교를 마친 관계로 외국인 학생치고는 영어가 자유로웠고 성적도 괜찮았기 때문이었다. 장학금이 늘어나 도움은 됐지만, 생활은 넉넉하지 않았다. 집사람은 근처 도서관에서 시간제로 일하며 나를 도와주었고 타자를 배워 내 논문을 입력해주곤 했다. 나중에는 박사 학위 논문도 직접 타자를 쳐 주었다. 이렇게 넉넉하지 못한 생활을 하고 있다가 조그만 기회가 생겼다. 내가 3년 차 대학원 공부를 시작할 때쯤 매사추세츠 정부는 많은 예산을 투입하여 유매스의 기숙사동을 신축했다. 이어 기숙사동에서 학생들을 지도할 사감을 뽑는다는 소식이 들렸다. 나는 물론 응모하였다. 기숙사 사감에게는 신축한 기숙사의 괜찮은 아파트를 무료로 제공했고, 많지는 않지만 소정의 보조금을 지급했다. 학생으로서는 괜찮은 자리였다. 심사과정에서 외국 학생으로 유일하게 응모했다는 점, 학부 시절 기숙사에서 학생 감독관을 지냈다는 점, 여름방학 때 캠프에서 고등학생들을 상대로 지도했던 경험이 있다는 점 등이 고려되어 나는 사감으로 선정되었다. 이렇게 나는 새로 지어진 22층 규모의 워싱턴 타워 기숙사 사감이 되었다. 남학생만 거주하는 기숙사였기 때문에 집사람이 19층에 있던 사감 아파트에 출입할 때 더러 불편한 점이 있었지만 참아주었다. 이때부터 우리 부부는 내가 박사 학위를 끝낼 때까지 경제적으로 큰 어려움 없이 순탄한 시절을 보냈다. 나는 학부 시절과 석사과정에서는 국제관계론에 관심이 많았고 이 분야 과목들을 주로 수강했다. 하지만 박사과정에 들어서면서 비교정치론 쪽으로 관심이 치우치게 되었다. 당시 우리 대학원에는 이 분야의 저명한 교수들이 많았다. 유럽 정치학의 제라드 브론톨Gerard Braunthal 교수, 일본정치학의 존 마키John Maki 교수, 중국정치학의 프랭클린 훈Franklin Houn 교수, 미국정치학의 존 펜튼 John Fenton 교수 등 학계에서 널리 인정받고 있던 학자들에게서 좋은 강의를 들을 수 있었다.

나는 1968년 박사 학위 논문을 쓸 자격을 부여하는 박사 자격시험을 치렀다. 비교정치론 과목의 브론톨 교수의 문제가 독특하여 기억에 남는다. 그는 시험장에 들어오더니 칠판에다가 'Sum Up'이라고만 적은 뒤 그대로 시험장에서 나가버렸다. 나를 비롯한 학생들은 세 시간 동안 아는 대로 써 내려갔다. 어떤 답을 제출했는지는 기억나지 않지만 좋은 시험문제라고 생각했던 것은 기억한다. 다행히 나는 첫 시험에 모두 합격하여 논문 쓸 자격을 획득했다. 내가 경쟁력이 있다고 생각되는 논문 주제를 정하는 데는 상당한 시간이 걸렸다. 나는 비교정당론에 관심이 있었고 한국 관련 논문을 쓰는 것이 경쟁력 차원에서 유리할 뿐만 아니라 언젠가는 돌아가서 일하게 될 모국의 정치제도와 상황에 대해 더 잘 알 기회라는 생각으로 '한국 정치에 있어서의 정당과 파벌Parties and Factions in Korean Politics'이라는 주제를 택하고 지도교수 배정을 받았다. 박사 학위 심사위원장은 중국인 교수였던 훈 교수가 맡았고 위원에는 비교정치학을 전공한 제라드 브론톨 교수, 리차드 미니어Richard Minear 교수가 배정되었다.

 ## 대학교수 임용

나는 논문의 기초연구를 위해 자료 수집을 하며 교수직을 알아보게 되었다. 당시 사회과학 분야에서는 박사 자격시험 후에 논문을 쓰면서 대학 조교수로 일하는 것이 흔한 관례였다. 그리고 오랫동안 넉넉하지 못한 대학원 생활을 했으므로 조금 나은 환경에서 살고 싶은 희망도 있었고 아이도 갖고 싶었다. 나는 버지니아의 조그마한 사립대학과 뉴욕 캔턴에 있는 사립대학인 세인트로렌스 대학에서 초빙을 받아 정치학과 조교수로 부임하게 되었다. 때는 1967년 가을이었고, 나는 스물여덟 살이었다. 세인트로렌스는 전교생이 2,000명이 안 되는 작은 대학으로, 인문사회계통 교육을 강조하는 우수한 학생들이 모인 대학교였다. 학기가 시작되자마자 나는 미국정치론, 행정학 개론과 동아시아 정치론을 맡아 정식 교수로서의 생활을 시작하게 되었다.

유매스 대학원생으로 강의보조 교수 생활도 해보았고, 박사 자격시험을 마친 후에는 미국여자대학인 스미스 대학Smith College에서도 강의한 경험이 있어 강단에 서는 것은 처음이 아니었다. 하지만 한 학기에 세 과목을 가르치는 것은 큰 부담이었고, 많은 시간과 준비가 필요했다. 대학원생때보다 더 많이 공부하고 수업에 나가야 마음이 놓일 정도였다. 한 과목 당 한 시간을 강의하는데, 대충 열 시간의 준비가 필요했으므로 눈코 뜰 새 없이 교수로서의 첫해를 보냈다. 예상했던 것과 달리 강의 때문에 박사 학위 논문을 쓸 시간도 없었다. 첫해는 온전히 교수로 보내며 강의 부담을 덜고 난 후에야 다시 논문에 착수할 수 있을 것 같았다. 나는 교수로 남기를 원해서 대학 조교수로 부임한 것은 아니었다. 박사 학위를 마치고 나면 귀국하여 정부에 들어갈 수 있기를 희망하고 있었다. 하지만 처음 의도와 달리 나는 박사 학위를 끝내지 못한 상태에서 갑자기 귀국하게 되었다.

갑작스러운 귀국과 군대 생활

1970년 봄 학기가 시작되어 학기 중간쯤 왔을 때 서울에서 여수 형님으로부터 전화가 왔다. 내가 군대에 가지 않은 것이 문제가 되어 당시 국회의원이셨던 아버님의 이름이 신문에 거론되고 있고, 내가 귀국하여 군대에 입대해야 한다는 긴박한 전화였다. 당시 아버님은 초대 부총리 겸 경제기획원 장관을 역임하신 후 제6대 국회에서 공화당 전국구 의원으로, 그리고 제7대 국회에서는 충북 제천·단양에서 지역구 의원으로 당선되어 국방위원회 소속의원으로 활동하고 계셨다. 당시 유명 인사들의 자제가 입대를 피하고 미국유학을 떠나 돌아오지 않는 것이 큰 사회적 이슈였다. 아버님은 당시 공화당의 비중 있는 국회의원으로서 그리고 국방위원으로서 이 비판의 표적이 되셨던 것 같다. 물론 나는 정해진 절차를 거쳐 유학을 떠났으며 유학 중에도 징집 연기신청서를 내고 허락을 받았기 때문에 불법으로 유학 중인 상태는 아니었다. 그러나 나는 직감적으로 내가 빨리 군에 가지 않으면 아버님에게 상당한 불이익이 올 거라는 생각에 귀국을 결심했다. 다음날 나는 우선 정치학과 학과장과 대학 총장에게 사정을 말하고 교수직에서 사퇴하겠다는 내 처지를 밝혔다. 학기 중간이었기 때문에 내가 맡은 과목을 동료 교수들이 대신 가르치도록 부탁도 해야 했다. 다행히 그들은 내가 처한 어려운 사정을 이해해주어 과목을 맡아주었다. 그리고 열흘 만에 집사람과 함께 귀국길에 올랐다. 집을 떠난 지 12년 만에 계획했던 박사 학위를 취득하지 못하고 귀국하게 된 것이다. 집사람은 내가 대학교수가 되면서 그동안 미루어 왔던 임신을 했고, 아기를 가진 상태에서 같이 귀국하게 되었다.

이 같은 상황에서 군에 가게 되었기 때문에 사병으로 갈 수밖에 없었다. 나는 당시 스물아홉 살이었기 때문에 동료 사병들보다 훨씬 나이가 많았다. 그리하여 '아저씨' 혹은 '영감' 소리를 들으며 3년 가까이 군대 생활을 하게 되었다. 적지 않은 나이였지만 젊을 때 운동을 많이 한 덕분에 체력은 괜찮은 편이었다. 귀국 후 얼마 되지 않아 수색에 있는 30사단 신병훈련대에서 8주 기초훈련을 받고 전방에서 3개월, 그 이후에는 육군사관학교 근무부대에서 나머지 군대 생활을 마쳤다. 강원도 양구의 21사단 66연대 수색 중대에서 근무하는 동안 아들 주홍이가 태어났지만, 그 소식을 다음 날에야 듣게 되었다. 나는 특별휴가를 받아 며칠 후에야 아이를 볼 수 있었다. 집사람은 남편 없이 첫 아기를 키우느라 어려운 시간을 보냈다. 하지만 힘든 가운데서도 여러 일을 잘 참아내며 시련을 견뎌내고 있었다. 집사람한테는 미안한 마음뿐이었지만 내가 할 수 있는 일이 없어 답답했다. 잘 버텨주기만을 바라고 있었다.

미국에서 대학교수를 하던 사람이 사병으로 군대에 가게 되었으니 적응하기 쉽지 않았다. 그러나 나는 단단히 각오하고 새 환경에 적응하려고 노력했고 누구에게도 내 경력을 밝히지 않았다. 나중에 내 얘기가 알려지면서 주변에서 놀라기도 했다. 육군사관학교 근무부대로 배치되며 내 경력이 알려졌고, 나는 교수부 정치학과 행정병으로 근무하게 됐다. 당시 학과장이었고 후에 육사 교수부장으로 승진하셨던 이동희 대령이 많은 배려를 해주었고 교관 장교들도 신경을 써 주었다. 지금까지도 이분들에게 고맙게 생각하고 있다. 군대 생활 3년은 나를 한국생활에 빨리 적응하게 하는 즉효약이 되었다. 인내심과 힘든 여건을 돌파할 수 있는 추진력을 키워주었던 것 같다. 뒤늦게 들어간 군에서 사병으로 견딜 수 있다면 제대한 후 무슨 일이라도 할 수 있겠다는 자신감도 생겼다.

군대 생활을 하는 동안 아버님 관련 소식 하나가 나를 몹시 당황하게 했다. 1971년 1월 발표된 제8대 국회의원 선거의 공화당 공천명단에서 아버님의 이름이 빠진 것이다. 제7대 국회의원 선거에서 아버님은 압도적인 표 차로 충북 제천·단양에서 당선되었고, 당시 주변에서 제8대 국회에서도 공화당 공천으로 국회 진출을 예상하던 와중에 나온 뜻밖의 결과였다. 당시 나는 병영에 있었으므로 아버님이나 집안의 분위기가 어땠는지 알지 못하지만 짐작할만했다. 얼마 후 외출을 나가 아버님을 뵙고 혹시 내 군대 문제의 후유증으로 공천에서 탈락하신 것이 아니냐고 여쭤보았다. 아버님은 그렇지 않다고 잘라 말씀하셨고 나를 안심시켰다. 자세한 얘기는 하지 않고 공화당 내부의 문제라고만 말씀하셨다. 박정희 대통령 시절 정부에 기용되어 요직을 거쳤고 공화당에서도 재정위원장 직까지 맡으셨던 아버님이 왜 제8대 국회 때 공천에 탈락하셨는지 나는 알 수 없었다. 아버님도 이 사안에 대해 어떤 말씀을 하지 않으신 것으로 알고 있다. 아버님이 쓰신 회고록 《회상 65년》에도 관련된 언급이 없을 뿐 아니라 박정희 대통령 시절 하셨던 여러 역할에 대해서도 언급을 자제하셨다. 나는 혹시 내가 그 원인을 제공하지 않았을까 하는 의구심과 죄송함을 아직도 가지고 있다.

몸은 군대에 가 있었지만 나는 끝맺지 못한 박사 학위 논문에 대한 고민을 계속 안고 있었다. 박사 자격시험에 합격하고 5년 이내에 학위 논문제출이 완료되어야 했기 때문에 군대 생활 3년을 제외하면 논문을 쓸 시간은 2년 밖에 없기 때문이었다. 나는 제대 하자마자 서재의 문을 걸어 잠그고 3개월간 집중하여 논문을 쓴 뒤 지도교수의 지침을 몇 차례 받아 드디어 논문을 마칠 수 있었다. 논문심사 위원장이었던 지도교수는 나의 특수한 사정과 외국에 있다는 것을 고려하여 학위 예정자가 직접 논문을 설명하는 논문방어 절차Defence를 생략하도록 양해해주고 다른 교수들의 동의도 받아주었다. 1973년 5월에 논문이 완성되어 심사위원회를 통과하였고 나는 학위를 받았다.

나는 〈한국 정치에 있어서의 정당과 파벌〉이라는 제목의 박사 학위 논문에서 해방 후 한국정당의 창당과정부터 1971년 대통령 선거까지 약 25년 동안의 한국정당 발전과정을 다루었다. 이 기간에 우리 정당은 격동의 역사 속에서 근대정당의 면모를 갖추지 못하고 정당의 역할을 제대로 하지 못하는 상황이었다. 따라서 논문은 주로 우리나라 정당이 어떻게 서구의 발전한 정당과 차이가 있는지를 이념적 측면, 통치 과정에서의 역할 측면과 선거 과정에서의 역할 차원에서 분석했다. 그리고 1971년 대통령 선거 사례연구를 포함했다. 나는 논문을 끝내면서 다음과 같은 결론을 냈다.

"한국정당은 궁극적으로 정치안정, 정책 결정과 국민의 안녕을 위해 어떤 기여를 했는가가 평가의 기준이 되어야 한다. 낯설은 외국제도가 25년 동안 뿌리를 내리리라고 기대하기는 어렵다. 한국정당의 병폐는 여러 복잡한 뿌리에 기인하여 그를 치유하는 방법은 한국의 정치전통을 조심스럽게 되돌아보면서 정치지도자들과 국민이 자유민주주의에 흔들리지 않는 헌신을 할 때만이 가능하다. 따라서 한국 정당정치의 발전은 조금씩 그리고 단계적으로 이루어질 것으로 봐야 한다.[7]"

25년 후 나는 이 대학에서 또 하나의 학위를 받게 되었다. 1997년 WTO에 재직하는 동안 학교 당국에서 내게 명예 법학박사 학위를 수여한다는 연락을 받았다. 나는 미국에 있는 친척 친지들, 가족과 함께 졸업식에 참석했다. 그날 명예박사 학위는 나 외에도 스미스 대학 총장 루스 시몬스Ruth Simmons, AFL-CIO 회장이자 저명한 노동 운동가 존 스위니John Sweeney, 〈보스턴글로브〉의 저명한 기고가 마이크 바니클Mike Barnicle, 그리고 매사추세츠 고등교육재단 이사장 폴 마크스Paul Marks에게 수여되었다. 미국대학에서 처음 받는 명예박사 학위였으므로 큰 영광이었고 특히 모교로부터 받게 되어 더욱 특별한 의미가 있었다. 유매스 졸업생으로 귀국하여 자국의 장관이 되었다는 것, WTO의 사무차장으로 활동하고 있다는 것, 그리고 모국과 WTO에서의 공직 생활이 평가된 결과로 생각했다.

3부

정부에서

1993년 12월 역대 원로 상공장관을 모신 자리에서
(왼쪽부터 17대 정래혁, 9대 김일환, 19대 박충훈, 18대 유창순 장관)

상공부 공직생활

시장3과장

     나는 군대생활과 박사학위 과정을 끝낸 뒤 내가 희망하던 대로 정부에서 일할 기회를 얻었다. 1972년 말 외교 안보 연구원의 별정직 전문위원 자리에 지원하여 가게 되었으나, 나는 곧 외무부 산하기관의 전문위원이 외교 정책 수립에 기여할 수 있는 정도는 미미하다는 것을 알게 되었다. 따라서 1973년 초 상공부에서 외국 박사 학위를 받은 사람을 서기관으로 뽑는다는 소식을 듣고 내 전공 분야와는 다르지만 도전해보고 싶었다. 당시 정부는 수출주도 정책을 국정의 우선순위로 놓고 본격적인 수출 드라이브를 걸고 있었고, 이 정책의 선두에는 상공부가 있었다. 우리나라는 1964년 수출 1억 불을 달성하고 1971년 10억 불 수출에 성공하며 미국을 중심으로 한 통상 문제가 발생하던 시기였다. 누구의 아이디어였는지 알 수 없지만, 상공부에 외부수혈이 필요하다는 판단으로 미국에서 박사 학위를 받은 사람을 서기관으로 특채하는 방안이 추진되었다.

나는 다른 후보 두 분과 함께 특채시험을 보고 상공부의 서기관으로 공직 생활을 시작했다. 특채시험 준비를 위해 당시 나는 종로 고시학원을 몇 군데 다니며 헌법, 역사, 행정법 등 시험과목 강의를 들었다. 이는 간단치 않은 과정이었지만 다행히 합격할 수 있었다. 내가 상공부에 들어갈 즈음 대대적 조직개편이 있었고 조직이 많이 늘어났다. 과거 상역국 내에 있던 해외시장과가 통상진흥국으로 개편되면서 그 산하에 4개 과가 신설되었다. 나는 유럽 국가를 담당하는 시장2과장으로 첫 발령을 받았다가 몇 달 후에 미국을 비롯한 중남미 국가를 담당하는 시장3과장으로 자리를 옮겼다. 이 자리에서 4년간 통상교섭과 통상외교업무를 맡게 되었다. 내가 시장3과를 맡은 지 1년 후 주한 미군에 대한 군납업무가 우리 과로 이관되었다. 주한 미군에 대한 물품 및 용역제공은 우리나라 외화획득의 큰 부분을 차지하고 있었고, 추후 대기업으로 발전한 현대, 한진도 군납업체로 시작한 기업이었다. 당시엔 군납과 관련하여 우리 기업 간의 가격담합 등의 문제로 미군 당국과 상당한 갈등이 있었고, 심지어 이를 조사하기 위한 미 의회 조사단이 우리나라에 파견될 지경이었다. 미국을 잘 아는 사람이 이런 민감한 사안을 잘 처리하라는 뜻으로 이 업무를 시장3과로 옮긴 것 같았다.

내가 뜻하던 대로 정부에서 일하게 되었지만 처음 몇 년 동안은 만만치 않았다. 외부에서 갑자기 서기관으로 들어온 '낙하산' 인사에 대해 시선이 곱지 못했다. 동료 과장, 사무관들 모두 싸늘한 시선으로 나를 대했고, 동료로서 나를 받아주는 데는 상당한 시간이 걸렸다. 과장들과 함께 퇴근 후 어울리는 데는 2~3년이 걸린 것 같다. 나는 참고 견디는 수밖에 없었다. 귀국 후 군대에 가서 인내심을 키우고 참고 견딘 것이 공무원 생활을 시작하여 적응하는 데 크게 도움이 되었다. 나는 그저 참고 견디며 주어진 일을 묵묵히 수행했다. 시간이 지나며 부내에서는 새로 들어온 과장이 쉽지 않은 일을 열심히 한다는 평가를 시작한 것 같았고, 이로부터 점차 나를 믿을 만한 부하, 동료, 상관으로 받아들인 것으로 생각된다.

시장3과가 맡은 미국은 당시 우리나라 수출의 30% 이상을 차지하는 절대적으로 중요한 시장이었다. 70년대 초 제1차 오일쇼크 이후 미국 경제는 경기 부진을 경험했고 실업 문제로 보호무역주의가 싹텄다. 보호무역주의는 우리나라 수출의 40% 가까이 담당했던 섬유류부터 신발류, 양식기 등 경공업 제품으로 확대되었다. 결국, 우리 경제의 사활이 걸려 있는 수출이 원활히 이루어지도록 미국과 협상하는 일이 우리 과 업무의 대종을 이루었다. 미국이 주동이 되고 당시 섬유 수입국이었던 유럽 공동체, 캐나다 등 몇 나라들이 합세하여, 섬유류 교역을 규제하는 근거를 마련하는 새 다자간 협정을 관세와 무역에 관한 일반협정GATT 내에서 체결했다. 한미 간에는 MFA(Multi-Fiber Arrangement)라고 불리는 이 다자간 섬유협정에 근거를 두고 별도의 쌍무 섬유협정이 체결되어 있었고, 이를 통해 3~5년 단위로 전체 수출물량을 정하고 매년 협상을 통해 품목별 수출물량을 조정했다. 따라서 매년 이 협상이 서울이나 워싱턴에서 개최되면 수출업계가 지대한 관심을 가지고 협상 결과를 지켜보았다. 무역협상 경험이 없던 나로서는 이 섬유 협상을 통해 국제무역에 관한 많은 경험을 얻게 되고 통상 협상가로서 전문성을 확보하는 계기가 되었다.

과장 시절 한미 섬유 협상과 관련한 여러 에피소드가 있지만 '카터 아이템'과 관련된 것이 특히 기억에 남는다. 지미 카터 전 미국 대통령은 조지아 출신이다. 1970년대 중반 동북부에 있던 다수의 섬유 의류업체는 낮은 임금을 겨냥해 그들의 공장을 남부로 옮겼고, 많은 신사복 제조업체들이 조지아에 정착했다. 의류업 기술이 부족하여 신사복 수출을 하지 못하던 우리나라는 70년대 들어 몇 개 기업이 신사복을 미국으로 수출하기 시작했다. 미국에 수출되는 의류는 수출단가가 높아 한 벌당 125불이 넘었다. 한 벌이라도 더 수출해야 하는 당시 우리 상황에서 신사복은 매우 중요한 품목이었다. 1977년, 품목별 수출 물량을 정하는 협상이 서울에서 있었다. 그런데 미국 측은 신사복 수출 증가율을 인정하지 않겠다고 버텼고, 신사복 품목을 가리켜 카터 아이템이라고 불렀다. 우리 측은 온갖 논리와 회유를 통해 미국 대표를 설득했지만 먹히지 않았다. 결국 우리 쪽 1% 증가, 미국 측은 0% 증가로 협상이 중단되고 말았다. 협상 진전을 볼 수 없어 발만 동동 구르고 있던 그때, 우리 측 수석대표이자 승부수가 강했던 고 노진식 통상진흥국장이 포커를 통해 증가율을 결정하자는 제안을 했다. 미국 측은 이를 받아들였다. 하지만 승리의 여신은 우리에게 미소 지어주지 않았다. 기대하며 카드를 뒤집어 보았으나 미국의 승리였다. 물론 우리 대표단은 이 얘기를 누구에게도 할 수도 없었다. 상부에 이런 일이 있었다는 것을 보고할 수 없었다. 이 일을 포함해 섬유 쿼터와 관련하여 한미 간에는 그 후에도 많은 실랑이가 있었다.

　미국 협상단에 있던 많은 사람과 깊은 친분을 맺게 되고 이러한 친분들이 나중에 한미 간의 다른 통상 문제를 푸는 데 도움이 된 경우가 여러 차례 있었다. 특히 1970년대에 미국 섬유 협상 대표단에 국무부 대표로 참여했던 마이클 스미스Michael Smith 과장은 후에 미국 통상대표부USTR의 부대표 겸 주 제네바 미국대사가 되었고, 1980년대에 미국 섬유 협상의 수석대표 겸 미국 통상대표부 부대표였던 찰스 칼라일Charles Carlisle 대사는 GATT의 사무차장이 되었는데 두 사람 모두 나의 친한 친구가 되어 후에 한미 간 통상 문제를 해결하는 데 크게 도움을 주었다. 칼라일 대사는 추후 1990년대 중반에 있던 나의 WTO 사무총장 경선에서도 친구로서 크게 조언해 주었다.

　미국은 섬유뿐만 아니라 다른 경공업 제품에도 보호무역주의를 펼쳤다. 먼저 신발, 양식기가 문제가 되었고 나중에는 컬러 TV, 철강제품에도 여러 형태의 보호주의 조치들이 뒤따랐다. 보호주의적 무역 조치들은 비슷한 절차를 밟아 진행되었다. 우선 미국의 해당 업계가 미국 무역 관련법 규정에 따라 반덤핑·상계관세·세이프가드 제소를 하면 미국 정부가 이에 따른 조사와 수입 구제조치를 취했다. 수입 구제조치에도 불구하고 수입이 줄지 않을 경우, 수출국과 수량규제협상(VER)을 제안하여 쿼터량 재설정을 했다.

　미국의 보호주의 사례는 1977년 5월에 있었던 대미 신발류 자율규제

협상을 들 수 있다. 당시 우리나라 수출은 섬유에서 벗어나 경공업 제품으로 확대되었는데 그 대표 품목이 혁제 운동화였다. 미국은 국내 신발 생산업계의 도산과 고용감소 현상이 나타나기 시작하자 우리나라와 대만에 대해 수출자율규제를 요구했다. 1977년 서울에서 개최된 제1차 협상에서 당시 우리 측 수석대표 김선길 국제협력차관보(추후 해양수산부장관 역임)는 전년도 수출실적인 4,400만 켤레 수준에서 수량을 조정하겠다고 했다. 하지만 미국은 1974년부터 1976년까지 3년 동안의 실적 평균치인 2,300만 켤레를 주장했다. 결국, 제2차 회담에서 최종 물량을 포함한 합의사항이 도출되었다. 한미 양국은 앞으로 4년 동안 한국산 신발류의 대미 수출량을 연평균 3,845만 켤레로 제한하는 데 합의했고, 규제 품목은 3개로 대분류하였다. 아울러 수출 물량 이월사용률은 5%로, 사전 수출 물량 사용률은 6%로, 품목 간 전용률은 10~15%로 규정하는 데 합의했다. 전체 수출 물량은 전년도 실적보다 적은 양으로 합의했지만, 한미 섬유협정 내 적용되는 융통성 규정을 신발류 협상에 적응하도록 강력히 주장하여 이를 관철하였다. 대미 신발류 수출은 큰 어려움 없이 계속되었다. 당시 미국 측 수석대표였던 스티븐 랜디Stephen Lande 미국 통상대표부 아시아 담당대표보는 그 이후 다른 협상에서도 자주 만났고 정부를 떠난 후에도 여러 가지 일을 서로 돕는 친구가 되었다. 그는 지금 워싱턴에서 맨체스터 트레이드Manchester Trade라는 무역정책 컨설팅 회사를 운영하고 있고 나와 연락하는 사이이다.

1980년대에는 미국의 보호주의가 전자제품으로 옮겨갔다. 지금은 미국의 제니스Zenith등 가전제품 업체들이 TV 생산을 중단했지만, 당시는 컬러 TV를 출시해서 내국시장에 본격적으로 진출할 때였다. 당시 삼성전자, 금성사, 대우전자, 대한전선 등 한국 가전업계는 컬러 TV를 생산하기 시작했고, 아직 국내 방영이 안 된 상황에서 미국 등 해외시장에 전적으로 의존하는 상황이었다. 그 후 미국의 신발류 협상의 수석대표였던 랜디 미국 통상대표부 대표보가 컬러 TV 자율규제 협상을 위해 1980년 6월 다시 한국을 방문했다.

컬러 TV 수출 초기에 미국시장 교두보 확보는 중요 과제였고, 우리 정부와 업계는 대응전략을 강구 하게 되었다. 그 목적으로 나는 당시 박필수 국제협력차관보(추후 상공부 장관 역임)와 함께 워싱턴에 가 동향을 파악하고 상무성과 미국 통상대표부의 관계관을 만났다. 그런데 실무 협상을 끝낸 뒤, 로버트 스트라우스Robert Strauss 미국 통상대표가 한국 대표단을 만나기를 희망한다고 전해왔다. 나는 박 차관보를 모시고 그의 사무실로 갔다. 스트라우스 대표는 앉으라는 말 한마디 없이 문 앞에 서서 우리를 맞았다. 그리고 실무선의 얘기를 들었다고 하면서 한국은 빨리 수출자율규제에 동의해 달라고 위압적으로 말하고 인사를 끝냈다. 박차관보와 나는 불쾌한 기분을 달래며 그의 사무실을 나왔다.

당시 미국은 수출물량을 전년 대비 삭감할 것과 3년 동안의 수출자율규제를 주장했다. 우리 측은 품목이 수출 초기의 기반을 다질 수 있도록 전년도 실적을 상회 하는 실적을 원했다. 협상 결과 양측은 수출물량을 1년 차 43만 5,000대, 2년 차 57만 5,000대 수준으로 하되, 3년이 아닌 2년으로 자율규제 기간을 축소하고 12인치 이하의 TV는 수출규제품목에서 제외하기로 했다. 따라서 우리 수출업계가 수출의 융통성을 확보할 수 있도록 했다. 이 협상 이후 우리 가전업계는 컬러 TV 수출 물량을 크게 늘리게 되었고 세계 최고의 TV 수출국이 되었다. 하지만 이 길을 가는 데는 매우 험난한 장벽들이 있었다. 1985년에는 컬러 TV 에 대한 반덤핑세 부과로 우리 업계가 큰 타격을 받았고 그 이후 생산시 설을 미국에서 다른 나라로 옮겼다. 미국시장 공략은 계속했지만, 미국 의 우회 수출방지 조항에 부딪혀 시련을 겪었다. 하지만 각고의 노력으 로 우리 기업들은 세계에서 제일가는 컬러 TV 생산자로서 확고한 위치 를 차지했다.

1970년대 우리나라는 미국의 주요한 교역대상국으로 부상했고, 우리 에게도 미국시장의 중요성은 절대적이었다. 미국과의 협상에서 어느 정 도의 수출 증가율은 양보하되 수출 감소가 일어나지 않도록 하는 것이 우리의 목표가 되었다. 나는 이런 통상협상의 실무책임자로서 국장, 차 관보들을 모시고 협상에 참여했다. 초기에는 김선길 통상진흥국장, 이만 용 통상진흥 국장, 노진식 통상진흥국장 그리고 박필수 상역차관보 등 이 무역협상의 수석대표로서 참여했고 외무부와 워싱턴 대사관의 지원 을 받았다. 시장3과에는 당시 사무관이 둘 있었다. 김종회 사무관과 노 영욱 사무관이 공직생활에 서투른 나를 도와 헌신적으로 일했고 큰 힘 이 되었다.

내가 상공부의 미국 담당 과장으로 근무를 시작할 때 만해도 우리 정 부에는 국제통상규범에 능통한 전문가가 드물었다. 그렇기에 미국의 통 상공세에 대응하는 것은 간단치 않은 과제였다. 한국은 1967년이 되어 서야 GATT에 가입하여 이제 막 세계 통상 규범을 배워가고 있었던 때였다. 한 예로 1970년대 중반쯤 미국 양식기업계가 미국 정부에 통상법 201조에 따른 긴급수입제한 청원을 넣었고 당시 수출국이었던 일본, 대만과 한국 수출업계엔 큰 위기가 찾아왔다. 전례가 없던 201조 제소에 크게 당황했고, 나는 미국 통상법의 내용을 파악해야만 했다. 밤새 공부를 했지만 이해하기 어려웠고 혼자로는 유효한 대응전략이 나오지 않았다. 나는 우리 양식기업계 측에 미국의 통상변호사를 고용하도록 부탁했고 나는 이 변호사들과 함께 대응전략을 구상하게 되었다. 워싱턴의 데이빗 팔메타David Palmeter변호사, 돈 캐머런Don Cameron변호사의 도움을 많이 받았고, 이들과 지금도 좋은 관계를 유지하고 있다.

이런 통상협상들이 미국 담당과의 주요 과제였지만 이에 더해 다른 성격의 통상외교활동도 자주 이루어졌다. 기억에 남는 몇 가지 사업을 예로 들어보겠다. 부임 초기 나는 우리나라에서 처음으로 대미 구매사절단의 파견을 계획했다. 미국에 한국의 좋은 이미지를 심어주기 위해 굴지의 한국기업을 망라해 구매사절단을 구성했다. 그리고 그들을 미국에 파견하여 미국제품의 구매계약을 추진한다는 계획이었다. 당시는 중화학 공업 육성계획에 따라 많은 기업이 대규모 공장설비 등 기계류 투자계획을 세우던 때다. 당시 상공부 차관이었던 심의환씨(추후 총무처장관 역임)가 구매사절단 단장이 되고 대기업 회장과 사장들 80여 명을 사절 단원으로 구성했다. 그 이후 여러 차례에 걸쳐 대미 구매사절단이 파견되었지만 1974년 파견된 제1차 대미 구매사절단은 구매나 사절단 규모가 가장 컸다. 상무부가 사절단이 워싱턴으로 편히 오도록 뉴욕으로 미국의 부통령 전용기를 보내 배려할 정도였다. 사절단은 워싱턴에서 상무부

장관, 통상대표, 무역위원회 위원장과 상공회의소를 예방해 구매사절단의 취지와 구매계획을 설명하며 미국의 호의적인 반응을 끌어냈다. 이 구매사절단은 업종별로 네 개의 소그룹을 편성하여 미국 각지를 순회하며 상담하고 각 지역에서 지역 언론과 구매사절단 활동과 관련된 인터뷰를 해 한국에 대한 인식을 개선하기 위한 홍보계획도 수립하여 시행했다. 내가 간사로 참여한 소그룹은 시카고 등을 방문하여 기계산업의 구매계획을 상담하는 일정을 준비하고 있었다. 이 그룹의 사절단이 공항에 도착하여 호텔까지 가는 길을 시카고 경찰이 요란하게 에스코트해 주었다. 민간 기업인들로 구성된 사절단을 경찰이 안내하는 것은 상당히 이례적인 일이었다. 당시 시 당국의 사절단에 관한 관심이 드러나는 순간이었다.

내가 준비했던 또 하나의 중요행사는 1975년 서울에서 개최된 한미 상공장관 회담이었다. 이낙선 상공장관이 프레더릭 덴트Frederick Dent 상무장관을 초청한 회담으로, 한국이 미국의 주요 교역 파트너로 부각 되는 시점이었기 때문에 상공부에서뿐만 아니라 청와대에서도 관심을 쏟았던 회담이었다. 나는 미국 대표단에 한국의 인상을 깊게 남기기 위하여 무슨 일을 할까 고민하다가 공식 만찬 후 여흥 공연에 선명회 합창단을 불러 한국노래와 미국노래를 부르도록 부탁했다. 당시만 해도 전쟁고아들로 구성된 합창단이라는 특별한 의미도 있었기에 미국 대표단에 깊은 인상을 주었다. 마지막 공연으로 '갓 블레스 아메리카God Bless America'를 불렀을 때 덴트 장관과 미국 대표단은 눈시울을 붉혔다. 나는 목적을 달성했다고 생각했다.

1973년 상공부에 들어가 처음 4년은 정신없이 보냈다. 여러 일을 겪고 또 열심히 노력하면서 통상 전문가로서의 전문성도 어느 정도 갖추게 되었다. 내가 맡았던 일이 대외관계를 다루는 일이었고 영어가 필요한 일이었기 때문에 비교적 잘 적응해 나갔고 일에 대한 의욕도 대단했기 때문에 오래 염두에 두었던 공직 생활을 무사히 시작할 수 있었던 것 같다. 나는 내 일을 천직으로 알고 다른 사람들이 원하는 부내의 다른 자리에 갈 생각은 전혀 하지 않았다. 오히려 남들이 원하지 않는 자리를 지키는 것이 중간에 공무원 생활을 시작한 사람이 그곳에서 인정받는 지름길이라 생각하고 참고 견뎠다. 내가 하고 있던 일은 정통 공무원에게도 쉽지 않은 일이었기 때문에 일종의 사명감도 있었다. 이렇게 공직 생활을 시작한 지 어느덧 4년이 지나고 있었다.

 아버님의 별세

아버님은 내가 과장이었던 1975년 6월 17일, 65세를 일기로 돌아가셨다. 워낙 집안의 큰 존재였던 아버님이 일찍 돌아가셔서 우리 가족 모두의 슬픔이 컸다. 나는 아들 중 유일하게 아버님의 공직을 이어나가고 있는 상태에서 아버님을 더 오래 모시지 못한 것에 대한 아쉬움이 특히 컸다. 돌아가시기 전 건강이 좋지 않으셔서 중요한 일을 맡고 계시면서도 큰 업적을 남기시지 못한 점도 안타깝게 생각하고 있던 터라 아버님의 별세는 큰 충격이었다. 아버님께서 내가 상공부에 들어가는 과정에 특별히 관여하시진 않았지만 공직 생활을 시작하고서는 아버님이 계시다는 사실만으로 항상 든든했고 보이지 않는 힘이었다. 내가 상공부에서 국과장 시절에 모시게 된 전 장관님들 중에는 아버님과 함께 한국은행, 재무부, 경제기획원 등에서 우리나라 경제발전을 위해 함께 일하셨던 분들이 계셨고, 이분들이 관심을 가지고 나의 공직 생활을 지켜봐 주셨다. 장예준, 최각규, 정재석, 신병현 장관님들께 감사를 전한다.

아버님은 한국은행 총재를 역임하신 후 주일대사, 주영대사를 거쳐 5·16 이후에는 재무장관, 경제기획원장, 부총리 겸 경제기획원 장관을 지내시고 공화당 소속으로 제6대와 제7대 국회의원을 역임하시는 등 누구보다도 중요한 일을 많이 하셨다. 그러나 돌아가시기 전에는 건강 문제로 고생을 하셨다. 아버님은 직접 말씀은 않으셨지만 나의 상공부 공직 생활에 많은 관심을 가지고 계셨고, 공직자로서 성공하기를 간절히 바라셨던 것 같다. 내가 상공부 과장으로 부임한 지 얼마 되지 않았을 때 연락도 하지 않고 아버님이 직접 광화문 종합청사로 찾아오셔서 당황한 적이 있다. 아마도 내가 제대로 하고 있는지 당신이 직접 확인하고 싶으셨을 것이다. 나는 아버지의 대를 이어 집안에서 유일하게 공직자의 길을 걷고 있다는 점과 이 길을 잘 걸어가야 한다는 생각을 굳히게 되었다. 이 일이 있고 난 뒤 얼마 되지 않아 아버님이 돌아가시게 되어 그 슬픔은 더욱 컸다.

수출1과장

1976년 말 심의환 차관이 나를 불러 상역국 수출1과장으로 자리를 옮기라고 했다. 상역국은 수출의 주무국으로 한때 내무부의 지방국, 재무부의 이재국과 함께 정부에서 가장 힘이 세다는 평가를 받던 국으로, 상공부 내부 직원들이 선호하는 자리였다. 나는 따로 자리를 옮겨 달라고 요구한 적이 없었기 때문에 의외라고 생각했다. 나는 새 자리로 옮겨 대외협상이 아닌 수출관리업무를 다루는 일을 하게 되었다.

수출1과는 당시 우리나라 수출의 30% 이상을 담당하는 섬유를 품목별 쿼터에 맞게 우리 기업에 배분하는 원칙과 요령을 입안, 집행하는 일과 기타 수출관리 업무를 담당했다. 또 다른 중요 업무는 수출실적을 집계하여 일일 수출보고서를 작성하고 청와대, 총리실을 비롯한 모든 부서에 배포하는 일이었다. 섬유 수출 쿼터 업무는 시장3과장 시절 협상에 참여하고 실무적 책임을 졌던 일이었기 때문에 익숙했다. 다만 쿼터 배분은 업계의 이해관계가 첨예하게 대립되는 문제였기 때문에 여간 조심스러운 일이 아니었다. 미국, 유럽공동체, 캐나다, 북구, 호주 등 여러 국가별로 다양한 협정이 체결되어 있어 똑같은 배분 원칙을 적용하기도 힘든 일이었다. 수출요령을 확정 짓기 전까지는 항상 상당한 진통이 뒤따랐다. 내가 과장으로 재직하는 동안은 큰 문제 없이 업계가 수긍하는 방향에서 수출요령이 성안되도록 노력했다. 따라서 다행히 큰 문제나 사고는 없었다. 수출1과장으로서 쿼터의 집행이 주된 업무였지만 다른 중요 쿼터 협상에는 협상단 일원으로 동원되기도 했다. 대미 신발협상, 대미 컬러 TV협상에서는 주무과장은 아니었지만, 그간 상공부에서 키운 전문성을 바탕으로 협상에 참여하여 지원하고 김선길 차관보와 박필수 차관보 등 수석대표를 측근에서 보좌했다. 당시 수출1과에는 김홍경 사무관, 이건우 사무관이 수출 관리 업무와 수출 통계 업무를 담당하면서 큰 역할을 해 주었다.

수출 100억 불 달성

우리나라는 1964년 수출 1억 불, 1971년에 10억 불 수출을 달성했다. 상공부는 1972년 12월 청와대 수출확대 회의에서 1981년에 수출 100억 불을 달성하겠다고 발표했다. 당시 '1980년대 초 국민 소득 1000억 불, 수출 100억 불 달성'을 장기목표로 내세운 박정희 대통령의 비전을 구현하는 목표였다. 당시에는 달성이 쉽지 않을 것이라는 평가와 함께 야심찬 계획으로 여겨졌다. 그 이후 제1차 석유파동의 여파로 세계 경제가 침체국면으로 전환되고, 선진국의 보호무역주의가 강화되면서 이 목표 달성은 난망 시 되었다. 그러나 1973년 발표된 중화학 공업 육성계획이 본격적으로 추진되면서 수출은 기대 이상으로 늘어났다. 나는 수출1과장으로 부임하면서 수출실적을 분석해본 결과 수출 100억 불 목표 조기달성이 가능할 것을 전망했다. 독일은 수출 10억 불에서 100억 불을 달성하기까지 16년이 걸렸고 일본은 10년이 걸렸다. 우리는 수출 10억 불을 달성한 1971년 후 6년 만에, 당초 계획했던 1981년보다

4년 일찍 수출 100억 불을 달성하게 되었다.

1977년 수출의 날과 수출 100억 불 달성을 함께 경축하는 행사가 12월 22일 서울 장충체육관에서 성대하게 개최되었다. 그날 오전 수출 100억 불을 넘기게 될 거라는 전망에 따라 수출의 날이 정해진 것이었다. 그 해는 예년과 달리 수출유공자에 대한 포상이 많이 이뤄졌다. 현대조선이 6억 불 수출의 탑, 삼성물산이 5억 불 수출의 탑, 대우실업이 4억 불 수출의 탑을 받았다. 나도 그날 대통령으로부터 감사패를 받아 감격스러웠다. 박정희 대통령이 치사에서 수출 100억 불 달성은 '수출한국의 새로운 출발점'이라며 수출에 대한 새로운 의지를 표명한 것이 특별히 기억에 남는다.

대외무역협상과 통상외교를 다루던 통상진흥국에서 상역국 수출1과로 옮겨 수출기업과 직접 몸을 부딪치고 그들의 어려움을 파악하는 등 호흡을 같이하는 기회를 가진 것은 귀중한 경험이었다. 당시 상역국 직원들에게 수출에 대한 열정은 지위고하를 막론하고 신앙에 가까웠다. 우리는 수출을 위해서 어떤 일이라도 한다는 포부와 각오를 가지고 있었다. 가끔 열린 회식에서는 '사랑은 눈물의 씨앗'이라는 유행가의 가사를 바꾸어 '수출이 무어냐고 물으신다면 눈물의 씨앗이라고 말하겠어요'라고 다 같이 합창을 하곤 했다. 청와대 수출진흥 월례회의가 열려 수출에 대한 의지가 범정부적으로도 공유되었던 시기였고, 상공부 상역국이 그 중심에 서 있었다.

수출 관련 생각나는 에피소드가 하나 있다. 1977년 수출1과장으로 부임한 후 얼마 되지 않아 주미대사관으로부터 외무부를 거쳐 공문이 도착했다. 털 코트 수출과 관련된 문의였다. 미국의 동물보호단체가 당시 함병춘 대사 앞으로 서한을 보내 한국이 개털로 만든 여성용 코트를 북구 국가에 수출하고 있는지 확인하고, 한국은 개를 보호하기 위하여 어떤 조처를 하고 있는지 알려 달라는 것이었다. 당시는 한국인이 개고기를 먹는다는 소문이 나기 시작하는 시기였다. 일부 동물보호단체와 인사들이 문제 제기를 했기에 나는 이를 심각하게 받아들였다. 코트라를 통해 조사한 결과 이 서한에 담긴 내용은 사실이었다. 새마을 운동의 농가소득 증대 차원에서 충청도 일부 지역에서는 털이 많은 개를 분양해 농가에서 사육했다. 그리고 원피를 의류업체에서 수거하여 털 코트를 제작, 무역업체를 통해 북구에 수출했다는 사실을 확인했다. 심지어 북한에서도 개털 의류가 수출되고 있다는 것을 알 수 있었다. 나는 주미대사 앞으로 공문을 보내 미국 동물보호협회에 회신할 내용을 다음과 같이 통보했다. 한국정부가 확인한 바에 따르면, 북구 일부 국가에서 개털로 만든 여성용 코트가 발견되었고 북한에서 수출된 제품으로 판명되었다. 한국에서는 이런 제품이 수출된 적이 없다. 아울러 한국은 오래전부터 진돗개 보호법을 제정하여 개를 보호하고 있다.

한편 새마을 운동본부에는 개털 의류제품이 중단되도록 협조요청을 했고, 개털로 만든 의류제품을 수출금지품목으로 분류하여 수출되지 않도록 수출입 공고개정을 의뢰하여 수출금지 조처를 했다. 더 이상의 문제는 일어나지 않았다.

수출1과장으로 근무한 지 약 2년이 되었을 때, 내게 공무원으로서 첫 시련이 다가왔다. 당시 압구정동에 건설하고 있던 현대아파트를 분양받은 것이 문제가 되었다. 내 이름과 일부 공무원이 특혜분양 명단에 포함됐기 때문이다. 나는 유학 생활 후 귀국하여 부모님께서 마련해주신 신촌의 조그마한 국민주택에 살고 있었다. 현대 그룹 간부로 있던 동서가 처제를 봐준다는 호의를 베풀어 현대아파트 한 채를 분양받도록 해준 것이 문제가 되었다. 업무와 전혀 관련 없이 개인적인 관계로 분양계약을 했지만, 이 사건이 사회적 문제로 확대된 후 문제가 조금 더 커졌다. 모 유력일간지 가십난에 내가 당시 내 상관이었던 국장과 차관보의 아파트계약이 이루어지도록 역할을 했다는 기사가 나왔다. 물론 나는 알지 못하는 일이었다. 당시 최각규 장관이 나를 불러 그 아파트를 해약하도록 종용하셨고 나는 이에 따랐다. 나는 당시 국장으로 승진대상에 거론되고 있었는데, 이런 근거 없는 신문기사 때문에 승진이 다소 늦어지게 됐다. 하지만 다행히 나중에 해명이 되었고 몇 달 후 국장으로 승진했다. 생전 처음으로 검찰에 출두하여 조사를 받았으나 아파트를 해약한 후였으므로 큰 문제가 되지 않았다.

국장 승진

나는 6년간의 과장 생활을 거쳐 1979년 국장급인 통상진흥관으로 승진하게 되었다. 이 자리는 대외협상과 통상외교의 수요가 1970년대를 거치면서 많이 늘어나 신설된 자리였다. 통상진흥국장 밑에서 부국장 역할을 하는 자리였지만 국장급에게 제공되는 단독사무실,

비서, 기사가 딸린 자동차 등이 따라오게 되어 신분의 변화를 느꼈다. 담당 업무도 전 세계를 대상으로 그 범위가 넓어졌고 각종 통상협상에도 수석대표로 참여하게 되었다. 장관급이 참여하는 통상장관 회담에서는 실무위원회의 장 역할을 하면서 협의를 진행하고 공동성명서 등 합의 문서작성을 책임지게 되었다. 과장 때 미국 등 주요국과 통상협상을 해본 경험이 누구보다 많았기 때문에 책무를 수행하는 데 무리가 없었다. 통상진흥관으로서 1년 만에 통상진흥국장으로 승진하게 되어 통상협상과 통상외교를 실무적으로 지휘하고 책임을 지는 위치가 되었다.

 ## 여당 전문위원으로 차출

국장으로 승진하여 활발히 일하고 있던 1981년 예기치 못한 변화가 찾아왔다. 제5공화국이 출범하는 시대적 변화 속에서 여당인 민주정의당이 창당했고, 집권 여당의 정책기능을 강화하기 위해 정부의 국장급 공무원을 전문위원으로 영입한다는 방침을 세웠다. 여당의 선거공약과 정책개발을 보다 현실성 있게 추진하고 여당과 정부와의 당정 협의를 원활히 추진한다는 취지에서 도입된 제도였다. 권정달 사무총장과 이상재 사무차장이 중심이 되어 주요부처의 유능한 국장들을 영입하여 일정 기간 근무케 한 후 승진시켜 부처로 돌려보내겠다는 계획이었다. 나는 이 소식은 알고 있었지만 정치에는 관심이 없었고 통상전문가로서 집권당에서의 역할은 크지 않으리라고 생각하여 신경 쓰지 않고 있었다.

그러던 중 서석준 장관께서 '민정당에서 나를 보내 달라는 요청이 있었지만 보내지 않을 터이니 걱정하지 말라'고 일러주었다. 그런데 얼마 되지 않아 장관께서 아무래도 당에 조금 가 있어야 하겠다고 말씀하셨다. 나중에 들은 얘기지만 서장관께서 당에 다른 사람으로 대체할 것을 전달했으나 당이 이를 거절하고 애초 지목한 나를 보내 달라고 재차 압력을 넣었다고 했다. 결국 나의 희망과 관계없이 나는 민정당 전문위원으로 약 3년을 보냈고 정치계를 관찰할 기회를 얻게 되었다. 민정당에 가면서 나는 공직에 사표를 내고 민간인 신분으로 전문위원이 되었다. 잠시 민정당 정책국장으로 보임된 적이 있지만, 대부분 시간을 전문위원으로 보냈다. 상공부에서는 내가 처음으로 여당의 전문위원으로 나간 경우였고, 내 뒤를 이어 김기배 국장, 김시형 국장, 김태준 국장 등이 전문위원으로 영입되었다.

여당의 전문위원제도 보강은 정책개발기능을 강화하고 당정 협의 기능을 활성화하는 데 있었고 10여 개 부처에서 우수한 인력들이 파견되었다. 나는 초대 상공전문위원으로 상공부에서 경험해보지 못한 산업육성, 유통 업무를 접할 기회를 가졌다. 동력자원부의 에너지 관련 업무도 파악하게 되어 정부의 통상·산업·에너지 업무를 폭넓게 파악하는 귀중한 경험이었다. 그 외에도 국민이 공감하고 지지해 줄 만한 새로운 정책을 개발하는 모든 일이 전문위원에게 부여되었는데 정책개발 업무는 적지 않은 부담이었다.

당에 진출한 후 나는 우연한 기회에 당 대표 위원인 진의종 의원을 모시고 여당의 집권당 외교활동에 투입됐다. 국회보사위원장을 지낸 이해원 의원과 초선의원인 조남조 의원이 동행한 여당 사절단의 실무를 수행하게 된 것이다. 집권당 차원의 당 대 당 외교는 그때까지 흔히 없던 활동이었다. 그때 우리와 관계가 소원했던 남미 몇 나라를 대상으로 삼은 것을 보면 다소 억지로 이런 계획이 만들어진 것으로 생각된다. 출장의 목적은 남미 주요국이었던 콜롬비아, 칠레, 브라질 집권당과의 유대 친선 강화였다.

1983년 8월말 서울을 출발하여 콜롬비아 보고타에 도착하니 소련상공에서 대한항공 007편의 폭파사건이 일어났다. 따라서 사절단 임무에 폭파당한 사건을 규탄하는 활동이 추가되어 그 이후 가는 곳마다 대표단장인 진의종 대표의원이 기자회견을 열어 소련의 만행을 규탄했다. 그 내용은 현지 신문에 크게 보도되었다. 나는 통역 역할과 민정당본부와 대통령에게 사절단의 활동을 상세히 보고하는 역할을 맡았다. 사절단에 참여한 진의종 대표와 의원들도 활동 중에 국가를 위해 또 하나의 일을 하고 돌아간다는 생각을 하게 되어 만족하는 것 같았다.

당에서의 3년은 좋은 경험이었다. 나는 학부와 석·박사 과정 동안 정치학을 전공했을 뿐 아니라 박사 학위 논문을 우리나라 정당에 관해 썼다. 미국대학에서 정치학 교수를 했기 때문에 현실 정치 속에 들어가 보는 것은 의미 있는 일이었고 값진 경험이었다. 그러나 나는 미국 유학 중에도 생각했던 것처럼 정치에 투신하는 것보다는 정부에서 일하는 것이 좋겠다는 생각을 굳혔다. 정당에서는 내가 기여할 수 있는 일이 적고 어쩐지 생리에 맞지 않는다는 느낌이 들었던 것이다.

66 당시 상역국 직원들에게 수출에 대한 열정은
지위고하를 막론하고 신앙에 가까웠다. 우리는
수출을 위해서 어떤 일이라도 한다는 포부와
각오를 가지고 있었다. 가끔 열린 회식에서는
'사랑은 눈물의 씨앗'이라는 유행가의 가사를
바꾸어 '수출이 무어냐고 물으신다면 눈물의
씨앗이라고 말하겠어요'라고 다 같이 합창을
하곤 했다. 99

開放시대~通商마찰 소방수

商工部 제1차관보
金喆壽 씨

1989년 상공부 제1차관보 시절
중앙일보 "89얼굴"에 선정

다시 나의 자리로

 상공부 차관보로 복귀

여당에서 전문위원으로 근무하는 동안 새로운 세계를 보고 다양한 일도 경험해 보았지만, 왠지 상공부로 복귀하는 것이 내가 해야 할 일처럼 느껴졌다. 이런 생각으로 당 생활이 지루하다고 느끼고 있을 때 기회가 찾아왔다. 상공부 제1차관보로 있던 차수명 차관보가 특허청장으로 승진되어 그 자리가 공석이 되었고, 내가 제1차관보로 발령을 받은 것이다. 예전에는 상역 차관보로 불렸던 이 자리는 요직 중의 요직이다. 국장에서 바로 이 자리로 승진하는 경우는 드물었고 수석차관보 자리였기 때문에 나로서는 과분한 자리였다. 집권당의 전문위원으로 나가 상당기간 고생한 덕분에 인사의 관례를 뛰어넘어 가능했던 인사 발령이었다. 그러나 그 자리는 내가 국과장 때 계속 해왔던 일을 지휘하는 자리였기 때문에 1984년 2월 편한 마음으로 상공부로 복귀했다. 그리고 결국 나는 제1차관보로 6년 이상 근무한 최장수 차관보가 되었다. 제1차관보는 상역국과 통상진흥국을 지휘하면서 무역정책, 수출입, 통상진흥 등 통상협상 관련 업무를 맡고 있었다. 당시 상역국장으로는 상공부에서 오랫동안 이 업무를 해온 나의 과장 시절 동료 신국환 국장이 있었으므로 차관보가 업무에 관여할 부담이 없었다. 다만 1960년대부터 박정희 대통령을 모시고 오랜 기간 계속해 온 수출진흥월례회의(後에 무역진흥회의로 이름이 바뀜)의 보고를 위해 분기별로 개최하는 회의 준비에 상당한 노력이 투입되었다. 그러나 통상업무는 사정이 달랐다. 통상진흥국장과 통상진흥관이 있어 국장이 둘이었는데도 당시 통상협상과 통상진흥활동의 수요를 감당하기에 벅찰 정도로 일이 많았기 때문에 차관보가 이 일을 일부 담당해야 했다. 그리하여 제1차관보는 과거와 달리 주로 통상협상의 수석대표로서 활동하게 되었다. 그리고 1984년부터 1990년까지 있었던 주요 양자 간 또는 다자간 통상협상의 수석대표로서 상공부 또는 정부 대표단을 이끌고 참여했다. 당시 우리나라는 중견무역국으로 부상했고 주요 교역상대국과 다양한 통상 문제가 대두되고 있었다. GATT가 1947년 창설된 후 여덟 번째 다자간 무역협상인 우루과이라운드가 출범하려는 움직임을 보일 때였다.

이런 상황 속에서 통상인력의 확보가 중요한 과제로 떠올랐다. 당시 부내에서는 통상 부서에서 일하는 것을 꺼리는 분위기였다. 외국어 능력이 어느 정도 확보되어야 하고 다른 부서보다 업무 강도도 높았기 때문이다. 그러나 유능한 몇몇 국과장들이 투철한 사명감과 뛰어난 업무 능력으로 어려운 시기를 극복하는데 크게 기여했다. 국장급에서는 나중에 내 밑에서 차관을 역임한 박운서 국장, 장석환 국장(추후 제1차관보 역임), 황두연 국장(추후 KOTRA 사장 및 통상교섭본부장 역임)이 많은 이바지를 했고 과장급에서는 한덕수(추후 국무총리 역임), 이재길(추후 주 사우디대사 역임), 이희범(추후 통상산업부장관 역임), 김종갑 씨(후에 산업자원부 차관 역임 및 현 한전사장)등이 함께 통상 문제를 다루게 되었다. 이들은 일당백으로 어려운 문제를 해결했고 나중에 정부에서도 각기 두각을 나타내며 중요한 역할을 해주었다.

이처럼 유능한 분들과 함께하여 당면한 과제는 그때그때 해결해 나갈 수 있었지만, 여전히 우수한 통상인력이 부족한 상태였다. 나는 장관께 이를 보고 드리고 단기 통상전문가 양성프로그램을 마련했다. 정부에서 이에 필요한 예산을 확보하는 것이 어려웠으므로 한국무역협회의 무역진흥특별회계에서 특별 예산을 확보하여 뉴욕 컬럼비아 대학 법과대학 내의 단기양성 프로그램에 사무관급 직원을 파견하여 통상연수를 받도록 했다. 컬럼비아 법과대학의 마이클 영Michael Young 교수는 나와 협의하여 법과 대학 내에 '한국 법학 연구 프로그램Korean Legal Studies Program'을 설치하고 3개월 동안 통상 분야에서 근무하고 있는 우리 공무원을 대상으로 미국 법과 국제무역법을 교육했다.

매년 20명 정도의 연수생이 꾸준히 이 프로그램을 이수하고 통상에 대한 전문성과 함께 영어 실력도 다소나마 좋아져서 돌아왔다. 처음에는 상공부 직원만을 보냈으나 몇 년 후에는 전 부처 통상 부서 근무자로 대상을 확대하여 정부전체의 통상능력을 향상하는 데 기여했다고 본다.

이 프로그램은 내가 제1차관보로 재직하는 동안 5년 이상 계속되다가 예산문제로 중단되었다. 그러나 이런 초기의 통상전문가 양성 노력은 나중에 김대중 정부가 통상주무 부서를 1998년 상공부에서 외무부로 옮기고 15년 후 박근혜 정부가 다시 상공부로 옮기면서 그 효과가 반감되었다. 우리는 정부가 바뀔 때마다 통상주무 부서를 옮기는 경향이 있는데 이것은 있어서는 안 될 일이다. 나는 다른 나라와 같이 통상 관련 책임을 한 부서에 오래 두고 전문가를 양성하는 것이 국익에 부응하는 길이라고 확신하고 있다.

미국의 반덤핑 공세

내가 상공부로 복귀하여 통상협상을 맡게 된 후 새롭게 두드러진 이슈는 미국을 중심으로 한 선진국의 반덤핑 공세였다. 우리나라 수출은 1977년 100억 불을 달성한 후 꾸준히 늘고 있었고 수출 범위 또한 전자·기계·화학·조선·자동차 등으로 확대되었다. 우리나라는 1980년대 중반에 이르러 세계 제13위의 무역국으로 부상했다. 그때까지 미국 등 선진국의 보호무역주의 통상공세는 주로 일본이 대상이었지만 1980년대에 들어서는 한국을 비롯해 대만, 홍콩도 표적이 되기 시작했다. 미국은 무역적자가 늘어나는 가운데 기존의 보호무역주의의 정책 도구였던 세이프가드, 상계관세, 수출자율규제와 반덤핑 제도를 더욱 적극적으로 활용하기 시작했다. 특히 반덤핑 제도의 활용은 더 두드러졌다.

반덤핑 제도는 미국에서 20세기 초 가장 먼저 도입된 무역정책 수단이다. 국제적으로는 1947년 GATT가 설립될 때부터 인정된 무역규범이었다. GATT 제6조는 '수출기업이 국내 정상가격보다 낮은 가격으로 상품을 수출함으로써 경쟁 관계에 있는 수입국의 국내 산업이 실질적인 피해를 보거나 그럴 위험이 있으면 수입국 정부가 덤핑이윤에 상당하는 관세를 부과할 수 있다'라고 규정하고 있다. 그러나 초기 GATT 규범에는 이와 관련된 개념과 절차가 정확히 정의되어 있지 않았기 때문에 회원국들을 크게 구속하지 못했다. 1960년대부터 국제적으로 통일된 반덤핑규범을 마련해야 한다는 논의가 있었고, 케네디라운드 협상에서 처음으로 다뤄졌다. 반덤핑에 대한 국제협약이 합의되었으나 미국이 이 협약에 가입하지 않아 국제규범 역할을 하는 데 한계가 있었다. 1970년대 도쿄라운드 협상에서는 선진국을 중심으로 반덤핑협상이 있었다. 하지만 GATT 회원국 모두에게 적용되는 다자간 협정이 아닌 일부 국가에만 적용되는 복수국가 간 협정으로 성립됨으로써 당시 개도국이었던 우리나라는 협상 과정은 물론 협약 자체에도 참여하지 않았다. 도쿄라운드가 끝난 몇 년 후인 1980년대 초 미국의 요구로 우리나라는 GATT 반덤핑협약에 가입하게 되었다.

반덤핑에 대한 국제적 논의와 국내 제도도입이 진행되는 가운데 1980년대 중반에 이르러 미국이 제소한 두 개의 반덤핑제소가 우리 수출업계와 정부에게 큰 충격을 주었다. 하나는 당시 대기업의 주종 수출 품목이었던 컬러 TV, 다른 하나는 중소기업의 중요한 수출 품목이었던 사진앨범이었다. 미국은 두 품목에 대해 높은 덤핑관세를 부과했고, 그에 따라 수출이 급격히 감소 또는 중단되는 사태를 겪었다. 특히 사진앨범을 수출하던 중소기업들은 미국의 반덤핑법에 규정된 회계자료를 제출할 능력이 없어 자료 제출을 포기해야 했다. 따라서 미국은 제소자의 주장대로 덤핑 차액을 적용해 50%의 덤핑관세를 부과했고, 우리는 그대로 수출이 중단되는 어려움을 겪게 되었다. 우리 업계는 EU 국가로 수출 활로를 찾으려고 했으나 EU 당국이 바로 우회 수출을 막음으로써 수출이 완전히 중단되는 사태에 직면했다. 당시 광화문 거리에는 중소기업이 거리로 나와 반덤핑으로 수출이 중단된 사진앨범을 판매하는 모습을 흔히 볼 수 있었고 나는 이 모습을 보면서 무언가 대책을 세워야겠다고 속으로 결심했다. 컬러 TV를 수출하는 삼성, 금성, 대우 등 대기업은 미국 변호사를 고용하여 총력 대응했지만 높은 덤핑관세 때문에 컬러 TV 초기수출에 큰 지장이 있었다. 그 후 우리 기업은 미국, 멕시코 등에 컬러 TV 공장을 설치하여 우회 수출을 시도했지만 이것을 막는 미국법 규정에 따라 제3국을 통한 대미 수출 시도도 그 길이 막히게 되었다.

당시 정부에서는 해외시장에서 덤핑 피소 대상이 된 중소기업에 변호사 비용을 보조하는 등 대책을 강구했다. 하지만 반덤핑제소는 보조금, 상계관세 제소와 달리 정부가 아닌 기업을 대상으로 하는 제도이기 때문에 정부가 할 수 있는 일이 제한될 수밖에 없었다. 컬러 TV, 사진앨범 덤핑제소 이후 해외시장의 반덤핑제소는 크게 확산하였다. 1985년 한 해 동안 철강, 화학, 섬유 등 우리나라의 주요 수출품에도 반덤핑제소가 퍼졌고, 대표적인 보호무역 조치로 자리매김하였다.

한미 철강 협상

제1차관보로 돌아온 지 얼마 지나지 않아 또 하나의 큰 문제가 발생했다. 우리의 주요 수출 품목이었던 철강제품이 당시 제일 큰 시장인 미국에서 시련을 겪었다. 미국은 철강 수입을 억제하기 위하여 1980년대 초부터 강력한 반덤핑제소 공세를 해왔다. 당시 미국의 제1 철강제조업체인 유에스 스틸US Steel에는 200명이 넘는 통상변호사가 근무하며 반덤핑 및 상계 관세 제소 공세를 파상적으로 펼치고 있었다. 이런 상황 속에서도 미국의 철강 수입은 계속 늘어나 자국기업 시장점유율은 떨어지는 상황이었다. 그때 우리나라는 이미 철강 산업 세계주요공급국의 하나로 자리 잡고 있었으며 당시 포항제철은 세계에서 가장 경쟁력 있는 일관제철소로 인정받고 있었다. 반덤핑 공세에도 불구하고 우리 철강업계는 오히려 다른 나라를 제치고 미국시장점유율을 늘리고 있었다. 1984년 1월 미국의 4대 철강제조사인 베들레헴 스틸사Bethelehem Steel와 철강노조가 미국 통상법 201조에 따른 긴급수입제한 조치를 미국 무역위원회에 청원했다. 철강 수입을 미국 수요의 15%로 제한하는 시장질서 유지협정을 체결해 달라는 요구였다. 이에 따라 로날드 레이건 미국 대통령은 그해 9월 미국 무역위원회의 건의에 따라 미국의 철강재 수입을 미국 총 수요의 18.5%로 줄이고 주요수출국과 90일 이내에 수출자율규제협정을 체결하도록 미국 통상대표부에 지시했다. 당시 미국의 철강재 수입은 총 수요의 25%에 달하고 있었다. 한국은 미국 철강재 전체 수입량의 11%를 맡은 주요공급국 중 하나였다.

미국은 자국 통상대표부의 부대표로 젊고 패기 있는 로버트 라이타이 저를 새로 보하고 이 협상의 수석대표로 임명했다. 라이타이저 대사는 당시 30대초의 변호사로서 상원 재무위원장의 수석 보좌관을 지낸, 똑똑하면서도 까다로운 인사였다. 동인은 현재 통상대표로서 트럼프 대통령의 미국우선주의 통상정책수행의 선두에 서서 정책을 뒷받침하고 있다.

나는 전계묵 철강국장과 외무부, 경제기획원 대외조정실, 대외협력위원회 대표 등을 대동하고 1984년 10월 중순 워싱턴에 가서 1차 회담을 했고, 이후로도 서울과 워싱턴을 번갈아 가면서 협상을 진행했다. 전체 수출자율규제 수량에 있어서 양측의 입장은 크게 달랐다. 우리 측은 미국 총 수요의 2.4%를 주장하고, 미국 측은 1.7%를 주장했다. 그 밖에도 수출자율규제는 얼마나 긴 기간 동안 유지할 것인지, 품목분류 및 품목 쿼터는 어떻게, 얼마로 할 것인지, 품목 간 전용 사용물량 등 융통성 조항을 얼마나 인정할 것인지에 대해 양측은 팽팽히 맞섰다. 특히 우리는 품목을 대분류하고 품목 간의 전용비율을 확대하는 것이 목표였다. 반면 미국은 철강재를 22개 품목으로 세분류하고 융통성을 제한하고자 했다.

전체 수출자율규제 물량을 절충하는 과정에서 라이타이저 대사는 끝까지 미국 총 수요 1.7%라는 기준을 바꿀 수 없다고 위협했다. 그리고 자기는 주말인 금요일에 서해안으로 출장을 떠나기 때문에 그때까지 답변을 달라고 했다. 나는 그가 블러핑을 하는 것 같았다. 서해안행이 사실인지 확인해보고 싶었다. 당시는 항공사의 여객 리스트가 제공되던 시기였다. 대표단이 서해안행 항공사의 금요일 항공편 여객 리스트를 전부 확인했지만 그의 이름은 없었다. 나는 라이타이저 대사실에 연락하여 한국 대표단은 다음 주 월요일까지 워싱턴에 남을 예정이라고 통보했다. 그는 예상대로 다음 주 월요일에 만나자는 연락을 해왔고 마지막 수량절충을 한 결과 2.4%와 1.7% 사이의 1.9%로 결정되었다. 전체 물량 합의를 이룬 후 대표단은 미국 측의 규제대상 27개 품목을 6개로 대분류하는 데 성공하고 5만 톤의 철강반제품과 10만 톤의 아연도금 강관용 원판을 쿼터 대상에서 제외했다. 따라서 1985년도 수출가능 물량은 모두 200만 톤 정도로 예상되었다.

동행한 우리 철강업계 대표단은 협상 과정을 지켜볼 수 있었고 통상 협상이 얼마나 어려운 과정인지 직접 체험할 수 있었다. 수출가능물량이 수출예상량을 밑돌아 우려가 있었으나 물량 감소가 단위가격의 상승으로 이어져 오히려 유리할 수도 있다는 판단으로 업계의 큰 불만은 없었다. 미국의 협상 수석대표를 맡았던 라이타이저 대사는 협상이 타결된 후 얼마 되지 않아 미국의 유명 법무법인 대표 통상변호사로 옮기게 되었다. 통상대표부 부대표로 부임한 지 2년 만의 일이었다. 그는 자리를 옮기며 내게 인사 편지를 보내왔다. 1985년 6월 자에 보낸 편지에서 그는 6년 간의 공직생활 중 나와 함께 한미 간 통상 문제를 해결한 것을 다시 상기했다. 그는 '앞으로도 과거와 같이 어려운 한미 간의 통상 문제가 발생하겠지만 당신이 보여준 진실한 노력이 있다면 이 문제들을 잘 해결할 수 있을 것'이라고 쓰면서 워싱턴에 오게 되면 꼭 연락을 줄 것을 당부했다. 그 후 그는 법무법인에서 30년 가까이 미국업계를 대표하는 무역구제 사건을 다루는 통상변호사로 활동하다가 트럼프 대통령 행정부의 통상대표로 발탁되었다.

젱킨스 법안

　　한미 철강협상에 이어 나는 미국과 섬유협상에 들어가게 되었다. 1970년대 초반에 GATT에서 체결된 다자간 섬유협정MFA에 따라 미국은 우리나라를 비롯한 주요 수출국과 쌍무협정을 체결하여 섬유 수출입을 규제하였으나 미국의 섬유류 수입은 계속 늘어났으며 이에 따른 실업자가 늘어나 정치적으로 큰 문제가 되고 있었다. 1985년 미국 섬유업계는 의회를 앞세워 한국 포함 모든 수출국과의 현재 섬유협정으로는 미국의 일자리를 보호하기 어렵다는 보호주의적 입장을 내세웠다. 그리고 그해 12월 조지아 주 하원의원 에드 젱킨스Ed Jenkins가 섬유류 수입 제한 법안을 제기했고, 그 법안은 미국 의회를 통과했다. 젱킨스 법안은 미국의 섬유류 수입에 전 세계를 대상으로 글로벌 쿼터 제도를 도입하는 것으로, 당시 미국이 MFA에 따라 수출국과 체결한 쌍무 수출 규제협정을 무력화시키는 것이었다. 미국 대통령은 이 법안이 미국이 1970년대부터 구축해온 수출규제 형태의 섬유류 수입규제 체계를 위협하는 것이라며 그해 12월에 이 법안에 대해 거부권을 행사했다. 그러나 행정부는 의회가 거부권을 무효화 할 수 있는 의회 정족수의 3분의 2에 해당하는 표를 확보하고 있다고 보고 주요수출국과 협상을 통해 수출물량을 줄여 의회와 섬유업계를 설득하려고 했다. 우리나라도 주요 수출국이었으므로 당연히 협상 대상이 되었다. 미국의 섬유협상대표가 미국 통상대표부 부대표로 승격되어 대사 직함을 갖고 협상에 임했으며 우리도 수석대표를 국장에서 차관보급으로 격상해 대응했다.

워싱턴에서 시작한 협상에서 나는 미국 측의 협정개정 시도를 논리적으로 신랄하게 비판하고 요구를 들어줄 수 없다고 강력히 주장했다. 결국 협상은 결렬되었다. 하지만 홍콩이 미국과 협상을 타결했다는 소식을 들으면서 다음 협상을 구상하지 않을 수 없었다. 얼마 되지 않아 내가 잘 알고 있던 미국 통상대표부의 수석 부대표로 있던 마이클 스미스 대사가 전화를 해왔다. 주말에 약속이 없으면 서울과 워싱턴의 중간지점인 호놀룰루에서 조용히 만나 섬유협상을 계속하자는 제안이었다. 동인은 이미 섬유협상에서 졸업하고 미국의 통상정책을 총괄하는 수석부대표로서 미국 통상 대표의 오른팔 역할을 담당하고 있을 때였다. 미국 측은 주요 섬유수출국과 협상을 타결하여 젱킨스 법안에 대한 의회의 대통령 거부권 무효화를 방지하겠다는 전략을 수립하고, 스미스 부대표를 한국 협상에 투입했던 것이었다. 이례적인 협상 제안을 받아들인 뒤 나는 수출1과의 이계형 사무관을 대동하고 하와이로 떠났다. 스미스 부대표 역시 미국 측 실무자 한 명만을 대동하고 약속 장소에 나타났다.

섬유협상은 우리가 투숙했던 호텔의 한 회의실에서 밤낮으로 사흘 동안 진행되었다. 젱킨스 법안의 위협 때문에 어느 정도의 양보는 불가피하다고 판단했다. 홍콩 또한 상당히 양보했다는 사실을 알고 있었다. 그러나 전체 물량을 양보하는 대신 수출단가가 높은 품목의 쿼터를 늘려 전체 수출에는 손해가 없도록 해야겠다는 생각으로 협상에 임했다. 쿼터 협상에는 숫자에 밝아야 유리한데, 이계형 사무관이 미국 측 섬유 담당관을 압도함으로써 협상에 큰 도움이 되었다. 나중에 스미스 부대표는 내게 '유능한 보좌관을 두어 좋겠다'며 부러운 듯 얘기했다. 비록 칼라일 대사와 이 협상을 마무리 짓지 못하고 스미스 부대표와 어렵게 문제를 해결했지만, 나중에는 칼라일 대사와 좋은 관계를 갖게 되었고 점차 서로의 입장을 존중하고 이해하는 관계로 발전했다. 이 관계는 그 후 많은 한미 간의 통상이슈를 풀어나가는 데 도움이 되었고 우리는 가까운 친구가 되었다. 그는 정부에서 물러난 후 내가 WTO 사무총장 경선에 참여했을 때도 친구로서 많은 도움을 주었다.

 우루과이라운드

       1980년대 중반부터는 다자간 통상 문제가 점차 중요한 문제로 부상했다. 그때까지 우리나라의 통상 문제는 미국을 중심으로 일본, EU와의 양자 문제가 대종을 이루었다. 그러나 GATT 회원국들이 당시 뉴라운드라고 불렀던 새로운 다자간 무역협상을 추진하여 많은 나라가 이 과정에 참여했고, 그 중요성이 커지게 되었다. 우리나라는 1967년 GATT에 가입함과 동시에 다자간 무역체제에 편입되어 케네디라운드에서 합의한 세계무역 자유화의 혜택을 보았다. 1970년대 초부터 시작한 도쿄라운드에서도 상당한 혜택을 보았다. 그때까지만 해도 우리나라는 개도국으로 인정되어 다자간 무역협상에 참여했기 때문에 무역자유화의 혜택을 가장 많이 본 나라 중 하나였다.

    그러나 뉴라운드 출범이 논의되기 시작하는 1980년대 중반에는 상황이 변화하고 있었다. 우리나라는 이미 세계 10위권의 중견무역국이었으며 무역을 통해 경제발전을 이룩한 대표적인 나라로 널리 인식되어있었다. 동시에 한국도 국제 무역체제 발전에 더 큰 기여가 있어야 한다는 목소리가 나오고 있었다. 우리나라는 이런 인식에 따라 뉴라운드 출범을 위한 각종 공식 및 비공식 회의에 초대되기 시작했고 이런 회의에서 한국은 선진국과 개도국 사이에 다리를 놓는 조정자의 역할을 자임하게 됐다. 1985년에는 상공부 주관으로 서울에서 20여개 국의 통상장관이 모여 뉴라운드의 필요성을 논의하기도 했다. 한국은 새 협상을 추진하고자 했던 선진국의 의견과 이에 소극적이었던 개도국의 의견을 절충하는 역할도 하게 됐다. 나는 이 회담의 실무책임자로서 금진호 장관을 보좌했고 그 후에는 여러 후임 장관들을 모시고 해외에서 개최되는 통상장관회의에 참석하고, 뉴라운드 출범이 필요하다는 한국의 입장을 개진했다. 이런 가운데 GATT 회원국들은 1986년 말 뉴라운드 출범을 논의하기 위한 각료회의를 우루과이의 푼타 델 에스테라는 한 휴양지에서 개최하기로 합의했다.

나는 나웅배 장관을 모시고 대규모 정부 대표단과 함께 푼타 델 에스테에서 여덟 번째의 다자간 무역협상의 출범과정을 지켜볼 수 있었다. 뉴라운드는 여기서 우루과이라운드라고 명명했는데, 과거 어느 때보다 폭 넓은 무역 자유화와 새로운 무역 규범의 설정을 목표로 하는 각료선언문이 채택됐다. 그동안 세계무역 자유화 대상에서 제외되었던 농산물 무역자유화가 의제에 포함되었을 뿐 아니라 기존 GATT 체제에 포함되지 않았던 서비스 교역, 섬유류 교역, 지식재산권, 무역관련 투자 등 이른바 새로운 이슈가 협상 대상에 포함되는 획기적 협상의제가 채택됐다.

협상 준비과정에서 우리 정부가 주장했던 반덤핑 무역 규범에 대한 협상도 협상 대상으로 반영되었다.

GATT 회원국들은 푼타 델 에스테에서 합의된 의제에 따라 제네바에서 오랜 기간에 걸친 무역협상을 진행했다. 과거의 GATT 체제가 상품교역만을 관장했을 때는 상공부가 제조업을 관장하는 부서로서 단독으로 이를 처리할 수 있었다. 그러나 우루과이라운드에서는 무역협상의 범위가 서비스, 지식재산권, 투자 등으로 넓어졌기 때문에 상공부가 단독으로 대응하기 어려웠다. 또한, 농산물의 수입자유화 문제가 새로운 주요 협상 의제로 올라 농림수산부의 협상 참여가 필수적이었다. 정부에서는 부총리를 위원장으로 하는 대외협력위원회를 설치하여 정부의 입장을 조정토록 하고 이 문제를 실무적으로 다루는 대외조정실을 두어 각 부처의 입장 차이를 조정하게 했다. 협상의제에 따라 서비스협상은 경제기획원, 무역규범협상은 상공부, 지식재산권은 특허청 등으로 주무부처가 정해졌고 협상이 있을 때마다 주무부처에서 협상단을 구성해 참여했다. 우루과이라운드 기간 중 몬트리올과 브뤼셀에서 개최된 중간평가회의에는 내가 상공장관을 모시고 정부를 대표하여 참석했다.

 MTN 협상그룹 의장으로 선출

우루과이라운드는 협상위원회의 결정으로 12개 협상그룹 분야로 나누어 제네바에서 개최되었고 각 협상그룹은 회의 진도에 따라 협상 주기를 결정했다. 우리 정부는 협상을 유리하게 이끌기 위해 나를 협상그룹의 의장직 후보로 내세웠다. 다른 나라도 마찬가지로 의장직을 노리고 있었으므로 경쟁이 치열했다. 협상그룹의 의장은 특정국가를 대표하는 것이 아닌, 개인적인 자격을 갖추고 있으면서 협상을 중립적으로 이끌어 갈 수 있는 사람이어야 했다. 나는 개인자격으로 여덟 번째 협상 그룹(NG8)인 MTN 협약협상그룹 의장으로 선출되었다. 무역규범, 특히 도쿄라운드에서 합의된 반덤핑협정과 관련된 협상을 다루는 협상그룹이었다. 협상 준비과정에서 이 분야의 협상을 주장한 우리에게는 잘된 일이었다. 나중에 선출과정에서 미국 통상대표부 부대표로 있다가 제네바의 WTO 대사로 온 나의 친구 스미스 미국대사가 나를 강력히 밀어주었다는 소식을 들었다. 당시 나는 도쿄라운드 시절에 합의된 반덤핑 협정의 개정을 우리가 우루과이라운드에서 추진해야 할 최우선으로 생각하고 있었다. 나는 선진국의 보호무역주의 도구였던 반덤핑협약 개정을 통해 수출국과 수입국의 입장을 보다 균형 있게 반영하고 이 협정이 보호무역의 수단으로 전락하지 않도록 바꾸는 것을 목표로 삼았다.

나는 우선 당시 우리나라 수출 상품에 대해 반덤핑 제소를 많이 하는 미국, EU, 캐나다, 호주 등 선진국의 반덤핑제도를 연구했다. 당시에는 전자제품에 대한 덤핑공세가 제일 빈번했기 때문에 상공부 내 가전제품과가 이 협상을 담당했다. 한국무역협회가 미국, 캐나다, EU, 호주 등 반덤핑 발동 주요국의 유능한 변호사들을 고용하여 가전제품과의 협상안 작성을 지원하게 했다. 그 당시 많은 나라의 반덤핑 법규는 GATT의 복수 국가 간 협정이었던 반덤핑협약을 원용하면서도 많은 경우 반덤핑

협약과 일치하지 않았다. 이 협약에 규정되어 있지 않은 내용을 국내법규에 도입하여 수출국의 수출 상품 피해 판정이나 덤핑마진율을 높이는 효과를 가진 조항들이 적지 않게 존재했다. 이런 경향은 특히 우리 제품에 따른 덤핑 제소가 제일 빈번했던 미국의 반덤핑 법규에서 제일 두드러지게 나타났다. 이 내용을 종합하여 협상안이 마련되었고 가장 먼저 개최된 협상그룹 회의에서 한국이 반덤핑협약 개정안을 처음으로 제출했다. 우리의 뒤를 이어 홍콩, 일본, 싱가포르 등이 우리 제안과 유사한 협상안을 제출했다. 반덤핑 이슈는 MTN 협약그룹 협상의 제일 중요한 협상의제로 떠올랐다. 협상 초기의 한국 안은 당시 가전제품과장이었던 한덕수 과장의 주도로 작성되었다.

반덤핑제도의 개정에 대해 미국은 처음부터 달갑게 생각하지 않았다. 반덤핑제도는 불공정한 수출에 대항하는 구제수단이라는 입장에서 오랫동안 미국은 이를 통상정책의 중요한 정책수단으로 여겼고 이 제도를 약화하는 어떤 제안도 받아들이지 않으려 했다. 그러나 아시아 국가들을 중심으로 워낙 많은 협상 참가국이 이 문제의 협상을 요구했고, 미국을 중심으로 한 선진국들이 새로운 이슈의 협상을 추진하는 상황에서 이를 협상의제로 올리는 것을 무작정 반대할 수는 없었다. 따라서 미국은 반덤핑협약에 규정되어 있지도 않은 국내법규에 반영해 놓은 우회수출방지조항이 반덤핑협약에 반영되어야 한다고 주장하기에 이르렀다. 협상은 첨예한 대립 속에서 진행되었고 합의 도출이 쉽지 않았다. 그룹의 의장으로서 나는 협상을 진전시켜야 할 의무가 있었다. 한국의 입장을 정하고 이를 뒷받침하는 논리를 개발하는 책임도 자임했지만 제네바 협상그룹 회의에서는 엄격한 중립을 지키며 협상을 진전시켜야 했다. 나는 4년 동안 협상회의에 참여할 때마다 주요국의 협상 대표들을 저녁에 초대하여 비공식 협의를 진행하려 노력했고 협상 분위기가 대립적으로 흐르지 않도록 신경 썼다. 덕분에 협상 분위기가 그리 험악하지는 않았지만 입장 대립은 좀처럼 완화될 기미를 보이지 않았다. 그러나 우루과이라운드 협상 후반에는 협상 구도에 약간의 변화가 생겼다. 일부 수입국 중 EU, 캐나다, 호주 등이 수출국의 입장을 지지해 준 것이다. 극히 일부 제안에 대한 지지였고 핵심 이슈가 아닌 것들에 대한 지지였지만 협상 분위기를 바꾸는 데는 크게 도움이 되었다. 이로 인해 미국의 입장도 다소 유연해져서 일부 합의도출이 가능하게 되었다. 우리가 애초 목표했던 주요 개정내용들은 미국 등의 반대로 반영되지 못했다. 그러나 반덤핑협약에 여러 가지 문제가 있다는 것을 부각하고 우리가 주장했던 일부 절차적인 개선안은 반영되었다. 특히 조사 결과 최소마진이 나올 경우 반덤핑관세를 부과하지 않는다는 원칙이 채택됐고, 덤핑이 일정 기간 중단되면 덤핑관세 부과를 중지한다는 이른바 일몰조항이 합의되었다. 그 밖에도 반덤핑 제소가 있으면 수입국이 수출국에 이 사실을 통보해야 하는 의무도 신설되었다. 비록 제한적이지만 도쿄라운드에서 합의된 이후 처음으로 반덤핑협약이 개정된 것이다. 그러나 아직도 반덤핑제도는 선진국뿐만 아니라 일부 개도국까지도 자국 산업보호를 위한 주요 보호주의 수단으로 활용하고 있어 개선할 여지가 많다. 우루과이라운드 협상 후 새롭게 합의된 도하라운드 규범협상에서도 이 의제가 논의된 바 있었고, 많은 제안이 있었으나 별다른 진전을 보지 못하고 있다. 우루과이라운드 때 처음 시도한 개정목표는 아직 미완이지만, 이를 시작했다는 데 의미를 두어야 할 것 같다. 이 과정에서 당시에 많은 애를 쓴 상공부의 국과장 또는 사무관을 지낸 한덕수, 이재길, 장석환, 박청원, 김동선 씨의 역할이 컸다.

 ## 미국의 시장 개방 압력

미국의 보호주의는 1970년대 초 섬유에 대한 쿼터 제도로 시작되어 신발류, 컬러 TV 등 경공업 제품에 대한 수량규제인 수출자율규제제도로 발전했다. 1970년대 말에는 철강을 비롯한 일부 품목에 대한 덤핑관세에 제소가 늘어나고 있었다. 우리 수출 초기에는 우리 수출 제품에 대한 수입을 제한하는 형태의 보호주의가 미국 보호주의의 대종을 이루었다. 그러나 1980년대 초부터는 미국의 수출이나 미국기업의 해외 진출을 제한하는 무역상대국의 시장을 개방하는 정책으로 통상정책의 기조가 서서히 바뀌고 있었다. 미국 의회는 1974년 미국 통상법 301조에서 '외국의 부당하거나 차별적인 법·정책·관행에 대해 이를 제거하기 위한 모든 적절하고 가능한 조처를 할 수 있는 권한'을 행정부에 부여했으나 도쿄라운드가 진행되는 동안에는 이 권한 사용을 자제하고 있었다.

1980년대 들어 미국 정부는 통상정책을 바꿔 자국 시장 보호정책을 무역 상대방 시장의 개방으로 본격 전환하였다. 날로 불어나는 미국의 무역적자를 개선하는 데는 미국상품 및 서비스의 해외 진출을 저해하는 모든 외국의 무역장벽을 제거하는 것이 필요하다고 본 것이다. 이를 위해 '일방적·쌍무적·복수 국가적·다자적' 정책수단을 총동원한다는 정책 기조를 발표하기에 이르렀다. 미국 정부의 이런 공세적 일방정책의 시초는 1979년에 우리 보험 업계를 대상으로 한 301조 조사였다. 제소를 계기로 한미 양국은 오랫동안 우리나라의 보험시장 개방에 대한 협의를 지속하였고 1987년에 가서야 시장개방에 대한 합의서가 최종 타결되었다. 그 이후 미국 정부는 1985년 한국의 지식재산권 제도에 대한 자체 조사를 했고 1985년부터 약 1년 반 동안 한미 간의 협상이 진행됐다. 그 결과 물질 특허제도의 도입 등 우리나라 지식재산권 제도의 큰 변화가 생겼다. 이어 1988년에는 미국 담배 수출업체가 제소한 한국전매공사 담배 수입제한에 대한 한미 협상에서 외국산 담배 판매 제한 해제 등을 합의했다. 같은 해에는 미국산 소고기 수입 관행에 대한 301조 조사가 있었고 미국은 이를 GATT 분쟁 해결 절차에 회부했다. 미국은 한국의 포도주 수입에 부과되고 있었던 높은 관세율(100%)을 문제 삼아 업계의 제소에 따라 조사를 개시해 한국이 관세를 인하하는 조처를 하게 되었다. 미국의 시장 개방 압력은 이처럼 많은 부문에 걸쳐 이루어졌고 주로 상품 분야가 아닌 농산물·서비스 시장에 집중되었다. 제조업 분야에서는 이미 1980년대 초부터 수입자유화 예시제도와 관세 인하 계획이 시행됐으나 농산물과 서비스 분야의 시장개방 정도는 국제적인 수준보다 훨씬 낮았기 때문에 301조 제소 공세가 이 분야로 집중된 것이었다.

슈퍼 301조 협상

　　미국의 통상정책의 기조가 상대방 국가의 시장개방으로 전환되면서 1974년 통상법 301조가 강력한 정책수단으로 떠올랐다. 미국은 이를 주요 상대국의 특정 무역관행을 바꾸는 데 활용하였다. 그러나 이 정책 도구는 특정 무역관행에 대한 조사·협상 또는 보복을 규정한 것이었다. 미국 의회는 1988년 종합무역법을 입안하여 301조 조항을 개정해 특정 무역국이 조사 결과 불공정무역국으로 지정될 경우, 이 무역관행을 개정하고 협상이 결렬되면 일방적인 무역 제제를 취할 수 있는 조항을 도입했다. 이것이 슈퍼 301조였다.

　　당시 특정무역관행을 조사하는 조항인 일반 301조, 지식재산권을 조사하는 특별 301조에 더해 새로운 슈퍼 301조가 탄생한 것이었다. 미국 언론과 통상전문가들은 이 정책의 대상으로 우리나라와 일본·인도·브라질 등을 꼽았다. 1980년대부터 일반 301조에 시달려 온 우리는 301조의 위력을 잘 알고 있었다. 따라서 슈퍼 301조에 대한 대책을 강구하지 않을 수 없었다.

　　당시 나는 만약 우리나라가 미국에 의해 불공정 무역국이라고 낙인찍히게 되면 그렇지 않아도 '제2의 일본'이라고 불리기 시작했던 당시 한국의 국제적 인식이 굳어질 거라고 판단했다. 이를 예방하기 위해서는 불공정 무역국 지정을 피해야 했다. 당시 모시고 있던 한승수 장관(추후 국무총리 역임)도 이 의견에 적극적으로 동의했다. 하지만 당시 다른 부처의 의견은 조금씩 달랐다. 수입자유화 문제로 많은 시련을 겪었던 농수산부는 만약 슈퍼 301조 협상이 진행되면 농수산물의 추가적 수입개방이 불가피할 것임으로 미국과의 협상에 반대했다. 외무부는 미국의 일방적인 통상공세에 저자세로 임하는 것에 반대하며 동조하지 않았다. 심지어는 주미대사관도 슈퍼 301조 지정을 피하기 위한 협상에 소극적이었다. 당시 상무관보였던 이희범 과장(추후 통상산업부 장관 역임)이 연락을 해와 주미대사관에서도 협상에 반대한다는 의견이 지배적이라고 알려주었다. 그간 보험·금융·담배 등 일반 301조 협상에 시달려온 재무부도 소극적인 자세였다. 그러나 대외경제정책을 총괄·조정하기 위해 대외조정실이 설치된 경제기획원은 상공부 의견에 동조했다. 나는 대외조정실의 김영태 실장(추후 경제기획원 차관 역임)과 대응 방안을 긴밀히 협의했다. 우리는 우선 워싱턴으로 가 미국 통상대표부·상무부·국무부의 입장을 직접 듣고 그동안 알고 지내던 워싱턴의 연구소와 법무법인 통상전문가들을 만난 후 종합적인 판단을 내리기로 했다.

우리는 워싱턴에서 여러 사람에게 미국의 새 무역정책에 대한 입장과 앞으로의 계획을 들을 수 있었다. 당시만 해도 미국 정부는 구체적으로 어떻게 슈퍼 301조를 실행할 것인가에 대한 정책 청사진을 갖고 있지 않은 것 같았다. 심지어 일부 공무원들은 무역상대국의 보복 가능성 등에 대해 걱정하는 경우도 있었다. 여러 사람을 만나본 결과 미국과 협상을 통해 우리 무역 관행에 대해 합의를 본다면 미국이 우리를 불공정 무역국으로 지정하지 않을 수 있겠다는 판단이 들었다. 출장 중에 우리는 협상을 개시할 경우 미국 측이 어떤 의제를 제기할지 집중적으로 탐문하였다. 미국은 협상의제로 외국인투자와 한국의 국산화 정책 그리고 기타

무역정책 세 가지 의제를 제시했으며, 농수산물 자유화는 기타무역정책에서 논의하기를 희망했다. 우리는 그들이 농산물 수입 개방에 대한 별도의 의제를 제기하지 않아 다소 안도했다. 미국은 당시 우루과이라운드에서 외국인 투자 관련 규범을 도입하고자 하는 입장이었다. 따라서 한국과 이 분야에서 합의한다면 이것이 선례가 되어 우루과이라운드에서 이득이 될 거라 판단한 것 같았다. 국산화 정책을 제기한 것은 한국이 많은 제조업 분야와 제약 분야에서 국산화를 위해 보조금을 지급하고 수입을 제한하는 관행을 바꿔보려는 의도였던 것 같다. 그리고 기타분야에서는 농수산물 자유화를 비롯한 일부 미국 관심 품목의 관세 인하 등을 노리는 것 같았다. 미국 통상대표부는 1980년대 초부터 매년 발간해 온 〈무역장벽보고서U.S. Trade Estimate〉에 관련 이슈를 자세히 기술했기 때문에 그들이 어떤 의제를 슈퍼 301조에서 거론할 것인지 짐작할 수 있었다. 김영태 실장과 나는 귀국 후 출장 결과를 대외협력위원회에 보고했고, 슈퍼 301조 협상에 응한다는 정부의 입장을 확정 지었다.

나는 슈퍼 301조 협상의 수석대표로서 정부의 협상대표단을 이끌고 워싱턴으로 향했다. 경제기획원에서는 김병균 대조실 국장(추후 기술신용보증기금 이사장 역임), 농수산부에서는 박상우 농정국장(추후 농수산부 차관 역임), 외무부에서는 선준영 통상국장(추후 외교통상부 차관 및 UN대사 역임), 보건복지부에서는 최수영 과장(추후 서울식약청장 역임), 재무부에서는 김종창 과장(추후 금융감독원장 역임)과 주미 대사관의 관계관과 각 부처 사무관들이 대거 참여하여 30여 명의 대표단이 구성됐다. 미국에서는 후에 제네바 미국 WTO 대사를 역임한 피터 알가이어Peter Allgeier 대표보가 국무·재무·상무·노동부의 대표를 이끌고 수석대표로 참석했다. 나는 전체 협상을 책임지고 국산화 소그룹과 기타 소그룹의 협상을 맡았다. 협상 경험이 풍부한 선준영 외무부 통상국장이 외국인투자 소그룹을 맡아 협상을 진행했고, 소협상 그룹의 협상 결과는 전체회의에서 다시 확인했다. 일부 치열한 협상에서는 한국대표단 사이에 의견충돌로 고성이 오고 가기도 했다. 머리를 식히기 위해 정회를 하고 다시 협상장으로 들어가는 경우도 더러 있었다. 새벽까지 이어지는 협상도 자주 있었으나 본부와의 청훈 및 훈령을 받는 절차는 꽤 원활하게 진행되었다. 현지대표단이 결정할 수 없는 사항은 협상 결과를 자세히 설명하여 서울에 청훈했다. 당시엔 국내대책반이 상시로 운영되고 일사불란한 협상지원체제가 가동되고 있었다. 급하게 본부 입장의 타진이 필요할 때는 미국 통상대표부 전화를 사용하기도 했다. 보안상 문제가 있을 수도 있었지만 사안의 긴박성에 비추어 대안이 없는 상황이었다. 나중에 들은 얘기지만 이 협상과정에서 미국 통상대표부의 전화 요금이 수천 불이 나왔다고 한다. 어려운 과정을 거쳐 양국은 5월 중순에 협상을 마무리 지을 수 있었다. 꼬박 1주일이 걸렸다. 전 협상 과정을 통해 상무관실을 비롯한 주미 대사관 경제담당관들의 노고는 상당했다. 여러 날 새벽까지 이어진 협상을 지원하기 위해 헌신적인 노력을 기울여 주었다.

협상이 타결되고 난 후 나는 알가이어 수석대표와 함께 칼라 힐스 Carla Hills 미국 통상대표를 방문하여 협상 타결을 축하하는 샴페인을 들었다. 이를 계기로 힐스 대사와는 좋은 관계를 갖게 되었고 그가 정부를 떠나 미국의 아시아 소사이어티Asia Society 회장이 된 후 나를 세계 도처에서 개최되는 이 기관의 국제회의에 기조연설자로 초청해주었다.

대표단은 다음날 귀국길에 올라 협상 결과를 직접 보고했다. 나는 대외협력위원회의 관계 장관회의에서 협상 결과를 설명했고, 조순 부총리와 참석한 장관들은 협상단의 노고에 대해 크게 치하하였다. 김식 농수산 장관은 농산물의 추가개방 합의에 불만이 있었으나, 농수산물 수입 개방은 당시 정부가 추진했던 자체적인 수입자유화 계획의 일부를 미국에 약속한 것이므로 그다지 큰 추가 양보가 아니었음을 지적했다. 다른 장관들은 협상 과정에서 미국의 요구사항과 우리의 대응 방안을 상세히 보고받았기 때문인지 별다른 문제를 제기하지 않았다. 나는 국산화와 외국인 투자 소그룹 협상에서 우리가 양보한 것도 있지만 한국이 중견무역국으로 부상한 이상 이에 걸맞은 제도를 도입하는 의미라고 설명했다. 관계 장관들이 공감을 표해주었다. 한국 언론에서도 슈퍼 301조 협상결과를 긍정적으로 평가했다. 슈퍼 301조 협상은 우리나라 통상협상을 온 국민의 관심사로 돌려놓았다. 이 협상의 일부가 코미디 TV 프로그램에서 회자될 정도였다.

그러나 며칠 지나지 않아 큰 문제가 발생했다. 워싱턴으로부터 미국이 슈퍼 301조에 대한 불공정무역국 지정을 하지 않을 수도 있다는 일부 현지 통상전문가의 보고가 있었다. 일부 언론도 비슷한 전망을 보도했다. 우리는 일부 국가들이 지정될 것이라는 전제하에 협상에 응한 것이었으므로 만약 협상하지 않은 일본·브라질·인도가 지정되지 않는다면 정말 큰 문제였다. 정부는 외교채널을 통해 만약 미국 정부가 이를 추진한다면 수락할 수 없으며 한미 간 슈퍼 301조 협상의 결과는 무효임을 명백히 밝혔다. 나는 미국 수석대표 알가이어에게 우리 입장을 설명했고 그는 이해한다는 입장이었지만 일부 국가에 대한 불공정 무역국 지정이 있을 거라는 확답을 주지는 못했다. 아마도 우루과이라운드의 중요 협상이 진행되는 동안 일본·브라질·인도 등 주요국을 불공정 무역국으로 지정하는 것이 부담이었을 거라는 판단이 되었다. 우리로서는 받아들일 수 없는 결과였고 충분히 명분이 있는 입장이었다.

나는 이 문제를 전문가와 의논해보고 싶었다. 따라서 비서에게 얼마 전까지 미국의 섬유협상 수석대표를 역임하다가 GATT의 사무차장으로 간 칼라일 대사와의 전화연결을 부탁했다. 그러나 내 말을 잘못 들은 비서는 칼라 힐스 미 통상대표부 대표의 집으로 전화를 걸었다. 당시 서울과 워싱턴은 14시간 시차가 있었으므로 새벽 2시에 힐스 대표에게 전화를 건 셈이었다. 나는 전화가 잘못 갔다고 사과 하고 전화를 끊었고 바로 미국 통상대표부 집무실로 팩스를 보내 다시 사과했다. 힐스 대표는 다음날 이렇게 답장을 보내 왔다. "아무리 새벽 두시라 해도 통화할 수 있어서 기뻤고 언제든지 통화할 용의가 있다." 나는 그가 통 큰 답장을 보내주어 안도했다.

나는 협상이 타결된 일주일 후 1989년 5월 24일 알가이어 수석대표에게 편지를 보내 미국이 슈퍼 301조에 의한 불공정 무역국 지정을 하지 않는 것을 받아들일 수 없고, 한국이 미국과 협상을 한 것은 이 지정을 전제로 한 것이라고 강한 톤으로 지적하며 시정을 촉구했다. 며칠 후 미국은 일본·브라질·인도를 슈퍼 301조에 의한 불공정 무역국으로 지정하는 발표를 했다. 나라별로 미국이 문제 삼는 무역관행을 열거하고 협상을 추진한다는 내용이었다. 물론 한국은 불공정 무역국 대열에 없었다. 슈퍼 301조 협상은 그 후 한미 통상관계를 안정시키는 계기가 되었다. 며칠 후 노태우 대통령은 협상대표단 전원을 청와대로 불러 오찬을 베풀고 노고를 치하했다.

나는 6년 1개월 동안의 제1차관보 시절 우리나라의 통상협상 실무대표로 주요 양자 간 및 다자간 무역 협상에 참여했다. 한 사람이 이렇게 오래 한자리에 있으면서 통상협상을 책임지는 경우는 과거에는 없던 일이었다. 심신이 괴로울 때도 많았고 잦은 해외 출장으로 힘들기도 했지만 중요한 일을 할 수 있던 것에 대해 항상 고마운 마음이다. 차관보 시절에 모시고 일했던 금진호, 나웅배, 안병화, 한승수 장관님들이 오랫동안 신뢰를 보내주신 것에 지금도 감사하다. 정확하진 않지만 내가 당시 공직자 중에서 해외출장을 가장 많이 하지 않았나 생각한다. 제1차관보 시절 대한항공은 내가 밀리언마일러가 되었다고 알려왔다. 내가 이 제도가 도입된 이후 46번째였으며 공직자로는 첫 번째 밀리언마일러였다.

미국과의 슈퍼 301조 협상을 성공적으로 마무리한 1989년이 저물 즈음 뜻밖에 좋은 소식을 듣게 되었다. 중앙일보 1989년 12월 9일 자 신문 1면 왼쪽상단에 나를 '89년의 얼굴'로 부각한 5단 기사가 나왔다. 나는 전혀 기대하지 않았고 나와 관련된 큰 기사가 나온 적도 없어서 흥분을 감출 수 없었다. 이 기사는 상공부 제1차관보 김철수 씨 '개방시대 – 통상마찰소방수'라는 제목하에 간단한 설명을 붙여 놓았다. 기사는 다음과 같다.

'통상 마찰의 해결사', '통상마찰이 일면 즉시 뛰어가 불을 끄는 소방관' 역할을 해온 상공부 김철수 제1차관보(48)에게 붙여진 별명이다. 올해 들어 13회에 걸쳐 1백 19일간 미국·유럽 등지를 돌며 통상법 301조를 무기로 한 미국 측의 압력에 대응하고 우루과이라운드(다자간 무역협상)등 굵직한 국제회의에 빠짐없이 참석했다. 지난 5월 슈퍼 301조 타결 때는 사흘 밤을 꼬박 새우는 체력전까지 벌이며 미국 대표들과 논전을 폈다. 84년 2월부터 제1차관보가 되어 통상외교의 주역을 맡고 있다.

중앙일보의 '89년의 얼굴'에는 나를 포함해 모두 열 사람이 선정되었다. 다양한 분야에서 획기적 업적을 이뤘거나 조용히 자기 분야에서 괄목할 만한 일을 해낸 숨은 공로자들이었다. 당시 18세였던 김수령 양궁 선수는 88 서울 올림픽의 2개 금메달에 이어 1989년 세계선수권 대회에서 전 부문 세계 최고 기록을 달성한 공로가 인정되어 이름이 올랐다. '한민족 공동체 통일방안'을 만든 이홍구 통일부 장관의 이름도 보였다. 기능인 우대 풍토 조성을 위해 정부가 제정한 최우수 기능인 대상을 받은 ㈜대농의 근로자 정명수 씨도 '89년의 얼굴'이었고 대한주부클럽연합회가 선정한 '훌륭한 아버지상'을 수상한 전라남도의 우재선 씨도 그중 한 사람이었다.

1991년 특허청 국제특허연수원 개원식
참석을 위해 내한한 알파드 복시Arpad Bogsch
세계지식재산권기구WIPO 사무총장과 함께

제7대 특허청장

 특허청에서의 첫 출발

　　나는 1990년 3월 특허청장 발령을 받고 처음으로 기관장이
되었다. 6년 동안의 제1차관보 시절은 보람됐지만 오랜 고된 일에 지쳐가
고 있었다. 나는 어떤 변화를 바라고 있던 차에 승진발령을 받았다. 이
번에도 차수명 청장의 뒤를 잇는 자리였다. 특허청에서 근무한 적은 없
지만 지식재산권 문제가 통상의 주요 이슈로 부각되는 상황을 지켜보며
어느 정도의 이해와 식견을 가지고 있었다. 제1차관보 시절 말기에는 정
부의 지식재산권 대책위원회 위원장직을 수행했고, 2년 동안 지식재산
권과 관련된 통상 문제를 책임지고 있었기 때문이다. 그래서 긴 준비 기
간을 거치지 않고도 특허 행정의 발전 방향을 설정할 수 있었고, 구체적

인 실천방안을 제시할 수 있었다. 나는 1990년 3월 20일에 있었던 특허청장 취임사에서 재임 기간 중 역점을 둘 세 가지 사항을 언급했다. 먼저 심사 심판의 적체 현상을 해소하고 신속하고 공정한 업무처리를 위해 노력할 것이며, 이를 위한 인원 확충과 업무자동화 등 제도적 발전이 필요한 부분은 나 자신이 최대한 노력하겠다고 했다. 그리고 특허행정의 국제화, 선진화 달성을 위해 심사 심판관의 자질향상에 중점을 두고, 공부하고 노력하는 관청이 되도록 국내외 연수 기회를 확대하겠다고 밝혔다. 마지막으로 직원들에게는 늘 민원인에게 봉사하는 특허청 기관으로 거듭나기 위해 항상 민원인의 입장에서 사안을 처리하는 근무 자세를 가질 것 등을 부탁했다.

내가 부임할 당시에는 국내기술의 발달로 특허 등 지식재산권 출원이 급격히 증가할 때였다. 출원은 매년 평균 10%의 증가율을 보였고, 1989년에 이미 지식재산권 전체 출원이 십만 건이 넘었다. 따라서 3년 2개월이 넘는 심사 기간부터 줄여나가야 했다. 당시 한국은 선진국으로부터 지식재산권 통상공세를 가장 많이 받는 나라로 부상했고, 이를 관리하는 것 또한 급선무였다. 1989년에는 미국이 우리를 지식재산권 보호가 부족한 '우선 관찰 대상국'으로 지정할 정도였다. 이 상황에서 나는 특허행정의 목표로 첫째, 특허 심사 심판 능력의 향상, 둘째, 특허행정의 전산화, 셋째 지식재산권 관련 국제기구와의 협력 강화, 넷째, 선진국 특허청과 정보교환 심사기법 등을 위한 협력 강화, 그리고 마지막으로 새로운 지식재산권 관련 이슈의 연구 강화를 내세웠다.

심사인력 확충

비록 1년 6개월이라는 짧은 재임 기간이었지만 특허 행정의 근대화와 국제화를 위해 다양한 노력을 기울였다. 당시에는 세계 주요국의 특허 심사 기간도 우리와 비슷하게 길었기 때문에 크게 문제가 되지 않았다. 하지만 지식재산권 문제가 통상이슈로 크게 부각되면서 권리설정이 더 빨리 이뤄져야 한다는 여론이 일기 시작했다. 나는 시대의 요구에 맞게 야심 찬 인력확충계획을 수립하고 경제기획원 총무처 등과 협의를 거쳐 심사관을 중심으로 대규모 인력을 확충했다. 이에 따라 특허청 인원은 6국 8과 24 담당관으로 늘어나 전체 인원 535명의 큰 행정 기관이 되었다. 그리고 이를 직제 개정에 반영, 선행 기술조사 외주 용역사업 시행의 근거를 마련하여 심사 기간 단축 사업을 추진했다. 취임 당시 수개월이 걸리던 심사 기간을 조금이나마 단축할 수 있었던 것은 이러한 인력확충을 통해서였다. 그러나 단축 계획은 생각보다 더디게 진행되었다. 내가 퇴임할 때인 1991년 말까지 심사 기간은 약 5개월 단축되어 34개월로 줄어드는 것으로 그쳤다. 이후 특허청은 심사인력을 지속해서 확충했고 심사처리를 전산화하여 지금은 특허 심사 기간이 1년 6개월 정도로 축소되었다. 우리가 다른 나라보다 신속한 특허 권리 확보가 가능한 국가로 발돋움하게 되는 모습을 보는 것은 이 일을 추진했던 사람으로서 보람된 일이다.

이 외에도 특허청은 1990년 특허법을 개정하여 선행기술조사 외부용역사업을 추진할 수 있는 근거를 마련했다. 그리고 1992년부터는 기술

내용이 고도한 외국인 출원을 대상으로 산업기술 정보원에 선행기술 조사용역을 의뢰하기 시작하여 심사관의 과중한 업무 부담 경감과 심사의 질적 수준을 높이기 위한 노력을 기울였다. 이 사업은 그 이후 계속해서 확대 실시되었다.

 ## 특허 행정 전산화

또한 나는 전임자들이 추진했던 특허 행정 전산화를 한 단계 발전 시켜 보다 본격적으로 추진하게 되었다. 1980년대 후반에는 기술혁신이 가속화하고 산업재산권 출원이 급증하여 심사심판업무가 폭주했다. 세계 각국으로부터 각종 특허정보 자료가 쏟아져 나와 심사처리 지연과 공보발간 비용이 급증했다. 그에 따라 방대한 산업재산권 정보자료의 보관과 관리의 어려움이 가중되고 있었다. 내가 특허청으로 부임하기 전인 1989년에는 '지식재산권 정보 종합전산망 구축계획'이 수립되어 정보화 사업이 추진되고 있었다. 나는 이 정보화 기획을 보다 본격적으로 추진하기 위해 특허청의 직제개정에 정보기획과를 신설하였으며, 당초 이 계획에 포함되지 않았던 전자출원 시스템을 추진하도록 하였다. 내가 떠난 후 후임 청장들이 '산업재산권 행정 전산화 7개년 계획(1992-1998)'을 추진하여 그 결과로 1999년 세계 최초로 인터넷 기반 전자출원 시스템을 개통하는 성과를 거두었다. 아울러 특허 정보 데이터베이스와 선행기술 검색 시스템이 구축됨에 따라 심사·심판업무를 보다 효율적으로 수행할 수 있게 되었다.

특허청의 국제화

특허청의 국제화는 여러 분야에 걸쳐 진행되었다. 특허청 국제화 사업은 선진국을 포함한 많은 국가에서 우리가 모범적인 특허청으로 인정받고 지금의 'P-5', 즉 세계 5대 특허청의 하나로 자리매김하는 데 기초가 되어주었다고 생각한다. 특허청의 국제화 차원에서 추진된 사업은 소련국가발명발견위원회와 특허청 간 체결된 특허업무 협력 협정이었다. 1990년 7월 방한 중이었던 토스루코V.M. Tosluko 소련 특허청의 부원장이 나를 예방하는 자리에서 이를 비공식 제의했다. 당시 국교가 수립되어 있지 않았기 때문에 나는 관계부처와 협의하여 이를 추진하기로 했다. 9월에 나는 모스크바를 방문하여 소련국가발명발견위원회의 베스파로프Y.A. Bespalov위원장과 협정을 체결했다. 5년간 유효했던 이 협정은 양국 간 지식재산권에 관한 심사심판 관련 자료와 심사기법 업무 경험을 교환하고, 산업재산권 이전에 관한 협조와 특허 협력 증진을 위한 사업 시행, 양국 특허전문가 회의 개최 등을 규정했다.

소련 정부 기관과의 업무협력 협정은 국내의 큰 관심 속에서 이루어졌다. 일부 언론에서는 협정체결을 1면 머리기사로 보도했다. 소련 특허청은 당시 심사관만 1,500명에 매년 특허출원 건수가 20만 건에 달했다. 소련은 출원 세계 2위인 특허 대국이었다. 협정 추진과정에서 소련 측이 우리에게 준 이전 희망 특허기술 25건을 검토한 결과 신규성과 진보성이 있으며 우리 기업이 이들을 활용할 가능성이 큰 것으로 판단되었다. 베스파로프 위원장과는 협정체결 업무를 추진하며 친하게 되었고 다음 해 5월 대덕 국제 특허연수원 개원식에 귀빈으로 초대하여 협력 관계를 강화했다.

국제화를 위한 또 다른 중요한 사업은 1991년 5월에 있던 국제 특허연수원 개원이었다. 제6대 차수명 청장 시절 계획했던 연수원이 준공되면서 개원식과 개원 기념 포럼이 내 재임 기간 중 열리게 되었다. 개원식에는 세계지식재산권기구WIPO의 알파드 복시Arpad Bogsch 사무총장, 주요국의 특허청장과 간부들이 참석하여 우리 특허청을 국제적으로 홍보하는 데 큰 계기가 되었다. 세계지식재산권기구는 이를 계기로 한국을 개도국에서 가장 모범적이고 앞서가는 지식재산권 사무소로 인정하고 많은 개도국 관련 사업을 공동 추진하게 되었다. 그 이후 특허청의 관계관이 세계지식재산권기구에 파견 근무를 가는 계기도 마련되었다. 이처럼 긴밀한 관계를 다져놓았기 때문인지 내가 떠난 후에도 특허청은 세계지식재산권기구와 많은 협력사업을 추진하게 되었다. 나는 세종대 총장시절 특허청의 요청으로 2004년 10월 특허청과 세계지식재산권기구가 공동 주최한 최빈개도국 지식재산권 각료회의에서 '국가발전 정책에 있어 지식재산권의 통합방안: 한국의 경험'이라는 주제로 기조연설을 한 바 있다.[8]

산업재산권 관련법의 현대화

나는 1980년대 중반부터 미국을 비롯한 선진국과 통상마찰을 겪으면서 지식재산권 문제가 통상마찰의 핵심의제로 부각 되는 과정을 지켜보았다. 어떻게 보면 우리나라의 지식재산권 제도의 현대화 과정은 초기에 통상마찰로부터 촉발된 이후 꾸준히 진전되었다고 할 수 있다. 미국은 그들의 지식재산권 보호를 통상정책의 최우선순위에 두고 상대방 국가의 지식재산권 보호 수준과 관행을 일방적으로 평가하여 성적을 매기는 법을 이때부터 시행했다. 이 관행은 지금까지 계속되고 있다. 우리나라는 미국과의 통상협상을 통해 1987년에 물질 특허를 도입했고, 미국의 요구에 따라 컴퓨터 소프트웨어·영업비밀·반도체 칩 설계 등 새로운 지식재산권 제도의 도입을 요구받게 된다. 이에 따라 1986년에는 컴퓨터 소프트웨어 보호법이 도입된 적도 있다.

내가 특허청장을 재임하는 중에도 특허 관련법의 현대화 작업은 계속되었다. 1980년대 이후 산업스파이가 출현하는 등 생산기술을 둘러싼 기업 간 마찰이 빚어졌다. 따라서 기존의 지식재산권 관련 법으로 보호되지 못하는 기술정보, 경영정보 등 영업비밀을 보호해야 할 필요성이 대두되었다. 특히 미국을 중심으로 자국 기술을 보호하기 위해 교역 상대국에 기술정보의 유출을 방지하는 법률의 제정을 요구했고, 이를 1986년 7월 한미 지식재산권에 관한 양해각서에서 언급한 바 있다. 그리고 1987년 우루과이라운드 협상에서도 이 문제가 협상의제로 대두되었다. 이에 따라 나는 특허청에 영업비밀보호 입법 추진위원회를 발족

시켜 청 내외 전문가들이 법 제정을 위한 기초 작업을 시작하도록 했다. 검토 과정에서 법을 독립 법으로 제정해야 한다는 주장도 있었으나 많은 외국의 입법례에 따라 부정경쟁방지법 내에 영업비밀보호 규정을 신설하도록 했다. 따라서 1991년 12월부터 시행하게 되었다. 법이 시행된 후 반도체 등 첨단기술의 해외유출 사건이 더욱 빈번해졌다. 1998년 12월에는 부정경쟁방지법을 개정하여 영업비밀을 보다 강력하게 보호하도록 하고 명칭도 '부정경쟁방지 및 영업비밀보호에 관한 법률'로 바꾸어 시행했다. 이와 더불어 특허청은 상품분류에 관한 국제협정인 니스 협정과 상표등록에 관한 국제협정인 마드리드 협정 가입을 검토하기 시작했다.

 ## 우루과이라운드의 지식재산권 협상

나는 오랫동안 통상 문제를 다루어 왔기 때문에 특허청장으로 자리를 옮긴 후에도 통상 문제에 대해 계속 관심을 가졌다. 나는 상공부 제1차관보 시절 말기에 2년 동안 정부의 지식재산권 대책 위원장이었기 때문에 누구보다 지식재산권 관련 통상이슈에 대해 잘 파악하고 있었다. 내가 특허청으로 이동하면서 우루과이라운드 지식재산권 협상의 주무부서가 특허청으로 옮겨왔고, 무역 관련 지식재산권 협상인 TRIPSTrade-related Intellectual Property Rights를 책임지게 되었다.

우루과이라운드의 TRIPS는 매우 어려운 협상이었다. 선진국과 개도국의 입장차가 커서 협상 최종 단계까지 입장 대립이 가장 큰 분야였다. 보호 수준을 강화하려는 선진국은 지식재산권을 국제시장에서 경쟁력 우위를 확보하는 수단으로 보았지만, 많은 개도국은 과학기술발전은 인류의 공동자산으로 모든 사람에게 최소의 비용으로 제공되어야 한다는 의견이었다. 대립은 불가피했다. 우리나라는 많은 이슈에서 선후진국의 입장을 중재하는 역할을 했다. 당시 논의되고 있던 여러 이슈가 한국의 지식재산권보호 수준과 크게 다르지 않았기 때문에 지식재산권보호 수준 강화를 위한 제안들에는 찬성하였다. 그러나 일부 이슈들은 선진국의 제안에 대해 반대한다는 의사를 분명히 밝혔다. 그 예로서 대여권, 반도체 칩 보호에 조립제품을 포함하는 것과 무고한 구매자에게 사용료 지급 의무화를 주장하는 선진국의 제안에는 분명한 반대의견을 내세웠다. 협상 마지막 단계에서 우리나라는 '기술이전 관련 분쟁 해결 절차'와 관련된 제안을 해 기술이전에 있어 반경쟁적인 관행을 예방하는 방안을 제시했다. 선진국의 반대로 이 제안을 관철하지 못했지만, 정부로서는 당시 우리 기업이 선진국 기업으로부터 기술도입을 할 때 겪고 있던 부당한 관행을 개선하기 위해 시도한 제안이었다. 특허청이 TRIPS 협상 책임을 맡았지만, 특허청의 전문가만으로 협상을 주도하기는 역부족이었다. 당시 유학을 하며 미국 변호사 자격을 따고 돌아온 김성기 심사관이 실무를 맡고 미국에서 특허변호사 자격을 획득하고 이 분야에 오래 종사한 김창세 변호사를 정부 대표로 임명하여 나름대로 잘 대응했다고 생각된다.

그 외에도 나는 특허청장으로서 한미통상과 관련되는 여러 회의에 참석하여 우리나라 특허제도의 발전과 지식재산권보호 활동을 설명하고 통상공세를 방어하는 역할을 했다. 워싱턴과 서울에서 번갈아 개최되었던 한미 재계 회의에 참석하여 이 역할을 담당하기도 했고 1991년 브뤼셀에서 개최된 우루과이라운드 중간평가 회의에서도 박필수 상공 장관을 수행하며 통상 문제를 손에서 놓지 않았다.

"

'통상 마찰의 해결사', '통상마찰이 일면 즉시 뛰어가 불을 끄는 소방관' 역할을 해온 상공부 김철수 제1차관보에게 붙여진 별명이다. 올 들어 119일간 미국·유럽 등지를 돌며 굵직한 국제회의에 빠짐없이 참석했다. 슈퍼 301조 타결 때는 사흘 밤을 꼬박 새우는 체력전까지 벌리며 미국대표들과 논전을 폈다. 1984년부터 제1차관보가 되어 통상외교의 주역을 맡고 있다.

"

1991년 수출의 날 노태우 대통령으로부터 대한무역투자진흥공사가 단체 표창을 받았다.

제10대 대한무역투자 진흥공사 사장

 정부를 떠나 대한무역투자진흥공사로

1991년 가을 나는 차관보 시절 장관으로 모셨던 금진호 장관님과 함께 나의 장래에 대해 의논할 기회가 있었다. 특허청장으로 근무한 지 1년 반이 조금 넘는 시점이었다. 장관께서는 그간의 내 통상 분야 경력을 참작할 때 기회가 되면 대한무역투자진흥공사(이하 코트라) 사장으로 무역 현장을 경험해보는 것도 좋겠다는 의견을 주셨다. 그때까지만 해도 정부를 떠날 생각은 없었기 때문에 참고되는 말씀이라고만 생각했었다. 그러나 얼마 지나지 않아 정부로부터 내게 코트라의 사장을 맡을 의향이 있는지 타진해왔다. 아마도 금진호 장관의 추천이 있지 않았을까 생각된다.

1962년 설립 이래 코트라의 사장은 주로 군 장성 출신이나 장관을 지내신 분들이 은퇴 후 나오는 자리로 알려져 있었다. 장성환, 윤자중 전 공군참모총장이 사장으로 임명된 바 있었으며 최근에는 이선기 전 동력자원부 장관이 코트라 사장을 맡고 있었다. 코트라로 가게 되면 정부를 떠나게 되는 것이므로 심사숙고를 했지만, 정부를 떠나는 것이지 공직을 떠나는 것이 아니라는 결론으로 제의를 수락했다. 정부에서 일하는 동안 나는 코트라와 아주 긴밀한 관계를 유지해왔고 통상진흥국과 상역국에서 근무하며 코트라의 주요임무인 무역진흥과 관련해서도 적지 않은 경험이 있던 터였다. 당시 상공부 장관이었던 이봉서 장관께 내 뜻을 전달했고 장관은 내가 정부를 떠나 코트라로 가는 것을 양해해 주었다. 나는 1991년 9월 코트라 제10대 사장으로 부임하여 17개월 동안 열정적으로 근무했다.

 ## 코트라의 역할 정립

내가 사장으로 임명될 당시 코트라는 설립 30주년을 앞두고 있었다. 30년 동안 코트라의 역할은 시대에 따라 끊임없이 달라져 왔다. 우리나라 수출 초기, 코트라는 수출의 첨병으로서 대기업과 중소기업을 막론하고 이들의 수출 마케팅 활동에 없어서는 안 될 존재였다. 당시 코트라는 해외에서 개최되는 상품전시회에 나가 한국관을 세우고 운영했으며, 세일즈맨단을 조직하여 세계시장을 누볐다. 우리 수출기업과 외국

바이어들을 연결하는 가교 구실도 했다. 대기업을 중심으로 우리 기업들이 자체적인 해외시장개척 능력을 확보하기 시작한 후에는 중소기업 수출 마케팅 활동 지원에 적극적으로 나섰다. 내가 사장으로 취임하기 전인 1980년대 후반부터 코트라는 수출 마케팅 지원 사업 외에도 동유럽 국가와의 관계 정상화라는 특수임무를 정부로부터 부여받았다. 정부와의 긴밀한 협조 아래 준 외교 활동을 하게 되었고, 일부 동유럽 국가와의 국교가 정상화되는데 일정부분 이바지했다. 이처럼 본연의 설립목적과 다소 거리가 있는 수년간의 활동은 동유럽, 중국과의 국교 정상화라는 국가 목표를 달성하는데 적지 않은 기여를 했으나 코트라 본연의 임무를 적절히 추진하고 있는가 하는 의문도 제기되고 있었다.

나는 취임 초기 코트라 조직에 대해 직무분석을 하고 기존의 지역 권역별 편제를 수출촉진업무 위주의 기능편제로 개편했다. 정보수집기능 강화를 위해 상품개발부와 기획조사부를 신설했으며 전략시장별 시장관리 기능을 도입하여 일본과를 일본실로 확대 개편했다. 또한 상품개발부를 신설하고 이 산하에 처음으로 농수산과를 신설했다. 본부의 기구개편과 아울러 해외무역관의 개편도 단행했다. 무역관의 전체적인 수와 인력은 기존 수준을 유지하며 개편 비용을 최소화하되 주력 시장의 무역관을 늘리고 시장성이 낮은 국가의 무역관은 폐쇄하도록 했다. 이에 따라 센다이, 샌프란시스코, 블라디보스토크, 상해, 요하네스버그 무역관을 신설했고, 두알라(카메룬), 바그다드(이라크), 키토(에콰도르), 킨샤사(콩고), 튀니스(튀니지)의 다섯 개 무역관은 폐쇄했다.

내가 사장으로 취임하기 한 달 전, 한중 수교가 이루어진 이후 한중 교역은 빠른 속도로 늘고 있었다. 1991년에 58억 불 수준이던 중국과의 교역은 그 이듬해 90억 불로 늘어났다. 중국은 이미 우리나라의 제3의 교역상대국으로 부상하고 있었다. 코트라의 역할이 커질 수밖에 없는 상황이었다. 나는 국교 정상화에 대비해 북경에서 한국 상품종합 전시회를 개최하기로 하고 노태우 전 대통령의 첫 방중 기간 중에 이를 개최했다. 그리고 코트라의 여러 가지 수출 진흥사업에서 중국의 비중을 점점 늘리도록 했다. 아울러 상해에도 무역관을 새로 설치했다.

 ## 중소기업 수출 지원

앞서 말했듯이 나는 코트라가 설립 취지대로 중소기업의 수출 첨병 역할에 더 충실해야 한다고 믿고 이를 추진하였다. '중소기업 지사화 사업'으로 명명된 이 사업은 당시 75개였던 해외 코트라 무역관을 우리 중소기업의 지사로 활용하여 수출성약을 지원하고, 중소기업의 어려움을 해결하자는 것이 목표였다. 1992년에 실시된 이 사업에 중소기업들은 크게 호응해 주었다. 이 반응에 고무되어 나는 사업 첫해에 800개 지사를 운영한다는 목표를 세우고 이를 추진한 결과 1992년 안에 75개 무역관과 385개 중소기업이 823개 지사로 연결되는 시스템을 갖게 되었다. 가입비는 한 지사당 10만 원으로 책정하여 중소기업에 부담이 가지 않도록 했다. 사업 시행 첫해에 지사로 선정된 해외 무역관은 대상 업체에게 거래 성약 지원을 비롯하여 현지 세일즈 지원, 거래알선 정보제공,

전시회참가 안내, 시장정보수집 등 종합적인 수출정보를 제공하여 실질적인 도움을 주도록 했다. 그 결과 첫해인 1992년에는 거래알선 4,072건, 성약지원 1,919건(796만 달러), 상담지원 833건(5,768만 달러), 그리고 바이어 소개 2,219건 등 해당 중소기업에 크게 도움이 되는 성과를 거두었다. 이 사업을 통해 코트라 직원들이 코트라의 존재의의를 다시 깨닫고 중소기업의 어려움을 파악할 수 있었다고 생각한다. 이 사업은 내가 코트라를 떠난 지금까지도 주력사업으로 자리매김하여 이어지고 있어 큰 보람을 느낀다.

내가 코트라 사장으로 재직할 때만 해도 우리 중소기업의 수출상품은 해외시장에서 그리 큰 성가를 누리지 못하고 있었다. 중소기업이 수출하는 경공업 제품은 주로 바이어의 상표를 부착하여 OEM으로 수출되는 경우가 많았다. 이런 문제를 타개하기 위해 수출지원을 위한 몇 가지 새로운 시도를 했다. 해외시장에서 성가가 높은 한국 수출상품을 지원했으며 자기 상표를 붙인 수출을 권장하기 위해서 성과를 올린 기업에 포상과 기타지원을 했다. HJC라는 자체 상표로 오토바이 안전모를 개발하여 수출 1억 불을 달성한 홍진크라운에 대해 포상을 한 것도 이때였다.

이와 병행하여 나는 한국 상품에 대한 해외시장에서의 이미지 개선을 위한 대대적인 홍보 전략을 추진하게 되었다. 취임하자마자 '코리아 포 퀄리티Korea for Quality'라고 명명한 사업을 시작했다. 미국 시장을 1차 대상으로 하고 점차 이를 유럽, 일본 등으로 확대해 나갔다. 한국 상품의 우수성을 홍보특집으로 만들어 선진국의 유력일간지 및 경제지에 게재하게 했고, 한국의 발전상과 기술발전을 인터뷰를 통해 홍보하였다. 일본의 〈닛케이비즈니스Nikkei Business〉, 유럽의 〈이코노미스트〉, 미국의 〈비즈니스위크〉 등에 한국홍보 특집 프로그램이 실렸다. 이 사업은 내가 코트라를 떠난 후에도 상당 기간 지속되었고, 우리 상품의 해외 성가를 높이는데 적지 않은 기여를 했다고 생각한다.

코트라 사장 시절 추진했던 또 하나의 사업은 사옥 확보였다. 코트라는 설립한 지 30년이 되었지만 아직 사옥을 확보하지 못하고 있었다. 그동안 임대사무실을 사용하는 셋방살이의 서러움이 상당해서 새 사옥 확보가 직원들의 간절한 소망이었다. 전임 이선기 사장이 지금 코트라가 있는 염곡동에 부지를 확보했지만, 건설비는 확보되지 않은 상태였다. 나는 사옥건설비를 예산에 확보하여 사옥건설에 착수했고, 내가 코트라를 떠난 후 사옥이 준공되었다.

수출 지원을 위한 신규사업

나는 코트라에 처음으로 농수산물 수출 지원기능을 하는 농수산과를 신설했다. 정부에 있을 당시 우루과이라운드에 깊숙이 개입하면서 우리 농업시장이 개방되는 과정을 지켜보았고 이에 따른 농민들의 어려움에 공감하게 되었다. 나는 코트라에서 어떤 방법으로든 우리 농민의 어려움을 해결하는 데 도움이 되는 일을 하고 싶었다. 우선 농수산물 시장개척단을 해외에 파견하여 초기에는 인삼·선인장·수산물 등

의 시장개척을 지원했고 일본·미국의 농수산물 구매단을 유치하여 채
소류·버섯류·김치·인삼 류 수출계약을 성사시키기도 했다. 이 사업은
그 후에도 계속 코트라가 수행해 오다가 나중에는 농산물 유통공사가
맡아 추진하게 되었다.

내가 추진한 또 다른 신규 사업은 명예 무역 관장제도의 도입이었다.
무역관만 75개에 달했고, 상당수의 본사 직원과 현지 직원들이 해외에
서 활동하고 있었으나 이들만으로는 세계를 커버하는 데 역부족이었다.
나는 해외의 많은 교포가 현지에서 성공적으로 기업 활동을 하고 있다
는 것에 착안하여 그들에게 명예 무역관장의 타이틀을 부여해 동기를
부여하고자 했다. 우선 미국을 포함한 다섯 나라에 23명의 교포기업인
을 무역관이 없는 중소도시의 명예 코트라 무역관장으로 임명했다. 그
중 많은 분이 적지 않은 수출 지원 활동을 해 주었다. 나는 미국에 출장
갈 때마다 이들을 격려하는 모임도 했다. 같은 맥락에서 나는 당시 미국
에서 현지 마케팅 활동의 목적으로 도입되어 시행되고 있던 수화자 부담
전용 전화 제도를 코트라의 바이어 접촉방안의 하나로 도입했다. 전화
번호를 바이어들에게 알려주고 통화로 인근 무역관에서 수출 상담을 할
수 있도록 유도했다.

재임 기간에 새롭게 추진했던 또 하나의 수출 관련 사업은 국제기구
조달시장에 새롭게 참여하는 것이었다. 당시 우리나라는 세계에서 열세
번째로 큰 수출국이었음에도 불구하고 국제기구의 막대한 조달시장에
는 접근하지 못하고 있었다. 그러나 당시 우리나라는 경공업 위주 수출
에서 벗어나 전자·기계·조선·화학 분야에서 상당한 경쟁력을 보유하게

되었고, 국제기구가 구매하는 조달 물품을 충분히 공급할 수 있는 능력을 갖추고 있었다. 나는 이 점에 착안하여 우선 UN과 산하 국제기구 조달시장에 참여를 시도하게 되었다. 당시 서울에 나와 있던 UN 개발계획 UNDP의 책임자를 코트라로 초빙하여 이 사업계획을 설명하고 큰 호응을 얻었다. UN 개발계획의 도움으로 코트라는 얼마 후 국제기구 조달시장 진입을 위한 첫 발걸음을 디딜 수 있었다. 내가 코트라를 떠난 1993년 6월에는 UN의 구매관을 국내에 초대하여 UN의 구매 관행 및 제도를 설명하는 설명회가 개최되었다. 그해 12월에는 한국에서 조달 가능한 물품 카탈로그를 작성하여 UN 기관에 배포했다고 코트라에서 알려 왔다. 1993년 말 GATT의 복수 국가 간 협정인 정부조달 협정이 확대 개정되었다. 한국이 이에 처음으로 참여하면서 큰 잠재력을 가진 수출시장이 새롭게 열린 셈이 되었다. 내가 제1차관보 시절 GATT 정부조달 협정 가입 추진위원회 위원장으로 활동하면서 협정가입에 힘쓴 노력이 새 수출시장의 전개라는 결과를 낳게 되어 지금도 큰 보람을 느낀다. 코트라는 지금도 국제기구와 조달협정에 가입한 외국 정부의 조달시장에 우리 기업이 참여하도록 적극적으로 지원하고 있다.

창립 30주년

코트라는 1992년 6월 창립 30주년을 맞았다. 이를 기념하기 위해 '수출 진흥 30년'이라는 책자를 발간하여 코트라의 활동을 널리 홍보하도록 했다. 그리고 이례적으로 무역회관 로비에서 창립 기념식을 개최하였다. 축하객 중에는 김영삼, 김대중 대통령 후보도 참석해 주었다. 당시 노태우 대통령은 창립기념일을 맞아 '무역흥국 통일초석貿易興國 統一礎石'이라는 휘호를 내려 코트라를 격려했다. 나는 창립 30주년을 맞아 언론들과의 인터뷰에서 '코트라는 앞으로 종합무역 정보센터, 해외 마케팅센터, 해외 협력센터'라는 3대 목표 아래 새로운 변신을 준비하고 있다고 답했다.

과거 정부에서 통상정책과 통상협상을 다루었던 경력 덕분에 나는 국내외에서 정부 인사를 대신하여 우리 정부의 통상정책에 대해 강의를 할 기회가 잦았다. 김영삼 문민정부가 출범하기 직전인 1993년 2월 말경 나는 코트라 사장 자격으로 중앙공무원 교육원의 고위 정책 과정에서 '21세기 국제무역환경과 대응 전략'을 주제로 특강을 했다.[9]

글로벌화 현상을 세계 경제 무역환경의 가장 중요한 특징으로 꼽았던 이 특강에서 나는 다음과 같은 내용을 전달했다.

"정보통신과 교통통신 수단 발달에 의해 가속화되는 글로벌화는 생산은 물론 연구개발과 경영 방식까지 세계화하고 있다. 곧 전 세계가 하나의 시장으로 나아가는 '하나의 세계, 하나의 시장One World, One Market'의 시대가 올 것이다. 우리 기업이 이에 효율적으로 대응하기 위해서는 기술혁신과 전문영역 확보가 중요하다. 기업의 미래경쟁력은 규모가 아닌 전문영역확보와 시장수요 변화에 대응한 순발력에 의해 좌우될 것이다. 기업은 마케팅 혁신을 통해 독자적 수요를 창출해야 할 것이다. 기업이 마케팅의 주체가 되지 못하고 생산기지의 역할만 할 경우 주문자가 쉽게 값싼 노동력을 찾아 옮겨갈 수 있게 된 지금 기존시장마저 잃게 될 우려가 있다. 셋째, 글로벌화는 연구개발·생산·마케팅 및 경영 면에서 세계 최적지를 찾아간다는 것을 의미한다. 이를 위해서는 기업의 국제 경영 능력이 높아져야 하며 전문 인력이 필수적이다. 정부는 우선 우리의 무역제도와 산업정책을 국제화시켜야 한다. 정부는 국제화의 개념과 필요성, 개방의 긍정적 효과에 대한 확신이 부족하고 각종 제도와 의식구조도 국제 수준에 미치지 못하고 있는 점이 현실이다. 정부는 국제화의 당위성을 적극적으로 홍보하고 국민의식 개혁에 앞장서야 한다."

당시는 우루과이라운드 협상이 막바지에 돌입하였으나 몇 가지 민감한 의제를 둘러싸고 각 국가 간의 이해가 첨예하게 대립하고 있는 시점이었다. 나는 세계무역협상의 타결을 예고하면서 20세기 말과 21세기 초의 세계무역 질서는 다음과 같은 몇 가지 특징을 가질 것이라고 예상했다.

첫째, 관세와 비관세 장벽의 완화·철폐로 선진국과 개도국 모두 시장접근 기회가 크게 증대됨으로써 자유무역을 통한 성장기회가 확대될 것이다. 또한, 관세가 대폭 인하되고 보호무역의 수단이었던 회색지대 조치를 포함한 각종 비관세 장벽도 완화될 것이며 다자간 섬유협정인 MFA가 단계적으로 폐지되고 GATT 체제로 복귀된다고 보았다. 둘째, 반덤핑·상계관세·세이프가드 등 수입규제 성격의 무역구제제도 규율이 더욱 엄격해지고 국내 산업 보호 육성을 위한 산업정책의 사용 여지가 많이 축소될 것이다. 셋째, 신속한 국제 무역 분쟁절차가 도입되어 무역 분쟁 해결 방식이 양자 차원에서 다자 차원으로 바뀔 것이며 새로운 다자간 무역기구가 GATT를 대체할 것이다. 그리고 마지막으로 다자간 무역체제의 강화에도 불구하고 지역주의 현상은 확산할 것으로 전망했다. 돌이켜보면 이런 전망들이 일부 실현되기도 했다. 그러나 너무 앞서가는 전망도 있었던 것이 사실이다.

1993년 2월 김영삼 대통령 초대내각의 상공자원부 장관으로 임명되었다.

제38대 상공자원부 장관

김영삼 대통령 당선인과의 만남

1992년 말 대통령 선거에서 김영삼 후보가 당선되고 정부가 바뀜에 따라 공기업 사장직을 떠나야 할 것으로 생각했다. 김영삼 대통령 당선인과는 다른 어떤 인연도 없었기 때문에 코트라 사장직에서 물러나게 되리라 예상했기 때문이다. 코트라에서 열심히 일했고 바쁜 생활을 했기 때문에 이 자리를 그만두게 되면 당분간 쉬면서 그다음의 진로를 구상해 보려 했다. 막연하나마 젊은 시절 미국에서 교수 생활을 해 보았기 때문에 대학교수로 돌아갈 수도 있겠다는 생각도 했다.

그런데 1993년 초 새 정부가 출범하기 직전 대통령 당선인 사무실로부터 남산에 있는 하얏트 호텔로 나오라는 전갈을 받았다. 아마도 당시 통상전문가로 알려진 나를 불러 얘기를 들어 보려고 하심이 아닐까 하는 생각이 들었다. 나는 말씀드릴 내용을 나름대로 생각한 뒤 지정된 장소로 찾아갔다.

하얏트 호텔의 한 스위트룸에서 당선자는 밝은 얼굴로 나를 반겨 주셨다. 주변에 참모들이 있을 것으로 생각했는데 당선인 혼자 원탁 테이블 머리 쪽에 앉고 내게 건너편 자리를 권했다. 당선인은 선거 기간부터 자주 이야기했던 '인사가 만사다'라는 말씀을 꺼내면서 우리 경제가 잘되려면 경제기획원, 재무부, 상공부가 잘해주어야 한다고 강조했다. 이어 내게 상공부를 맡아 달라고 했다. 본인은 김철수 사장을 잘 모르지만, 여러 경로를 통해 유능한 사람이라는 평을 들었다고 말씀하셨다. 저녁을 끝내며 당선인은 상공부 장관 내정 사실을 절대 비밀로 해 달라고 당부했다. 뜻밖의 내정 소식에 가슴이 설레는 가운데 "열심히 하겠습니다."라고 말씀 드린 것 같다. 아무한테도 얘기하지 않겠다고 했지만, 집에 돌아와 아내에게 소식을 전하지 않을 수 없었다. 그러자 아내는 며칠 전에 꾸었던 꿈 얘기를 해 주었다. 내가 더욱 큰일을 하게 될 거라는 꿈을 꾸었다는 것이다. 나는 코트라 사장이 장관으로 영전한 첫 사례가 되었다. 코트라 사장을 역임하고 다른 자리로 옮긴 후 장관으로 간 전임자는 있었으나 직접 장관으로 옮긴 것은 내가 첫 번째였다.

1993년 2월 26일에 발표된 문민정부 첫 내각 경제팀은 이경식 부총리 겸 경제기획원장관, 홍재형 재무장관과 상공자원부 장관으로 내가 임명되었다. 언론에서는 새 경제팀이 '실무형 전문가'로 구성되었다고 평가했다. 나에 대해서는 통상전문가라는 평과 함께 업무를 꼼꼼히 챙기는 성격 때문에 부처 내에서 긴장하고 있다는 소식을 전했다. 그리고 초대 경제부총리를 지낸 김유택 씨의 3남으로 2대째 장관직을 맡게 된 드문 경우라는 논평도 있었다. 2대째 장관이 되었다는 사실에 어머님을 비롯하여 집안에서도 무척 자랑스럽게 생각했다. 그때까지는 우리 정부에서 이처럼 2대에 걸쳐 장관으로 기용된 경우는 없던 것으로 알고 있다.

나는 지금까지도 어떻게 내가 상공자원부 장관으로 발탁되었는지 모른다. 아마도 당선자 주변의 참모들로 구성된 인선 자문기구가 후보자들에 대한 인물평을 당선자에게 보고하여 최종 낙점했겠지만 어떤 사람들이 어떤 평가를 했는지는 알지 못한다. 김영삼 정부의 첫 내각 구성, 특히 경제부처장관 인사에는 학연, 지연을 떠나 객관적 평가를 통해 가장 적합한 인사를 적재적소에 배치한다는 원칙을 지키려했던 것 같다. 그렇지 않고서는 내가 장관으로 발탁될 다른 연관 관계는 없기 때문이다.

상공자원부 출범

상공자원부는 출범 당시 3차관보, 2실, 1상임 위원, 18개국과 84개 과를 포함하는 1,120명의 직원으로 구성된 정부 경제부처 중 가장 큰 부처였다. 특히 동력자원부가 상공부와 합쳐져 재출범됐고, 그에 따라 통상·산업·에너지 분야를 책임지게 되어 업무 범위가 많이 늘어났다. 동력자원부의 기존 조직은 상공자원부 제3차관보 밑에 에너지 정책국, 석유가스국, 전력국, 자원개발국 4개국으로 흡수되었다. 따라서 출범 초기에는 양 부처의 직원들을 어떻게 화학적으로 잘 결합하느냐가 큰 과제였다. 상공부에서 근무하는 동안 나는 주로 통상·무역 분야에서 일했기 때문에 산업정책 분야의 경험은 적었다. 동력자원부의 흡수통합으로 넘어온 에너지 분야의 경험은 더 적었으므로 장관으로서 큰 도전이 아닐 수 없었다. 워낙 업무 범위가 넓은 상공자원부였기 때문에 모든 업무에 전문성을 갖기는 쉽지 않았지만 열심히 노력해서 주어진 과제를 잘 수행하겠다고 마음먹었다.

우선 급한 것은 상공자원부의 내부진용을 갖추는 일이었다. 새 정부가 출범하면서 산하 단체장의 인사도 함께 고려해야 했다. 나는 차관에 이동훈 씨, 공업진흥청장에 채재억 씨, 특허청장에 안광구 씨, 통상을 담당하는 제1차관보에 장석환 씨, 산업을 담당하는 제2차관보에 박삼규 씨, 그리고 에너지 정책을 관장하는 제3차관보에 김태곤 씨를 임명했다. 당시에도 부내 일부 인사에 대해 청와대의 의견이 있기는 했지만, 대부분 주무장관의 의견을 존중해주는 시기였다.

취임 초기 인사의 가장 큰 고민은 무엇보다 상공부와 동력자원부가 합병한다는 사실에 있었다. 동자부에서 넘어온 임직원들은 상공부와의 합병과정에서 인사 상 불이익이 있지 않을까 불안해했다. 새 부처가 출범한 지 얼마 되지 않아 지난 정부에서 마지막으로 동자부를 맡았던 진념 장관이 사무실로 찾아와 동력자원부 직원들을 배려해 달라고 당부하였다. 나도 상공자원부가 잘 되려면 양 부처 출신 공무원들이 유기적으로 통합되고 화합해야 한다고 생각했다. 나는 조직의 전문성과 안정성 차원에서 동자부 출신의 국장급 이상 고위간부는 새로 출범하는 에너지 분야를 담당하도록 조치하고, 과장급 인사에서는 양 부처 간의 과감한 인사교류를 단행했다. 무엇보다도 동자부 직원들이 인사 상 불이익을 받지 않도록 인사를 담당하는 총무과장에 동자부 출신 정원의 과장을 보했다. 그리고 부내 인사에 있어서 철저히 학연, 지연을 배제하고 적재적소 원칙을 지키려고 노력했다. 우리 공직 사회의 학연, 지연에 따른 인사 관행이 많은 불합리와 폐해를 가져온다고 느꼈기 때문이었다. 이런 원칙에 따라 비서관에는 젊고 유능한 임채민 과장(추후 보건복지부 장관 역임), 그리고 수행비서에는 안완기 사무관(추후 한국가스공사 부사장)을 임명했다. 또한, 나는 발탁 인사를 단행했다. 국장 승진을 한 지 얼마 되지 않은 이희범 국장(추후 산업자원부 장관·한국 무역협회 회장 역임)을 전자공업 국장으로 보했고, 통상정책국의 주무과장으로 과장 경력이 길지 않았던 김종갑 과장(추후 산업자원부 차관, 한전 사장 역임)을 인사발령 했다. 두 분 다 유능한 공직자로서 나중에 많은 큰일을 한 분들이었다.

신경제 100일 계획

내가 상공자원부 장관으로 취임할 당시 우리 경제는 침체 상태에 있었다. 경제성장률은 크게 둔화하여 1992년 하반기에는 3%대로 떨어졌고 설비투자가 부진하여 수출도 좋지 않은 상태였다. 그리고 경상수지는 적자 행진을 이어가고 있었다. 나는 취임사에서 '기업을 일으키기 쉽고 기업하기 쉬운 나라'가 될 수 있도록 상공 행정의 발상을 전환하겠다. 그리고 무역흑자 기조가 정착되도록 수출촉진 종합대책을 이른 시일 내에 수립하여 수출 회복세를 가속하겠다고 밝혔다. 또한, 중소기업의 경영 안정을 위해 중소기업의 자생력 배양을 위한 기술개발과 중소기업 제품 판매를 지원할 유통구조 개선을 추진하겠다고 했다. 그리고 에너지 수급 안정과 수요관리를 강화하고 국내외 자원개발 사업을 차질 없이 수행하겠다는 포부를 밝혔다. 원만한 대외 통상관계를 유지하기 위한 새로운 접근 방식을 모색할 것이며 필요하다면 통상 주무장관이 직접 통상협상의 일선에 나서서 뛰겠다고 했다. 취임사를 준비하며 내게 주어진 임무가 얼마나 방대하고 중요한 것인지 새삼 깨닫게 되었다.

문민정부의 초기 내각 경제팀은 새 정부가 내건 경제회복 실현에 총력을 기울였다. 김영삼 대통령은 주요 경제부처가 있던 과천에서 2주가 멀다 하고 경제 장관들과 만나 상황을 점검하고 정부의 단기 경제 부양책이 담긴 '신경제 100일 계획'의 진행을 독려했다. 나도 대통령께 여러 차례 직접 수출 상황 등을 보고했고 대통령을 모시고 수출 현장을 방문하여 독려 활동도 했다. 경제부총리 주재의 수출 관련 회의도 정기적으로 개최하여 어려움을 타개하려 힘썼다. 다행히도 이러한 범정부적인 노력에 힘입어 지난 몇 년간 하강국면을 걸어왔던 우리 경제가 서서히 회복세를 보이기 시작했다. 1993년 하반기에는 설비투자가 회복되고 수출이 착실한 신장을 거듭했고 연말에는 무역수지가 4년 만에 흑자로 바뀌는 성과를 거두게 되었다.

중소기업 육성

　　중소기업을 보호·육성하는 책임도 상공자원부의 주요 임무였다. 다양하고 많은 중소기업을 모두 만족시키는 정책을 개발하는 것은 쉽지 않은 과제였다. 1992년 대통령선거 과정에서 중소기업의 불만이 적지 않게 표출되었다. 김대중 후보는 선거공약에 중소기업 정책을 관장하는 독립된 중소기업청을 신설하겠다는 공약을 포함했다. 나는 중소기업을 지원하기 위해 중소기업청을 설립하는 것은 소기의 목적을 달성하는데 오히려 역효과가 있을 것이라고 보았다. 이 기능을 상공자원부에 남겨 놓아야 상공자원부가 가지고 있는 지원기능을 더욱 신속하고 효율적으로 발휘할 수 있기 때문이었다. 경제기획원, 재무부 등 다른 중앙 경제부처들이 가지고 있는 금융 세제 지원 등의 기능을 중소기업 지원을 위해 동원하는 데 상공부가 앞장서는 것이 외청인 중소기업청이 나서는 것보다 훨씬 유리할 것이었다. 나는 기회가 있을 때마다 이 소신을 청와대 또는 국회에 밝혔고 중소기업인과의 대화에서도 이를 설득해 나갔다. 그래서인지 내 재임 기간에는 정부 내에서 중소기업청 신설 문제가 거론되지 않았다. 이런 배경 아래에 나는 취임 후 새로운 중소기업시책 개발에 힘을 쏟았다. 상공자원부가 중소기업시책을 직접 맡아야 한다는 것을 중소기업은 물론 정치권에 보여줄 필요가 있다고 믿었기 때문이다.

　　우선 '신경제 100일 계획'에 중소기업 구조개선 사업을 추진하여 중소기업에 대한 자동화·정보화·기술개발 사업화를 지원하도록 했다. 금융실명제 이후 자금 조달에 일시적인 어려움을 겪고 있는 중소기업 지원을 위해 영세 중소기업을 중심으로 약 2조 원에 달하는 긴급자금을 방출했다. 신용보증기금과 제2금융권을 통한 자금공급도 추진했다. 아울러 중소기업시책의 기본 틀 자체를 '보호와 지원' 위주에서 '자율과 경쟁'으로 촉진하는 것이 바람직하다고 생각했고, 여러 가지 새로운 정책을 추진했다. 중소기업중앙회의 1994년 초 정기총회에서 나는 다음과 같은 내용의 중소기업 지원시책을 발표했다.

'개별 중소기업을 직접 지원하기보다 기능별 중심으로 전환하여 중소기업 고유 업종과 단체 수의계약제도를 추진하겠다. 그리고 지자체가 주도적으로 중소기업을 육성할 수 있도록 시·도별 중소기업 육성계획을 지방특성과 여건에 맞게 수립, 시행하고 2,000억 원의 지방 중소기업 육성자금을 지방자금과 연계하여 지원하겠다. 또한, 중소기업의 기술력 제고를 위해 지방 공과대학을 중심으로 산학연 공동연구 기반제도를 확대하고 창업보육센터 설립을 늘려 기술집약형 중소기업 창업을 촉진하겠다. 대기업 공장의 신설·이전에 따른 계열 중소기업의 이전 집단화를 중소기업 협동화 사업으로 지원하겠다. 대기업의 납품대금 지급 기일을 준수토록 하고 계열 중소기업에 관한 기술 지도를 확대하도록 조치하겠다. 마지막으로 중소기업이 서로 돕는 협력 사업을 활성화하기 위해 애로기술의 공동연구개발과 공동전시, 판매 사업을 지원하고 공동상표 사용과 단체표준 제정을 하도록 하겠다.'

지원시책 실행에 많은 노력을 기울였지만, 내가 상공자원부를 떠나 WTO 사무차장으로 가 있던 1996년에 중소기업청이 설립되었다. 1996년 4월 총선을 앞두고 김영삼 대통령은 동년 1월 확대 경제장관 회의에서 중소기업청 신설에 대한 검토 지시를 내렸고 정부는 두 달 후인 2월 중순에 공업진흥청을 폐지하고 중기청의 신설을 결정했다. 총선 대책으로 이를 추진했을 것이라는 소식도 함께 제네바로 알려왔다.

 ## 에너지 수급 안정과 수요관리

재임 하는 동안 국제원유가는 다행히 안정세를 유지했다. 가끔 석탄광의 붕괴사고나 가스 폭발사고가 일어났지만, 비교적 안정된 여건 속에서 에너지 관련 과제들을 추진할 수 있었다. 취임 초기 과제는 에너지 공급 능력 확충, 전기·석유·가스 등 국민경제에 필수적인 에너지의 안정적 확보, 그리고 수요 감퇴로 어려움을 겪고 있는 석탄 산업 합리화의 추진이었다. 아울러 함께 지역경제 활성화를 위한 보완대책을 마련하는 일과 공급 위주로 추진해 온 에너지 정책을 수요관리를 병행하는 방향으로 전환하는 것 또한 중요 업무였다. 산업별로 에너지 절약 시책을 전개해 높은 에너지 소비증가율을 경제성장률보다 낮추는 정책개발에도 역점을 두었다. 1994년에는 우리 경제의 자유화와 개방화 추세에 맞추어 유가 자율화를 포함한 에너지산업 자율화를 추진했다. 에너지 분야의 정책 추진에는 국실장을 역임한 윤수길, 김태곤, 장석정, 이원, 한준호 씨의 역할이 컸다.

미국과의 산업협력

　취임 당시 한미 간의 통상관계는 안정된 상태였다. 슈퍼 301
조 협상이 타결된 이후 미국의 통상 공세는 눈에 보일 정도로 자제되었
다. 그리고 당시 우루과이라운드 무역협상이 막바지 단계에 돌입한 단계
에서 농산물·서비스 등 많은 한미 간 무역 문제가 이 다자간 협상에서
논의되고 있었으므로 미국과의 통상관계는 오랜만에 놀랄 정도로 조용
한 상태였다. 그러나 미국과는 새로운 관계 정립이 필요했다.

　나는 미국 측에 산업협력을 제안하기로 하고 행동계획을 마련했다.[10]
우선 실리콘밸리에 가서 한미 산업협력의 구상을 밝히고 워싱턴, 뉴욕
을 방문하여 미국 정부, 의회, 재계의 지도자들에게 이를 설명하였다. 취
임한 지 채 두 달이 되지 않았을 4월 12일, 나는 산호세San Jose에서 실
리콘밸리 기업인 150명을 대상으로 '한미관계의 다음 단계The Next Step in
U.S. - Korean Relations'라는 주제로 다음과 같은 의견을 피력하였다.

　'최근 분쟁 해결에만 집중해온 한미 통상관계가 이제는 산업협력 관
계로 나아가야 한다. 20세기 초 시어도어 루즈벨트 대통령의 국무장관
이었던 존 헤이John Hay가 '지중해는 과거의 바다, 대서양은 현재의 바
다, 태평양은 미래의 바다'라고 말한 것처럼 아시아는 2000년까지 세
계 GDP의 1/3을 차지할 것이다. 유럽이 경제통합에 골몰하고 있는 동
안 아시아는 세계를 향해 나아갈 것이고, 한국이 그 중심에 설 것이다.
한미 양국은 협력할 때 시너지를 낼 수 있는 보완적 경제구조로 되어 있
다. 미국기업이 보유한 첨단기술과 한국의 우수한 제조업 기반을 결합할

때 한미 양국은 세계시장에서 무서운 경쟁력을 갖게 될 것이다. 협력을 실현하기 위해서는 한미기업의 '산업동맹'이 필요하다. 이를 위해서는 첫째, 미국 기술을 이용해 한국에서 제품을 생산하는 방안, 둘째, 양국 기업이 기술을 공동 개발하여 상업화하는 방안, 셋째, 한미기업이 제3국, 특히 아시아 태평양지역에서 합작 투자를 실현하는 방안 등을 상정할 수 있다. 마지막으로 협력 실현을 위해 한국 정부는 곧 미국 정부에 '한미 산업협력을 위한 방안'을 제안할 계획이다. 그 목적으로 한미 양국의 중소기업 유망협력 사업을 발굴하기 위한 기금을 설치하는 방안을 구상하고 있다. 한미 산업동맹 실현을 위해 한국의 새 정부는 미국기업이 관심이 있는 노동분쟁, 지식재산권보호 부족 문제를 조기에 해결하기 위한 노력을 강화할 것이다.'

나는 이 같은 새로운 비전을 며칠 후 워싱턴과 뉴욕을 방문하여 미국 기업을 대상으로 설명하고 협조를 당부했다. 워싱턴에서는 미국상공회의소 회원, 뉴욕에서는 코리아 소사이어티Korea Society 회원과 아시아 소사이어티Asia Society 회원을 대상으로 한 기조연설에서도 이 제안을 제시했다. 나는 워싱턴에서 론 브라운Ron Brown 상무장관을 만나 한미 산업협력 강화를 위한 다섯 가지 실행 계획을 다음과 같이 설명했다.

'우선 한미산업협력기금을 설치하고 한국 측이 한미 재계 회의를 통해 30만 불을 출자하겠다. 그리고 미국이 이와 동등한 기금을 출자하도록 상무부가 협조해 달라. 기금은 한미산업협력의 타당성 조사와 특정 산업 분야에서 양국 중소기업 간의 타당성 조사에 사용하자.' 브라운 장관은 이 제안에 호의적 반응을 보였다. 동 기금은 한국 측의 주도로 설립되었으나, 결국 미국이 호응하지 않아 빛을 보지 못했다. 얼마 지나지 않아 브라운 장관이 재임 중 유럽에서 비행기 추락사고로 사망하여 이 사업에 대한 논의가 중단된 것은 매우 아쉬웠던 일이다. 그러나 나는 기회가 있을 때마다 한미산업협력의 필요성을 주장했다. 1994년 서울에서 열린 제7차 한미 재계 회의에서 한미산업협력이 실현되어야 할 여섯 가지 이유를 설명했다.[1] 그리고 미국 측에서는 호응하지 않았지만, 한국 측은 한미산업협력기금의 출자 규모를 설립 초에 300만 불로 확정했다. 정부가 100만 불, 기업이 200만 불을 기금으로 내기로 되어있었다.

일본에 대한 새로운 접근

일본과의 무역역조 해결은 해묵은 현안이었다. 나는 취임 초기부터 이를 위한 대책으로 종합적인 대일 통상정책을 추진하고자 했다. 이를 위해 강력한 대일 수출촉진 대책, 산업구조 개선을 통한 대일 수입 절감, 대일 투자 및 기술협력 강화와 대일 경제협력을 다각화하기 위한 세부대책을 세웠다. 대일 수출을 늘리기 위해 수출 10개 주력 품목별 특성에 따라 수출촉진 대책을 수립, 추진했다. 중소 대일 수출 전문업체를 적극적으로 육성하기 위해 대일 수출 100만 불 이상에, 대일 수출 전업도 50% 이상인 500개 업체는 한국무역협회가 협의체를 구성하여 함께 대일 수출 어려움을 해결하도록 조치했다. 또한, 이 업체들은 품질향상 및 기술 지도를 받게 했다. 각 시도별로는 '1도 1품목' 대일 수출촉

148

진 사업을 전개하도록 했다. 두 번째로 추진했던 사업은 기계류 국산화 대책이었다. 대일 무역역조의 큰 원인이었던 기계류 대일 수입을 줄이고, 부품 수입 절감을 위해 부품산업 육성을 일본과 함께 추진했다. 일본 정부의 협조로 우리 기술자의 일본 연수 확내와 업종별 모델 기업을 선정하여 종합적 지원을 제공하는 대책과 양국 중소기업 간의 투자 및 기술 협력을 추진하는 사업 또한 시행했다. 세 번째로 대일 투자 및 기술협력 강화방안을 양국 협조 하에 추진했다. 우리는 일본에 대일 유치단을 파견하고 일본은 대한 투자 환경조사단을 파견함으로써 일본 기업에 투자 분위기를 조성하는 사업도 추진했다. 아울러 한일 공공연구기관 사이에 공동 기술개발사업을 추진했으며 제3국에 한일 공동진출사업을 개발해 나가기로 했다. 대일 무역역조 문제는 정치적 접근보다는 일본의 협력을 유도하여 해결해 나가는 것이 필요하다고 생각했다. 나는 이를 위해 한일 통상관계 개선을 위한 여러 가지 노력을 했다.

한일 통상관계에서 가장 큰 문제는 대일 무역역조였다. 하지만 1980년대 초부터 문제의 근본 원인을 파악하고 대응책을 찾기보다는 인위적으로 일본으로부터의 수입을 막아 해결하는 이른바 '수입선 다변화' 정책으로 문제를 틀어막아 왔다. 이는 내 재임기까지 20여 년 이상 계속되고 있었다. 일본은 우루과이라운드 협상 타결을 전후하여 이 정책에 불만을 노골적으로 나타내기 시작했다. 나는 이 정책이 국제 무역규범의 근본 원칙 중 하나인 최혜국 대우 원칙에 정면으로 어긋나는 것이므로 단계적으로 폐지해 나가겠다는 방침을 실행에 옮겼다. 1993년 7월, 대일 무역역조 개선대책을 발표하는 자리에서 당시 258개 품목에 달하는 수입선 다변화 품목을 점차 축소하여 1995년까지 이를 절반으로 줄이겠다고 했다. 그리고 양국 간 마찰의 대상이 되었던 지식재산권 협상을 조속히 타결하여 차별적인 대일 지식재산권보호 수준을 유럽 연합에 부여하는 수준까지 올리겠다는 의사를 밝혔다. 당시 일본은 우리나라가 물질특허 도입 과정에서 일본 기업에 차별대우를 한다며 양국의 특허청 간 협력을 중단하고 있을 때였다.

이러한 발표로 양국 간 분위기는 상당히 개선되었다. 1993년 8월에 열린 한일 통상 장관 회의에서 히로시 구마가이 통상 대신은 일본이 한국의 대일 투자유치를 지원하고 한국 기술자의 기술 연수기회를 확대하겠다고 밝혔다. 그리고 한국이 요청한 16개 품목의 관세 인하를 우루과이라운드 차원에서 적극적으로 검토하겠다고 약속했다. 한일 간 통상관계는 대립으로부터 협력으로 서서히 변하기 시작했다. 나는 한일 간 무역역조의 상당 부분이 한일 산업구조의 차이에서 연유하며 이를 해결할 개선방안을 찾고 싶었다. 그리하여 일본에 여러 요구를 했고 일본 측에서도 우리의 요구 사항을 호의적으로 검토했다. 1993년 5월 도쿄에서 개최된 한일 통상 장관회담에서는 그동안 일본이 소극적이었던 부품 분야의 공동 산업협력 프로그램에 합의하기에 이르렀다. 일본은 기계·전자·자동차 소재 분야 등 부품 분야에서 한국의 대표 중견 중소기업을 모델업체로 선정해 일본의 전문가를 파견했다. 그리고 진단을 통해 전문가 파견지도, 기술자 연수, 신기술 도입 설비 대체 지도를 해주기로 했다. 멀티미디어 분야에서는 우선 표준화 공동연구, 민간 기술협력 촉진, 전문인력 양성, 공공기관 시범사업을 추진하기로 했다. 그리고 한국에 투자

환경 조사단을 파견하기로 했다. 이런 협력사업들은 내가 상공자원부를 떠난 후에도 상당 기간 계속되었다. 대일 무역역조 문제를 산업협력으로 해결하려 시도한 것은 큰 의의가 있다고 생각한다.

 ## 국교 정상화 초기 중국과의 협력

중국의 개혁개방정책과 1992년 국교 정상화 이후 중국과의 교역은 급격한 신장세를 보였다. 1992년에는 대중 수출이 45억 불, 수입이 37억 불로 중국은 우리에게 미국과 일본 다음인 제3의 무역국으로 부상하고 있었다. 1993년에는 수출입 전망이 110억 불에 달하며 한중 교역의 비약적인 확대가 기대됐다. 이런 상황에서 대중국 수출과 투자를 가속화하기 위해 취임 초기부터 여러 대책을 추진했다. 수출 확대를 위해 신규 유망상품을 꾸준히 발굴하고 연불 수출자금 지원 규모를 대폭 확대했으며 북경·상해·천진 등 주요 도시에 한국상품 종합전시회를 매년 순회 개최하도록 했다. 대중국 플랜트 수출에 과감한 수출보험을 인수하는 조치도 이루어졌다. 급격히 늘어나는 우리 기업의 대중국 투자를 지원하기 위해서 '대중국 투자 장려 업종'을 고시하였고, 대외 경제협력 기금, 수출입 은행의 해외 투자자금 규모 확대와 지원 절차 간소화를 관계부처와 협의하도록 했다. 그리고 동북 3성에 편중되었던 우리 투자 대상지역을 상해 이남 등 중국 전역으로 확대했고, 대련·중경에 무역관을 신설하여 기업의 투자 진출을 지원토록 했다.

나는 1993년에 우의吳儀 중국 대외무역경제합작부 부장과 통상 장관 회담을 열어 중국의 8차 5개년 계획(1991-1995)의 한국 기업 참여 확대와 한국산 자동차 수입 공식 허가, 전자 산업, 교환기 산업 분야의 투자 개방을 요청했다. 중국 측은 중국산 제품에 대한 조정관세를 철회할 것과 우리의 대외경제협력기금 지원, 중국산 소다회의 반덤핑 조사 중지 등을 요청했다. 다음 해 6월에 열린 제2차 한중 통상장관회의에서는 양국 간 교역 규모를 1997년까지 300억 불까지 늘리고 한국산 자동차 5,000대 대중국 수출을 구상무역의 형태로 실시하는 데 합의했다.

나는 비약적으로 증가하고 있는 한중 경제·통상 관계를 강화하는 데 있어 산업협력이 추진되어야 한다고 믿었고 이를 추진했다. 우선 1993년 9월 초 중국을 방문하여 왕충우王忠禹 중국 국가경제무역위원회 주임과 한중 산업협력합의서를 체결하여 기계·전자·자동차·통신 시설 4개 분야에서 협력을 추진하기로 하고 차관급 한중 산업협력위원회를 설치하여 이를 논의했다. 1994년 6월 산업협력위원회가 개최되어 4개 분야의 협력 사업을 구체화했다. 양국은 중국이 투자유치를 희망하고 있는 30개 자동차 부품 분야에 한국 기업의 투자를 추진하고, 단계적으로 협력을 확대하여 궁극적으로 한국산 자동차의 중국 진출을 모색하기로 했다. TDX 분야에서는 한국의 소형 전자교환기의 중국 통신망 사업 참여를 확대하고 통신 사업에 한국 기업의 참여를 위한 협력을 약속했다. 새로 추진키로 한 중형 항공기 분야는 개발 소요 비용을 분담하고 양국이 부족한 기술은 제3국의 기술 참여를 유도하는 방안을 찾기로 했다.

중국 측은 우리와의 산업협력 사업에 초기에는 열의를 가지고 호응했으나 시간이 지날수록 시들한 태도를 보였다. 1994년 10월 말 김영삼 대통령 방중 시 나는 공동개발에 대해 중국 국가경제무역위원회 부주임과 중형 항공기 공동개발을 위한 협정에 서명했다. 그 후 중국 측은 이붕 총리의 한국 방문 시까지 열의를 보였지만 서서히 관심을 거뒀고, 항공기 분야 협력 협정은 사문화되었다. 아마도 항공기 분야에서는 한국보다 선진국의 원천기술에 접근하는 게 좋겠다는 생각으로 한중 산업협력에 대한 열의를 꺾은 것이 아닌가 생각된다.

비록 국교 수립 초기에 우리가 추진하려 했던 한중 산업협력이 순조롭게 진행되지는 않았지만, 중국의 2001년 WTO 가입과 개혁개방 정책으로 한중 교역과 투자 관계는 비약적 발전을 거듭했다. 중국은 우리의 교역 및 투자 파트너로서 앞으로 그 중요성이 더욱 커질 것이다. 최근 미중 무역 분쟁 속에서 우리가 어떤 대응을 하느냐가 우리 경제의 중요한 과제와 도전이 되고 있다.

 대전 세계박람회

임기 첫해인 1993년 8월에는 대전 세계박람회가 열렸다. 우리나라가 세계박람회에 처음 참가한 지 꼭 100년 만에 개최되는 개도국 최초의 엑스포였다. 상공부는 국제박람회 개최의 주무부로서 계획 단계부터 참여했다. 나는 제1차관보 시절 동 엑스포의 국제박람회기구BIE 인증을 얻어내기 위해 동분서주했다. 미국과 유럽국가 일부가 엑스포 개최에 따른 참가 예산 부족문제를 거론하며 엑스포 추가 인증을 강력히 반대하고 있던 터였다. 따라서 우리 정부는 종합엑스포 인증을 포기하고 전문박람회Specialized Exposition 인증을 추진하였다. 미국과 유럽 국가들을 설득해 개도국에서 처음 개최되는 박람회라는 명분을 내세워 인증을 획득하는 데 성공했다.

국제박람회기구 인증에 직접 관여했기 때문에 대전 엑스포 개막은 내게 특별한 의미를 가졌다. 내가 주무장관으로 한국 정부의 대표 역할을 했지만, 오명 전 교통부 장관이 엑스포의 조직위원장으로서 훌륭하게 준비해주었다. 1993년 8월 6일 '새로운 도약의 길'을 주제로 개막된 이 박람회는 종합엑스포와 같은 규모로 치러졌다. 전문박람회로서는 역사상 가장 많은 108개국 33개 국제기구가 참석하였으며 1,000만 명의 관객을 유치하고 성황리에 큰 성과를 거두었다. 박람회는 3개월 후에 폐막하였다.

 국제경쟁력 강화방안

1993년 말 나는 KBS TV에 출연하여 우리나라의 국제경쟁력 수준을 평가하고 이를 강화하는 방안에 대해 강연할 기회가 있었다. 상공자원부가 추진하는 여러 대책을 국민에게 직접 설명하는 귀중한 기회였다. '국제화 개방화에 따른 우리의 국제경쟁력 강화방안'이라는 제목으로 한 시간 가까이 얘기했다.[12] 방송에서 나는 다음과 같은 내용을 전했다.

'우리 기업이 경쟁우위를 확보할 수 있는 생산요소, 즉 자본·인력·기술·사회기반시설은 양적, 질적으로 경쟁국 수준에 미치지 못한다. 재무구조도 경쟁국보다 취약하고 생산성 향상을 웃도는 임금 상승과 노사관계 불안 등 나쁜 경영 환경에 당면하고 있다. 따라서 정부와 기업은 적절한 역할분담을 통해 산업의 국제경쟁력 강화를 위한 다각적 노력을 해야 한다. 국제경쟁력 강화를 위해서는 우선 한정된 자본·인력·기술 등 모든 생산요소를 생산성이 높은 부분으로 이동시켜 산업구조 조정을 원활히 하고 고도화해야 한다. 이를 위한 첨단기술 발전을 위해 기술자립도 향상에 주력하고 기업의 투자확대를 유도하겠다. 아울러 기술용역업, 디자인업, 정보처리업, 영상산업, 마케팅 서비스업 등 제조업 관련 서비스 산업 발전 전략을 수립하여 산업의 고부가가치화를 촉진해 나가겠다. 두 번째로 기업의 활동 여건이 좋아지도록 자금 조달비용을 낮추고 기업과 연구소가 인력양성에 적극적으로 참여할 수 있도록 직업훈련, 교육제도 개편을 해나가겠다. 정부지원자금을 확충하는 한편, 자금이 더 효율적으로 사용되도록 지원체계를 개선하겠다. 마지막으로 그간의 행정규제 완화를 위한 노력에도 불구하고 아직도 많은 불필요한 행정편의주의적인 행정규제가 기업을 옥죄고 있다. 범정부 차원의 행정규제완화위원회와 행정쇄신위원회를 가동해 각종 규제를 과감히 개선하겠다.'

위에서 이야기한 이런 정책 방향은 이미 상공자원부의 업무계획에 반영되어 시행되고 있거나 계획단계에 있었다.

가족의 위기

　　장관으로 취임한 1993년 연말 우리 가족에게 큰 위기가 닥쳤다. 아내가 직장암 판정을 받은 것이다. 집안의 건강 문제를 늘 상의했던 세브란스병원의 강진경 박사를 따로 만났다. 그는 집사람이 아직 직장암 초기로 크게 심각한 상황이 아니니 수술을 받으면 괜찮을 것이라고 말해주었다. 나는 빨리 수술을 할 수 있도록 부탁하고 아내에게 이 소식을 알렸다. 그녀는 평소에 조그만 일에도 감정의 기복이 심한 사람이었지만 내가 전한 심각한 소식에는 놀랄 정도로 침착했다. 곧 강 박사가 수술이 결정되었다고 알려왔다. 나는 아내의 건강을 되찾아 주기 위해 내가 할 수 있는 모든 일은 다 해야겠다고 마음먹었다. 아내와 나는 1966년 대학원 시절에 만나 같이 미국으로 건너갔다. 그녀는 가난한 유학생의 아내로 많이 고생했고, 귀국하여 내가 공직 생활을 할 때는 박봉에 시달렸다. 나는 바쁘다는 핑계로 집안일에 신경을 쓰지 않았고, 때문에 집안의 대소사는 아내가 모두 처리하고 있었다. 집사람에게 무슨 일이 일어난다는 것은 상상할 수 없는 일이었다.

　　나는 아내의 암 수술과 관련하여 바로 외과 의사였던 이모부 배수동 박사와 상의했다. 경험 많은 유명 외과 의사인 그는 여러 해외 선진 병원에서 의술 경험이 있는 분이었기 때문에 집안에서 의료 문제가 있을 때마다 상의하고 있었다. 그분은 가능하면 집사람을 미국으로 보내 수술하는 것이 좋겠다고 권했다. 미국에는 한국보다 직장암 환자가 훨씬 많아 많은 진료 경험이 축적되어 수술을 잘할 것이라고 했다. 그는 뉴욕에 있는 슬로언케터링암센터Sloan Kettering Cancer Center를 추천했다. 다행히 뉴욕에는 고등학교 시절 가깝게 지내던 친구 박병락 박사가 의사로서 개인병원을 운영하고 있었다. 그는 총각 시절 보스턴의 한 병원에서 인턴을하는 동안 암허스트에 있는 우리 집에 자주 놀러 왔고 우리 집에서 만난스미스 대학 출신 미국인 트리샤를 아내로 맞은 인연이 있었다. 우리 집사람과도 잘 아는 사이였기 때문에 안심하고 부탁할 수 있었다. 전화를걸어보니 집사람을 당장 보내라고 했다. 그리고 슬로언케터링 병원이 자기 병원과 가까이 있어 자주 들러 볼 수 있으니 안심하라고 했다. 그리고 며칠 지나지 않아 수술이 잡혔다고 연락을 해주었다. 이 병원 직장암과장이었던 코헨 박사가 집도하게 되었다고 했다. 보험이 안 되기 때문에수술비용이 만만치 않을 것이라 귀띔도 해 주었다. 현직에 있던 나로서는 이를 아무한테도 알릴 수가 없었다. 당시 미국 대학에 유학 중이었던아들 주홍이를 뉴욕으로 보내 엄마를 보살피도록 했고 이화여대에 다니던 딸 주연이를 엄마와 함께 뉴욕으로 보내 병원 근처에 숙소를 잡아 오빠와 함께 엄마를 수술 전후에 간호하도록 했다.

집사람은 1993년 12월 크리스마스 직전에 뉴욕에서 직장암 수술을무사히 마쳤다. 나중에 알게 된 사실이었지만 그때까지 한국에는 알려지지 않은 새로운 방식으로 수술이 진행되었다고 했다. 코헨 박사는 이 분야에서 널리 알려진 전문의로서 친절하게 환자를 돌봤다고 한다. 박사는병실에 들러 아내의 안부를 물으며 왜 남편은 나타나지 않느냐 물었다고했다. 집사람에게는 미안했지만 나는 도저히 뉴욕에 갈 수 없는 상황이었다. 다행히 뉴욕에는 우리 아이들, 그리고 가까운 친구였던 의사 박병락 군이 있어 안심할 수 있었다. 특히 박병락 군은 아내의 병실에 매일 들러 회복에 도움이 되는 말도 해주고 본인이 좋아하는 시도 낭송해주었다고 한다. 나와 집사람은 매우 고맙게 생각했다.

서울에서는 소문대로 12월 22일에 개각이 단행되었다. 내각의 여러 장관이 경질되었으나 나는 유임되었다. 나는 집사람이 수술하기 며칠 전에 유임 소식을 전해주었다. 나는 아내를 미국으로 보내면서 만약 앞으로 있을 개각에서 경질되면 즉시 뉴욕으로 달려가 수술을 지켜보겠다고 약속했었다. 그러므로 유임 소식은 뉴욕에 가지 못한다고 알린 셈이었다. 집사람은 다행히도 수술 일주일 후 생각보다 빨리 회복되어 뉴욕에서 돌아왔다. 수술 후 항암치료는 신촌 세브란스병원에서 하기로 했다. 귀국 후 힘든 항암치료 과정을 거치며 고생했지만 다행히 집사람은 서서히 회복되고 있었다. 그러다 귀국 후 얼마 되지 않아 박병락 군이 스스로 목숨을 끊었다는 소식을 들었다. 우리 집사람을 간호할 때만 해도 전혀 느낄 수 없었던 우울증이 원인이었다고 전해 들었다. 친구의 죽음 소식을 들으며 아내와 함께 슬픔을 금할 길이 없었다. 나는 장관직에서 물러난 후 뉴욕을 방문하여 박 군의 미망인 트리샤를 위로하고 산소에 같이 가서 고인을 추모했다.

업종 전문화 시책

산업정책 분야에서도 나는 새로운 시도를 했다. 그동안 구상해왔던 업종 전문화를 우리 산업 발전의 주요시책으로 제시하고 이를 신경제 5개년 계획에 포함하여 추진한 것이다. 당시 대기업의 '문어발식 기업 경영'은 우리 사회에서 적지 않은 비판의 대상이었다. 그러나 나는 우리 기업의 국제경쟁력 강화와 산업조직의 효율화 차원에서 시책이 필요하다고 생각했다. 우리 대기업들은 최대 50개가 넘는 계열기업을 거느리고 있었다. 하지만 경쟁력이 취약한 다수의 기업을 거느리기보다 자체적으로 활용 가능한 자원과 인력을 소수 주력업종에 집중하여 업종을 전문화하고 기업 규모를 대형화함으로써 국제경쟁력을 강화하는 것이 필요했다.

나는 취임 초기부터 기회가 있을 때마다 업종 전문화의 취지를 설명했다. 그리고 학계, 업계, 연구기관으로 구성된 '업종 전문화 협의회'를 구성해 의견수렴을 거쳐 1993년 10월에 열린 산업정책심의회에서 업종 전문화 시책 추진방안을 확정했다. 11월에는 세부 시행방안을 상공부 고시로 발표하고 30대 기업은 주력업종 및 기업을 자율적으로 결정하여 이듬해 1월까지 정부에 제출토록 했다. 상당한 반대를 무릅써야 했던 이 정책의 입안부터 시행까지 전 과정에서 추준석 산업정책국장(추후 중소기업청장 역임)과 김균섭 산업정책과장(추후 남아공 대사와 한수원 사장 역임)이 결정적 역할을 했다.

상공부가 고시를 통해 발표한 업종 전문화 유도 시책은 30대 대기업이 자율적으로 선정한 주력기업에 여신규제 등 여러 가지 규제를 풀고,

정부의 산업지원기능을 강화하여 선진기업들과 대등한 조건에서 경쟁할 수 있도록 하는 것이었다. 구체적으로 첫째, 각 대기업이 선정한 3개 이내 주력기업은 여신한도 관리에서 제외한다. 둘째, 주력기업은 공정거래법상의 출자총액 제한을 완화한다. 주력기업의 국제경쟁력 강화를 위한 투자는 출자한도 규제 예외인정을 확대하고 해외금융 조달에 우대한다. 셋째, 주력기업은 공업입지 및 기술개발에 있어 규제를 완화하여 공장증설이 용이하도록 한다. 또한 정부 주도 주요 개발 사업에 주력기업의 참여를 확대하도록 한다. 즉 이런 시책들은 재무부와 경제기획원이 주무 부처로서 가지고 있는 여신이나 공정거래법상의 규제를 완화하는 내용으로, 협의 과정이 순탄하지는 못했지만 박재윤 경제수석, 이경식 부총리, 홍재형 재무장관이 협조해주어 잘 마무리 지을 수 있었다.

업종 전문화는 규제 완화를 통한 우리 기업의 국제경쟁력 강화를 유도하는 정책이었음에도 불구하고 이 정책의 대상이 되었던 30대 대기업은 전반적으로 부정적인 반응을 보였다. 정부가 할 일은 규제 완화이지 기업에 대해 이래라저래라 하는 것은 시대 흐름에 역행하는 것이라고 본 것 같았다. 아마도 대기업 입장에서는 업종 전문화 시책이 1980년대 초 중화학공업투자조정 강제 동원을 연상시켰을 것이다. 나는 대기업 총수들을 가능한 한 많이 만나 정책을 설득하고 이해를 구하겠다고 마음먹었다.

이들은 역시 업종 전문화에 반대했다. 그리고 내게 예의를 지키며 각기 다른 반대 이유를 제시했다. 선경의 최종현 회장은 이 정책에 정면으로 반대의견을 표시했다. 미국의 제너럴일렉트릭GE이 세계적으로 경쟁

160

력 있는 기업으로 발돋움한 것은 가전, 발전, 항공 등 다양한 업종을 영위하고 경기변동에 융통성 있게 대응한 결과라고 단호하게 얘기했다. 삼성 이건희 회장은 당시 성공적으로 발전하고 있는 반도체 산업이 국제 경쟁력을 확보할 수 있었던 것은 삼성그룹 내 건설 회사를 보유하고 있어 경쟁사보다 빨리 반도체공장을 지을 수 있었기 때문이었다고 주장했다. 럭키 금성의 구자경 회장은 어떤 형태이든 정부가 기업이 영위할 업종을 정해주는 것은 바람직하지 않다고 했다. 그러나 상공자원부가 구상했던 업종 전문화 정책은 새로운 규제를 도입하는 것이 아닌 유도정책으로서, 강제성이 전혀 없었고 오히려 기업이 어려워했던 행정규제를 완화해주는 정책이었다. 한국개발연구원은 1994년 7월 발표한 보고서와 세미나에서 '정부가 주도하는 업종 전문화 시책은 시대착오적 산업정책'이라고 평가 절하하고 '기업의 업종 전문화나 대형화는 민간주도에 의한 경제 산업정책의 자생적 구조조정 방향에 역행'하게 될 것이라고 혹평했다.

이러한 기업 총수들의 불만이나 전문가들의 견해를 고려하여 업종 전문화 시책을 수립하는 과정에서 기업이 다각화를 추진한다면 이를 허용하는 유연성을 부여하기로 했다. 이것을 '업종 전문화 실무협의회' 작업에 반영했고, 어느 정도 윤곽이 잡힌 상태에서 비공식적으로 상공부 출입기자단과 비보도를 전제로 연찬회를 개최했다. 이 자리에서 실무 안을 설명하고 기자단과 질의응답 시간을 갖고 밤을 새워 격렬한 토의를 벌이기도 했다. 치열한 토론과 의견 수렴 절차를 거쳐 드디어 업종 전문화 시책이 발표되었고 시행에 들어갔다.

그리하여 1994년 초 30대 기업은 상공자원부에 주력업종과 주력업체

선정 결과를 통보해 왔다. 대체로 우리가 기대했던 대로 10대 그룹에서
는 화학·자동차·전자·기계 등 중화학 분야와 에너지·유통·무역·운수
분야를 선정하였으며 11대부터 30대 기업은 제조업·무역·유통·운수·
건설 등 전 산업에 걸쳐 주력업종 및 주력기업을 선정했다. 일부는 삼성
이 자동차 업종을 주력업종으로 선정할 것으로 예상했으나 그들은 전
기·전자·에너지를 주력업종으로 선정했다. 현대는 전자전기·자동차·에
너지 3개 업종과 5개 주력기업을 선정했으며, 대우는 기계·자동차·유통
운수 3개 업종과 6개 주력기업을, 선경은 에너지·화학·유통운수 3개 업
종과 6개 주력기업을 선정하였다. 각 대기업은 예상한 대로 각자 특성에
맞게 전략업종을 중심으로 주요 산업 전반에 걸쳐 골고루 선정했다. 따
라서 정부의 주력업종과 주력기업의 분류가 우리 기업 현실을 잘 반영했
다고 결론지었다.

　1994년 초 업종 전문화 시책을 실행하고 한 해 동안 각 그룹이 선정
한 주력기업의 경영실적과 수출실적이 크게 개선되었다. 따라서 정책이
소기의 목적 달성에 성공했다는 평가를 할 수 있었다. 그러나 나는 그해
말 개각으로 장관 자리에서 물러나게 되면서 아쉽게도 이 정책이 뿌리내
리게 추진할 수 없었다. 내 후임으로는 재무장관을 역임한 박재윤 전 경
제수석이 오게 되었다. 이분은 업종 전문화 도입과정부터 깊이 관여했기
때문에 주무장관으로서 이 시책을 계속해서 잘 추진해 줄 것으로 기대
했다. 그러나 추진 강도 면에서 후임 장관의 의지는 아무래도 약화될 수
밖에 없었던 것 같다. 게다가 당시 재무부와 공정거래위원회의 장관들이
합의하여 정책을 성안하는 분위기와 장관들이 바뀜에 따라 시책에 대한

태도를 바꾸면서 업종 전문화 시책은 빛을 잃고 말았다. 내가 WTO에 있던 1997년 1월에는 업종 전문화 시책이 폐지되었다는 소식을 들었다.

 1994년 새해 업무보고

　　　　　취임 2년째를 맞는 1994년도 청와대 업무 보고는 장관으로서 한 해 동안 했던 일들을 되돌아보는 계기가 되었다. 물론 아쉬운 점도 많았지만, 성과도 적지 않아 위안이 되고 자신감도 생겼다. 1993년에 신경제 100일 계획의 핵심과제였던 수출은 전년보다 7.6% 증가해 824억 불을 달성했고 수입은 2.5% 증가에 그쳤다. 이에 따라 무역수지는 4년 만에 흑자로 전환됐다. 또한, 통상에서는 우루과이라운드 협상에 능동적으로 참여하고, 아시아태평양경제협력체(이하 APEC)에서의 역할을 강화하는 등 새롭게 형성되는 국제무역 질서에 대처했다. 주요 교역대상국과는 산업협력을 통해 미래지향적 협력을 구축하기 시작했다. 산업 면에서는 자동차·조선·반도체가 국제시장에서 경쟁력을 갖추었고 산업 구조 고도화가 꾸준히 진전되었다. 유망 중소기업의 국제경쟁력을 높이기 위해 1조 3천억 원의 자금을 투입하여 자동화·정보화 및 개발기술의 사업화를 벌여 중소기업 구조개선을 추진하기도 했다. 또한, 계획대로 에너지 공급 능력을 확충함으로써 에너지 수급과 가격안정을 이룰 수 있었다고 자평했다.

　나는 4월 새해 업무 보고에서 우리 부의 정책과제로 네 가지를 제시했다. 먼저 투자와 수출을 촉진하고 노사화합과 물가 안정을 통해 경제성장에 활기를 불어넣겠다. 또한 21세기를 내다보며 우리 산업의 국제경쟁력 강화를 줄기차게 밀고 나가겠다. 그리고 새롭게 전개되는 세계경제 질서에 대비하여 우리 경제의 과감한 국제화를 추진하겠다. 마지막으로 원활한 에너지 수급 통해 산업 활동과 국민 생활의 안정을 확고하게 하겠다.

이 과제에 대응하기 위해 나는 다음과 같은 구체적 시책 청사진을 제시했다.

'첫째, 경제 활성화를 위해 당시 의욕적인 투자계획이 있던 기업의 투자가 활성화될 수 있도록 외화 대출 조건을 개선한다. 외자 조달 기회를 확대하며, 임시투자세액공제 제도를 연장 적용하도록 금융·세제상의 투자촉진책을 강화하겠다. 공업입지가 원활히 공급되고 유통비용 경감을 위해 유통단지개발촉진법을 개정하고 가장 노사화합이 확고히 정착될 수 있도록 노력하겠다. 또한 지속적인 수출 신장을 통해 무역흑자를 정착시키겠다. 민관합동 수출 활성화 대책회의를 분기별로 열어 수출 동향을 점검하고 당면한 어려움을 해결하여 수출입 모두 900억 불을 달성하고 국제수지 기준 30억 불 흑자를 달성하겠다. 그리고 1993년에 제정된 '기업활동규제에 관한 특별조치법'을 바탕으로 상공자원 분야의 규제를 다른 분야보다 앞서 마무리하겠다.

둘째, 우리 산업의 국제경쟁력 강화를 위해 상공부의 산업지원 조직과 제도를 기술 드라이브 정책으로 개편하고 '산업기술 기반조성에 관한 법률'의 제정을 추진하겠다. 그리고 우리 산업이 필요로 하는 기술, 기능, 인력을 적기에 양성하기 위해 '산업기술 대학법'의 제정을 추진하는 등 기술인력 양성제도를 보완하겠다. 첨단기술산업 중심 산업구조 고도화의 비전을 위해 산업 시장 전망과 기술 동향에 대한 청사진을 산업연구원을 통해 제시하겠다. 중소기업 분야에서는 중소기업이 자신의 힘으로 경쟁력을 갖출 수 있도록 1993년에 새롭게 개발되었던 각종 시책과 사업들을 본격 추진하겠다.

셋째, 국제화 전략 추진을 위해 1995년에 발효될 우루과이라운드 협정에 발맞추어 우리 무역과 산업 관련 제도의 정비를 마무리하겠다. 특히 산업지원제도가 국제규범에 일치하도록 면밀한 검토와 보완작업을 추진하겠다. 북미자유무역협정NAFTA, 유럽경제공동체EEC 등 지역주의 확산에 대비하여 통상외교를 강화하고, APEC에서 주도적인 역할을 할 수 있도록 아시아태평양 지역에서의 지위를 강화해 나가겠다. 해외시장별 특성에 맞추어 교역과 경제협력을 확대할 것이며, 미국·일본 등 선진국과는 통상마찰을 예방하고 산업동맹 관계를 구축하는 노력을 강화하겠다. 그리고 중국·동남아 등 새롭게 부상하고 있는 주력 시장에는 산업구조 보완성을 바탕으로 직접 투자 등 현지 진출을 확대하여 장기적 시장 기반을 다지고 러시아·베트남 등 시장경제로 전환하고 있는 나라에는 정부의 경제개발 프로젝트에 적극적으로 참여하는 노력을 강화하겠다.

넷째, 에너지 분야에서는 수급 안정과 구조개편을 추진하겠다. 다행히 원유는 새해에도 가격 안정세가 유지되고 물량확보에 어려움이 없을 것으로 전망된다. 하지만 에너지 수요의 꾸준한 증가에 따른 석유·가스·전기의 공급시설을 적기에 확충해야 하는 문제가 있다. 추가 건설이 불가피한 원자력 발전소의 입지 확보를 위한 노력도 필요한 상황이다.

에너지산업에도 경쟁을 도입하기 위한 새로운 제도를 검토하겠다. 국내 유가가 국제원유가 및 환율 변동에 따라 자동 조절되는 '유가연동제'를 실시하고, 발전과 천연가스 사업에 민간자본의 참여를 추진하여 경쟁을 촉진하고 공급능력의 확충을 도모하겠다. 또한 석탄 산업의 구조조정을 위해 폐광을 지원하고 감산 지원제도를 신설하여 생산량 감축을 유도하면서 탄광 지역 진흥사업을 통해 주민 생활에 도움을 주도록 할 것이다. 아울러 국내외 자원개발 사업을 적극적으로 추진할 것이다.'

GATT에서 WTO로

1994년 4월 나는 우리나라 통상 책임자로서 대규모 정부대표단을 이끌고 모로코의 마라케시Marakech에서 개최된 GATT 각료회의에 참석했다. 동 회의에서 정부를 대표하여 우루과이라운드 협정문에 서명한 것은 개인적으로 큰 영광이었다. 회의는 125개국에서 5,000여 명의 대표가 참여한 대규모 각료회의였다. 나는 우루과이라운드 출범 시 차관보로서 나웅배 상공 장관을 모시고 우루과이의 GATT 각료회의에 참석했고 협상이 진행되는 8년 동안 정부 대표 혹은 우루과이라운드 협상의 협상그룹의장으로 제네바에서 개최된 다수의 협상에 참여한 바 있었다.

1960년대 이후 무역을 경제발전의 원동력으로 삼은 우리나라에 우루과이라운드협정은 실로 엄청난 일이었다. 세계 무역이 더 자유화됨으

써 우리 해외시장과 다자간 무역 규범이 확대되어 강대국의 무역정책을 어느 정도 견제할 수 있는 근거가 생겼다. 그뿐만 아니라 서비스·지식재산권·투자 등 새로운 분야의 무역 규범이 협상되고 국제 무역 환경이 더 안정적이고 예측 가능해지는 등 좋은 효과를 가져왔다. 우리나라는 우루과이라운드 협상의 농산물 시장개방, 특히 쌀 시장개방 문제로 농민들의 강력한 반발이 있었다. 이에 따라 정부가 큰 정치적 어려움을 겪은 것이 사실이다. 하지만 협정이 우리나라에 가져다주는 이로운 면은 해로운 면과 비교가 되지 않을 정도로 컸다고 생각된다. 정부를 대표해서 협정에 서명한다는 것은 실로 보람된 일이었다.

나는 1994년 4월 12일 마라케시협정 체결을 위한 각료급 무역위원회 전체회의 기조연설에서 우루과이라운드 협정을 통해 강화된 다자간 무역원칙이 한국 경제 개발 모멘텀을 유지하는 데 동력이 될 것이므로 협정의 완전한 이행을 위해 노력할 것임을 피력하였다. 그리고 새롭게 탄생하는 WTO가 진정한 WTO로 발전하기 위해서는 당시 진행되고 있는 지역주의 현상이 다자주의에 위반되지 않는 방향으로 발전하도록 해야 한다고 주장했다. 새롭게 대두되는 환경문제는 WTO에서 논의할 수 있도록 관련 절차를 마련하는 것이 필요하다고 주장했으나, 당시 일부 선진국과 개도국 사이에 노동기준·투자·경쟁정책에 대한 대립이 극심한 문제였기 때문에 한국은 선진국과 개도국 사이에서 합의 도출을 위한 중재자 역할을 할 수 있음을 피력했다.

GATT 사무국 측은 일주일 동안 진행된 동 각료회의 전체 회의에서 나를 한 세션의 의장으로 사회를 보도록 임명했다. 아마 우루과이라운드의 협상그룹의장으로 수고했기 때문에 이를 보상하기 위해 부여해준 영예였을 것이다. 그리고 4월 15일에는 내가 500쪽에 달하는 우루과이 라운드 협정문과 2만 2,000쪽에 달하는 각국의 양허표를 합친 문서에 서명했다. 이로써 우리나라는 WTO 회원국이 되기 위한 첫걸음을 딛게 되었다. 마라케시 각료회의에 대한 국내 언론의 관심은 매우 커서 대규모 기자단이 정부대표단과 함께 동 회의에 참석했다. 최종의정서 서명 후에는 우리 기자단과의 회견이 있었다. 이 자리에서 나는 우루과이라운드 협상 결과를 미래지향적 차원에서 어떻게 잘 활용하느냐에 모든 지혜를 모아야 할 것이라고 이야기했다.

벤저민 러시상 수상

1994년 5월, 나는 미국 펜실베이니아에 있는 디킨슨대학교 Dickinson College로부터 벤저민 러시상Benjamin Rush Award의 수상자로 선정되었다. 미국 독립선언문 작성에 참여하고 1783년 디킨슨 대학을 설립한 러시 박사의 이름을 따 제정된 이 상은 1985년부터 정부 또는 기업에서 인도주의 가치를 높인 사람들에게 수여해왔으며 상의 정확한 명칭은 'Benjamin Rush Award for Humanistic Values in Corporate and Government Life'라는 긴 이름이다. 이 대학에는 아들 주홍이가 유학중이었기에 대학의 총장인 프리셔Frischer 박사가 한국을 방문했을 때 만난 적이 있었다. 박사는 나를 수상위원회에 추천했고, 수상자로 선정되었음을 알려왔다. 내가 미국 대학으로부터 받은 최초의 상이었다.

이 상의 수상자는 전통적으로 수상식에서 메달을 받은 후 수상 연설을 한다. 바쁜 가운데에서도 연설문을 작성하는 데 적지 않은 공을 들였다. 아마도 내가 그때까지 작성했던 영어 연설문 중 가장 정성을 들였던 것으로 기억한다. '21세기의 경쟁과 협력Competition and Cooperation in 21st Century'이란 제목으로 탈냉전 시대 국가 간 경제적 경쟁과 협력을 주제로 다뤘다. 1992년 당시 한때 디킨슨대학에서 교수를 역임한 프랜시스 후쿠야마Francis Fukuyama의 《역사의 종말The End of History》이 미국에 출간되었다. 이 책과 함께 공산주의 몰락 이후 모든 인류사회가 자유민주주의 방향으로 움직이는 과정을 겪으며, 자유민주주의 국가들 사이의 군사적 충돌은 없을 것이라는 주장이 있었다. 하지만 그 반대로 조지 프리드먼George Friedman 교수로 대표되는 학자들 사이에는 비록 이념의 충돌은 끝났지만, 국가 간 대립은 자원과 시장의 쟁탈전으로 대체될 가능성이 크다고 보는 주장도 있었다. 내 수상 연설의 주제는 이런 미국 내 논쟁을 고려한 것이었다.

나는 후쿠야마 교수의 의견에 동의하면서도 통상 문제로 국가 간 마찰이 폭발 직전의 위험한 수준까지 갈 수 있다는 것을 미일 무역마찰과 한미 무역마찰의 예를 들어 설명했다. 그리고 우루과이라운드의 결과로 1995년 초 설립될 예정인 WTO가 국가 간 충돌을 협력을 통해 해결할 수 있다는 희망을 품게 한다고 언급했다. 특히 WTO는 과거의 다자간 무역체제에서 다루지 못한 지식재산권 및 서비스 등 이른바 새로운 이슈를 다룰 수 있게 되었고, 국가 간 분쟁 조정 기능도 강화되어 분쟁 당사국이 WTO의 결정에 비토Veto(거부권)를 행사할 수 없도록 했다. 이것들은 중요한 결정이었다. 또한, 다가오는 21세기에는 국가 간 경쟁과 협력이 함께 가야 한다는 점을 강조했다. 동시에 주목받던 레스터 서로 Lester Thurow 교수의 한 구절을 인용했다. '21세기 경쟁에 참여하는 모든 사람은 그들이 경쟁의 게임뿐만 아니라 경쟁–협력의 게임을 한다는 것을 명심해야 할 것이다. 모든 사람이 이기기를 원하지만, 게임이 이루어지려면 협력이 필요하기 때문이다.' 나는 또한 연설 끝에 평소 국제 무역에 가지고 있던 애착과 신념을 전했다. 과거 나의 다른 연설문에서도 포함했던 표현이었다. '국제 무역은 인간의 여러 행동 중 가장 인도주의적 가치를 가지고 있다. 충돌을 경쟁으로 승화시키며, 다른 문화와 생활 방식을 관용하게 하며, 무역하는 모든 사람의 생활 수준을 향상시킨다. 역사적으로나 지금에나 세계의 대 항구도시는 그 시대 그 나라의 가장 문화적이고 세계주의적인 곳이었으며 가장 넓은 의미의 자유주의적인 곳이다.'[13]

수상한 후 얼마 되지 않아 디킨슨대학의 교수 한 분으로부터 기쁜 소식을 전해 들었다. 당신이 가르치고 있는 졸업반 세미나에서 내 수상연설문을 교재의 하나로 채택하고 이를 학생들과 함께 활발하게 토의한다는 내용이었다. 미국 청중들에게 어느 정도 반향을 일으킨 연설을 했다는 생각이 들어 큰 보람을 느꼈다. 그리고 며칠 후에는 내 수상연설문의 요약본이 뉴욕타임스에 게재되었다. 몇몇 미국 친구들이 기사를 보았다고 연락을 해 주고 공감도 표해 주었다. 벤저민 러시상을 계기로 국제 청중에게 국제 무역에 대한 소신을 밝힐 수 있었던 것은 드문 기회였고 보람된 일이었다. 그리고 한국 정부에서 일한 사람을 수상자로 선정한 것도 드문 일이었다. 내가 수상한 다음 해에는 캐나다의 환경운동가 모리스 스트롱Maurice Strong 박사가 러시상 수상자로 선정되었다는 소식을 들었다. 나는 최근의 미중 무역 전쟁을 보면서 나의 수상 연설을 다시 생각해 보았다. 미중 무역 분쟁은 당분간 계속될 것이다. 수상 연설에서 다소 낙관적인 견해를 피력한 것이 아니었나 하는 생각이 들었지만, 세계화의 진전은 불가피하며 모든 국가는 결국 협력하는 방향으로 움직이게 될 것이라는 생각에는 아직도 변함이 없다.

WTO 초대 사무총장 후보

나는 마라케시 각료회의에서 돌아온 후 얼마 되지 않아 내 뜻과는 상관없이 WTO의 초대 사무총장 후보로 나서게 되었다. 외무부에서 김영삼 대통령에게 건의했고, 그렇게 확정된 것이었다. 나중에 들은 얘기였지만 1994년 초 당시 뉴질랜드 통상 장관이었던 필립 버든 Philip Burdon이 외무부 장관을 방문하여 자신이 초대 WTO 사무총장 후보로 진출하고자 하니 한국 정부의 지지를 부탁했다고 한다. 외무부는 국제 무역 규모가 그리 크지 않은 나라가 후보를 낸다면 한국도 충분히 후보를 낼 수 있겠다는 결론을 내리고 이를 대통령에게 보고했던 것 같다. 당시 김영삼 대통령은 모든 국정에 걸쳐 세계화를 추진했다. 따라서 세계화를 대변하는 WTO의 출범이 큰 의미를 지니던 시절이었다. 우리의 국제기구 진출이 미약한 상황이었기 때문에 외무부는 우리가 중요한 국제기구의 장으로 당선된다면 획기적인 성과가 될 것으로 판단했던 것이다.

1994년 5월 말경 한승주 외무장관이 전화를 걸어 내게 WTO 초대 사무총장으로 입후보할 의사가 있는지 물었다. 나는 조금 생각할 시간을 달라고 한 뒤 집사람과 문제를 의논했다. 당시 집사람은 직장암 수술을 한 후 화학요법 치료를 받고 있었다. 따라서 외국에 가서 지내야 할 가능성이 있는 국제기구 입후보가 부담스러운 것 같았다. 그러나 항상 중요한 일이 있을 때마다 그랬듯이 내가 잘 판단해서 결정하라고 지지해주었다.

나는 한승주 장관의 제의를 받아들이기로 했다. 당선 가능성은 그리 크지 않다고 생각했다. 그러나 나는 국제 무역 분야에 20년 이상 종사하며 전문성을 키워왔고 한국은 세계 주요무역국의 반열에 올라 의미 있는 목소리를 낼 수 있는 위치에 있었다. 한국은 무역을 통해 경제발전을 이룬 경험이 있는 국가로서 선진국과 개도국 회원국의 입장을 모두 잘 이해할 수 있으므로 한국 후보에 대한 지지도 있으리라 판단했다. 1947년에 설립된 GATT는 상당 기간 선진국 중심의 무역클럽 형태로 운영되다가 1980년대 이후 우루과이라운드 협상을 계기로 개도국의 참여가 크게 확대되고 있었다. 그동안 GATT의 사무총장은 모두 선진국인사가 맡았기 때문에 개도국 인사를 WTO의 책임자로 선출해야 한다는 움직임도 있겠다고 생각했다. 나는 한승주 장관에게 전화를 걸어서 한번 해보겠다는 결심을 전했다.

외무부는 대통령의 재가를 얻어 나를 WTO 사무총장 후보로 세우기로 하고 1994년 6월 23일 후보등록을 했다. 우리나라로서는 처음으로 국제기구 장의 후보를 내세운 셈이었다. 김영삼 대통령은 청와대를 방문하는 외국 인사에게 한국 후보의 지지를 요청했고 대통령의 외국 순방에도 이 문제가 의제의 하나로 항상 거론되기도 했다. 외무부에서도 일부 국가를 대상으로 대통령의 특사를 파견하기도 하였다. 외무부는 나의 WTO 총장 후보 출마를 공식화하며 다음과 같이 발표했다. 'WTO처럼 중요한 기구에 우리 정부 인사가 참가하는 것은 커다란 의의가 있다. 김 장관이 초대 사무총장으로 선출된다면 세계 자유무역체제 강화에 한국이 실질적으로 이바지할 수 있을 것이다.' 출마 발표 당시 한국 언론에서는 '13번째로 큰 무역국으로서 초대 사무총장에 도전해 볼 만하다' 혹은 '승산이 있다'라는 긍정적 보도가 주류를 이루었다. 그리고 '충분한 자격을 갖추고 있다', '국제무대에 잘 알려져 유리하다'라는 다소 과분한 정도의 긍정적인 평가도 있었다.

내가 WTO 사무총장 후보로 결정될 때 이미 다른 국가에서는 여러 후보자가 출사표를 던지고 선거운동을 시작하고 있었다. 뉴질랜드의 필립 버든 통상 장관을 비롯하여 멕시코는 카를로스 살리나스Carlos Salinas 대통령을 후보로 내세웠다. 개도국의 대변인임을 자처했던 브라질은 주 제네바 대사와 재무장관을 지낸 루벤스 리쿠페로Rubens Ricupero 씨를 후보로 내세우고 이탈리아는 통상장관을 역임한 레나토 루지에로Renato Ruggiero 씨를 유럽공동체의 후보로 내세워 나를 포함해 다섯 명이 후보로 경쟁을 시작하게 되었다. 나는 우선 아시아 국가들의 지지를 확보해야만 후보로서 신뢰성을 확보하고 다음 단계로 나갈 수 있으리라고 생각했다. 따라서 당시 20개국에 달했던 GATT의 아시아 회원국을 차례로 방문하면서 지지 활동을 펼쳐 나갔다. 특히 국제통상 무대에서 발언권이 강한 일본, 호주, 인도의 지지를 확보하기 위해 집중적으로 지지 확보 활동을 펼쳤다. 특히 아시아의 대표 격인 일본의 지지 확보는 매우 중요한 과제였다. 나는 8월 말 일본을 방문하여 고노 외무대신을 만나 지지 요청을 했다. 그는 '전향적으로 검토하고 싶다'고 언급했고 하시모토 통상 대신은 한 발짝 더 나아가 '김 장관의 인격, 식견에 마음 든든히 생각하며 아시아에서 입후보한 것은 의미 있는 일'이라고 말했다. 또한 일본 내에서는 일본의 한국 후보 지지를 대일 수입 품목과 연계해야 한다는 주장이 제기되었다는 점을 사족으로 달았다. 나는 일본이 지지를 선언해 줄 수도 있다는 희망을 품게 되었다. 이어 다른 아시아국 순방에서는 아시아 국가들이 무역을 통한 경제발전으로 국제 무역에서의 비중이 크게 늘어 왔음에도 불구하고 세계 무역 논의에서 발언권이 적다는 점을 지적했다. 따라서 WTO 사무총장에 아시아인을 뽑아 목소리를 더 낼 필요성이 있다는 점을 강조했다. 그리고 미국, 유럽 등 선진국을 방문할 때는 현지 언론과 접촉하여 한국이 일본의 뒤를 이은 중상주의 국가가 아니라는 점을 조명했다.

국제 언론에서는 경선에 참여한 후보들의 평가를 큰 기사로 다루었다. 7월 18일 〈인터내셔널 헤럴드트리뷴〉은 한국 후보가 능력 있는 협상가이기는 하나 정치적 감각이 부족한 실무형 후보라는 평가를 실었다. 이어 7월 20일 영국의 〈파이낸셜타임스〉는 나와의 인터뷰 기사를 자세히 보도하며 나를 '핏속까지 통상이 흐르는 후보(WTO Contender with Trade in His Veins)'라고 평했다. 하지만 앞으로 WTO가 다루어야 할 노동, 환경, 경쟁정책 문제들에는 소극적인 입장이라는 비판적인 평가도 함께 밝혔다. 그리고 한국이 무역장벽 제거에 인색하고 아시아태평양지역에서 가장 보호주의적인 나라라는 점이 불리할 것이라는 평가도 함께했다. 그러나 8월 3일 〈아시안 월스트리트저널〉은 '모든 사람을 위한 자유무역' 제하의 사설에서 한국 후보를 후하게 평가해 주었다. 아시아의 시각을 반영한 평가라고 여겨졌다. 이 매체는 한국 후보의 무역협상가로서의 경력과 한국이 무역자유화를 위해 크게 기여한 점을 좋게 평가했다. 또한, WTO 사무총장 경선에서 선전할 것을 기원하면서 한국 후보의 WTO 사무총장 후보진출은 아시아인이 세계에서 보다 책임 있는 일을 하겠다는 의지의 표현이라고 결론지어주었다. 큰 도움이 되었던 논평이었다.

미국의 통상 전문지인 〈저널오브커머스Journal of Commerce〉는 WTO 경선을 가장 자세히 보도했다. 그밖에 일본의 〈아사히신문〉, 〈닛케이〉는 7월에 인터뷰 기사를 실었고 〈싱가포르 스테이츠타임스〉, 〈말레이시아 스타〉에서도 인터뷰 기사를 실어주었다. 좋지 않은 기사도 더러 있었다. 8월 11일 자 〈파 이스턴 이코노믹리뷰Far Eastern Economic Review〉에서는 한국에서 후보가 나온 것 자체에 놀라움을 표시했다. 많은 외국인이 세계에서 가장 보호주의적인 한국에서 사무총장 후보를 낸다는 것은 '말도 되지 않는Preposterous'다는 평가가 있다며 혹평 하기도 했다. 한국후보에 대한 국제언론의 평가는 엇갈렸다. 그렇지만 나는 경선 활동을 하며 언론접촉을 우선순위에 두고 국제언론에서 정당한 평가가 이루어지도록 노력해 나갔다.

WTO 경선과 관련하여 영국의 〈파이낸셜타임스〉는 1994년 7월 7일 자 사설에서 공식적으로 살리나스 후보를 지지했다. 동시에 사무총장의 역할과 임무는 전략적 비전과 회원국 정부를 설득할 수 있는 개인적 권위를 갖고 회원국의 다양한 정치적 민감성을 고려한 공동입장을 도출해 내는 능력임을 전했다. 그 후 〈파이낸셜타임스〉는 모든 후보와 인터뷰를 하고 후보에게 기고문을 요청했다. 나는 1994년 10월 21일 게재된 기고 문에서 '무역을 풀어내는 여섯 가지 발걸음(Six Steps to Untether Trade)'이라는 제목으로 WTO 초대 사무총장이 해야 할 여섯 가지 과제를 제시했다.

'첫째, 우루과이라운드에서 끝내지 못한 일을 조기에 마무리 지어야 한다. 둘째, WTO가 범세계적인 기구로 발돋움하기 위하여 중국, 러시 아 및 가입절차를 밟고 있는 20여 개의 개도국이 회원국이 되어야 한다. 셋째, 우루과이라운드의 혜택이 모든 국가에 골고루 돌아가도록 해야 한다. 넷째, WTO에 새로 도입된 분쟁 해결 절차가 확립되어야 한다. 다섯째, WTO와 IMF, 세계 은행 간 협력체제가 강화되어야 한다. 마지 막으로 환경·경쟁·투자·노동 기준 등 새로 부상하는 이슈를 WTO가 다룰 수 있도록 준비 작업을 해야 한다. 또한, WTO는 과거 GATT 체 제의 결함을 보완하여 우여곡절 끝에 고안된 제도이므로 인류와 평화를 위해 기능해야 한다. 나는 이 기고문을 작성하기 위해 당시 통상 총괄과 장이었던 김종갑 과장과 상공자원부의 원어민 영어 에디터였던 오버모 Overmoe 씨와 오랫동안 씨름을 했던 기억이 있다.

영국 〈파이낸셜타임스〉 외에도 나는 유럽의 유력 언론과 접촉하는 데 신경 썼다. 유럽 자체의 유력한 후보가 있었지만 만약에 대비한 것이었다. 10월 10일 프랑스의 〈르 몽드Le Monde〉에는 WTO가 세계 양대 경제 블록인 유럽연합이나 북미연합으로부터 독립성을 유지하려면 내가 선출되어야 한다는 내 주장이 보도되었다. 11월 3일에는 독일 신문 〈프랑크푸르터 알게마이네 차이퉁Frankfurter Allgemeine Zeitung〉도 '차기 총장은 지역적인 무역 블록의 회원국에 속한 인물이 되어서는 안 된다는' 내 발언을 조명하는 보도를 실었다. 11월 9일 자 제네바의 〈주르날 드 제네브 Journal de Geneve〉는 '김 장관은 일본의 공식 지지를 받은 후 점차 비중을 얻기 시작해 현재 모든 아시아 국가와 중동 아프리카의 몇몇 나라에서 괄목할 만한 지지를 얻고 있다'는 기사를 실었다.

이처럼 적극적인 회원국 접촉과 세계 언론을 대상으로 활동한 결과 점차 한국후보를 널리 알릴 수 있었다. 해외 선거운동에는 상공자원부의 김종갑 과장과 외무부 경제기구 과장이었던 조현 과장(추후 외교부 제1차관)이 수행해 주어 큰 도움이 되었다. 사무총장이 되기 위해서는 제네바에 있는 각국 대사와 외교관들의 후보 평가도 중요했다. 따라서 나는 제네바를 수차례 방문하여 주요국 대사를 면담하고 아세안 국가들의 개도국 협의체 회의에 참석하여 총장 후보로서의 포부를 밝히고 후보 인지도를 늘리는 데 힘썼다.

선거운동을 하는 동안 난처한 경우도 여러 차례 겪었다. 영국 〈파이낸셜타임스〉와 인터뷰를 하는 동안 한 선임기자는 한국이 WTO 사무총장을 낼 자격이 있는지를 집중적으로 거론했다. 미국 언론과 인터뷰를 할 때도 한국의 통상정책에 대한 질문이 많았고, 특히 두 차례 진행된

CNN과의 인터뷰에서도 후보의 개인적인 자격보다는 한국의 폐쇄된 시장의 문제점을 지적하는 경우가 많았다. 또 하나 잊을 수 없는 것은 영국의 리차드 니덤Richard Needham 통상장관의 발언이었다. 내가 영국의 지지를 요청하자 그는 "나는 당신은 자격이 있다고 생각하지만, 한국이 자격이 있는지는 모르겠다(I think you are qualified, but I don't know if Korea is qualified)."라고 응수했다. 한국이 그간 무역자유화를 해 왔지만, 아직 중상주의 국가이며 '제2의 일본'이라는 인식이 여전히 퍼져 있다는 증거였다.

다행스럽게도 호주가 먼저 한국후보를 지지한다는 발표를 해 주었다. 호주의 이웃 나라이며 같은 영연방국가인 뉴질랜드 후보가 있었음에도 한국후보를 지지해 준 것은 예상 밖이었다. 당시 호주는 역사적으로 가까웠던 유럽 국가와의 통상관계에서 벗어나 아시아 국가와의 경제, 교역 관계를 강화하는 방향으로 전환하는 시기였으므로 아시아 국가들과의 유대강화 차원에서 한국후보를 지지했을 것으로 생각되었다. 지지성명은 호주에서 열렸던 APEC 각료회의에서 호주 총리가 직접 발표했다. 호주에 이어 아시아의 최대 교역국이며 GATT 체제하의 4대 교역국으로 막대한 영향력이 있던 일본은 무라야마 수상의 발표문을 통해 한국후보 지지를 발표했다. 10월 9일 공식 발표 하루 전날, 후에 일본의 총리대신이 된 하시모토 유타로 통상산업성 대신이 직접 전화로 일본이 한국후보를 지지하기로 했다고 공식 발표 전에 통보하는 성의를 보였다. 일본에 이어 많은 아세안 국가들이 지지성명을 냈고 당시 국제통상 무대에서 개도국의 리더로 상당한 영향력을 발휘하던 인도 또한 10월 25일 한국 후보 지지를 발표했다. 이로써 20여개의 아시아 GATT 회원국 모두

와 일부 중동 아프리카국이 나를 지지함에 따라 나는 WTO 초대 사무총장 경선에서 주요 경쟁자로 부상하게 되었다.

WTO 사무총장의 경선 과정을 주관하는 제네바에서는 제페시Szepesi GATT 총회의장 겸 헝가리 대사가 10월 초부터 후보 간 지지도를 파악했다. 제1차 투표는 10월 3일부터 10월 7일까지 회원국이 지지 후보를 통보하는 형식을 취했다. 각 후보 당 지지국 수는 발표되지 않았지만, 살리나스 루지에로와 내가 비슷한 지지국을 확보한 것으로 추정되었다. 10월 20일부터 24일까지 진행됐던 제2차 투표에서는 살리나스 후보의 지지가 떨어진 가운데 제1차 투표 때와 같이 3파전이 계속되고 있었다. 나는 11월 초 제3차 투표를 앞두고 제네바로 출장하여 김영삼 대통령에게 경선 활동을 직접 보고했다. 각 후보는 지지 비율에 다소의 변동 가능성은 있으나 현재와 같은 3파전 양상에는 큰 변화가 없을 것으로 관측된다고 말씀드렸다.

그해 11월 초 외무부는 외교 조직망을 통해 한국후보 지지도를 검증하며 우리 지지국을 아시아 16개국, 아프리카 중동 11개국으로 추정했고 몇 나라를 우호국으로 분류했다. 아시아 16개국은 일본, 호주, 인도, 말레이시아, 싱가포르, 태국, 브루나이, 인도네시아, 필리핀, 파키스탄, 방글라데시, 미얀마, 홍콩, 스리랑카, 피지였다. 아프리카 중동 11개국은 UAE, 카타르, 바레인, 이집트, 나이지리아, 가나, 탄자니아, 콩고, 잠비아, 나미비아, 베냉이었다. 우호국은 뉴질랜드, 말리부, 부르키나파소, 중앙아프리카, 토고, 니제르였다. 국제언론은 경선 과정이 3파전에 돌입하면서 사무총장 선출지연에 대한 우려가 고개를 들고 있다고 보도하기 시작했다.

　1994년 말로 저물면서 초대 WTO 사무총장 경선 구도도 극적인 변화를 겪게 되었다. 그해 초 브라질 후보가 국내 TV에 출연하여 말실수를 저질렀고, 그 후 재무장관직과 WTO 후보직을 모두 사퇴하게 되었다. 뉴질랜드 장관은 호주가 한국후보를 지지함에 따라 WTO 후보로서 동력을 상실한 상태였으며, 미국의 지지를 등에 업고 선두주자로 여겨졌던 살리나스 대통령은 정권 말기에 멕시코 금융위기가 발발하여 대통령의 위치가 크게 흔들리고 후보로서의 입지도 상당히 약화 돼 있었다. 이에 따라 후보에서 사퇴할 것이라는 전망도 나오기 시작했다. 나는 만약 살리나스 후보가 사퇴한다면 미국의 지지를 받을 수 있도록 최선을 다해야 겠다고 생각하고 가능한 한 모든 네트워크를 동원하여 지지 여론이 형성되도록 노력했다. 우선 나는 미국 모교인 터프츠대학과 매사추세츠 주립대학에 미국 정부 채널을 통해 지지를 부탁했다. 이런 노력의 결과로 미국 대학의 총장 세 분이 라디오 프로그램에 출연하여 미국이 김철수 한국후보를 지지해야 한다고 주장했다는 소식을 접할 수 있었다. 1994년 12월 8일 미국의 무역운송 관련 일간지인 〈저널 오브 커머스〉에는 미국의 GATT 대사를 지낸 마이클 사무엘스Michael Samuels 대사와 통상변호사 브루스 에이킨스가 공동으로 제출한 기고문이 실렸다. 이 글에는 만약 미국이 살리나스 대통령을 지지하지 못할 때는 유럽 후보보다는 아시아 후보를 지지하는 것이 개도국이 다수 참여할 WTO의 장래를 위해 바람직하다는 주장이 실렸다.

　1994년 연말에 가까워지면서 WTO 경선은 더 뜨거워지고 있었다.

10월 18일 이탈리아의 후보는 우리 허승 대사를 예방하여 한국후보가 사무총장으로서의 모든 자격과 자질을 갖추고 있으며 이런 후보와 함께 경선에 임하는 것을 영광스럽게 생각한다는 자기 생각을 밝혔다. 그리고 이런 존경의 뜻을 김철수 장관에게 전해달라 했다고 한다. 노련한 선거 전략의 일환이었겠지만 루지에로 후보에 대해서 나도 좋은 인상을 품는 계기가 되었다.

 ## 삼성의 자동차 산업 진출

　　　상공자원부 장관 취임 2년 차에는 연초부터 여러 일이 겹치고 WTO 초대 사무총장 입후보 선거운동으로 눈코 뜰 새 없는 바쁜 시간을 보내고 있었다. 그러던 어느 날 신문에 삼성그룹이 자동차 산업 진출을 위해 일본 닛산 자동차로부터 기술도입을 검토하고 있다는 보도가 나왔다. 삼성이 자동차 산업 진출을 고려하고 있다는 소문은 전년도인 1993년 하반기부터 있었지만, 승용차 생산기술을 닛산으로부터 이전받아 추진한다는 기사는 처음 보도된 것이었다. 나는 부내 실무자를 통해 이 보도가 사실임을 확인했다. 당시 자동차 산업은 국내외에서 모두 과잉생산능력으로 포화상태에 있었다. 해외에서는 생산업체들 사이에 구조조정이 일어나고 있었고 국내에서는 제한된 승용차 국내시장에서 현대·대우·기아가 심한 경쟁을 하고 있었다. 해외시장 진출은 초기 단계에 있었다. 나는 당시 기계공업국 실무자와 산업연구원의 박사들과 함께 여러 차례 토론을 거치며 삼성의 자동차 산업 진출은 바람직하지 않다고 생각하게 되었다. 이런 주무장관의 부정적 견해가 삼성 측에 알려진 것 같았다. 항간에는 이건희 회장이 개인적으로 자동차를 좋아해서 이 사업을 추진하게 된 것이라는 소문도 있었고 또는 새로 삼성그룹을 이끌게 된 이건희 회장이 자신의 입지를 확보하기 위해 무리해서 자동차 사업을 추진하는 것으로 평가하기도 했다. 어떤 이유에서건 삼성은 사업 추진을 포기하지 않으리라는 전망이 지배적이었다.

어느 날 이건희 회장이 만나고 싶다는 전갈을 보내왔다. 나는 이 회장과 이런저런 공식 행사장에서 몇 번 만난 적은 있었으나 길게 얘기를 나눠본 적은 없었다. 나는 삼성의 자동차 산업 진출이 바람직하지 않다는 의견을 이 회장에게 직접 전달하여 이를 포기하도록 하는 것이 좋겠다고 생각했다. 그러나 배석자 없이 진행된 만찬에서 이 회장은 삼성이 자동차 사업을 계획하게 된 이유를 소상히 설명했다. 그는 자동차 산업을 성공시킬 수 있다고 자신 있게 말했다. 삼성은 이미 상용차 분야에 진출하여 경험이 축적되어 있을 뿐 아니라 전자·전기 분야에 기반과 기술을 보유하고 있으며 앞으로 자동차 산업은 전장품 경쟁에서 이기는 기업이 성공할 것이라는 소신을 밝혔다. 따라서 정부가 이 계획을 밀어줄 것을 정중히 요청했다.

나는 국내외 자동차 시장이 포화상태에 있는 상황에서 삼성이 새롭게 시장에 뛰어든다면 기존 생산자들과 과열경쟁, 기술자의 경쟁적인 스카우트 등으로 우리 자동차 업계에 적지 않은 부작용이 있을 거라 보았다. 나는 해외 자동차 산업들도 공급과잉으로 인수·합병 등 구조조정을 실시하고 있다는 것을 설명하며 삼성이 이 분야에 신규로 진입하겠다는 계획을 재고해 달라고 했다. 나는 또한 삼성이 자금 여력이 있어 새 분야에 진출을 해야 한다면 선대에서 시작한 항공 산업에 본격적으로 투자할 것을 권유했다. 하지만 이 회장은 항공 산업은 사업 전망이 없는 분야라고 단도직입적으로 부정적 견해를 피력했다. 당시 정부는 중국과 중형 항공기 사업을 공동 추진하고 있었으므로 나는 만약 삼성이 이 분야에 과감히 투자한다면 사업 추진에 큰 도움이 되리라는 판단에 따라 제안한 것이었다. 그날 이 회장과의 저녁 모임은 서로의 견해 차이만을 확인한 셈이었다. 일부에서는 내가 기존 자동차 업체들의 로비를 받아 삼성의 자동차 사업진출에 반대한다는 소문을 퍼트렸지만, 이것은 사실과 다르다. 당시 자동차 업체 중 선두주자였고 국산 독자 모델인 '포니'를 개발하고 수출에 성공한 현대자동차의 정세영 회장은 한 번도 내게 삼성 자동차의 한국 진출 반대 의사를 밝힌 적은 없다. 김우중 대우자동차 회장과 김선홍 기아자동차 회장도 삼성 자동차 사업에 각자 반대 관점을 고수했을 뿐이다. 삼성 자동차 사업에 대한 나의 의견은 기존의 자동차 메이커에게 도움이 되는 것이 사실이었지만 그들의 주장이 내 생각에 결정적 영향을 미친 것은 아니었다.

나는 이 회장의 입장을 직접 확인한 후 삼성의 승용차 사업진출을 막는 길은 대통령의 재가를 득하는 방법밖에 없다고 생각했다. 삼성의 로비 능력에 대해서는 여러 사람한테 이야기를 들은 바 있었다. 따라서 삼성이 정부·정치계·언론계를 대상으로 폭넓은 로비 활동을 시작할 것으로 예상했다. 나는 4월 중순쯤 경제수석 비서실을 통해 대통령과 독대를 신청했고 4월 28일에 대통령께 삼성이 승용차 사업을 하면 안 되는 이유를 정리하여 설명해 드렸다. 김영삼 대통령은 진지하게 듣고 나의 보고에 하등의 이의를 달지 않으셨다. 그리고 주무장관의 의견대로 하라고 흔쾌히 허락해 주셨다.

나는 대통령의 재가를 받은 며칠 후 삼성의 승용차 산업 진출 불가 입장을 공식화하기 위해 기자회견을 자청했으나 청와대 고위 관계자로부터 연락이 왔다. 아직 삼성이 기술도입 신고서를 제출하지도 않았는데 왜 서둘러서 기자회견을 하느냐며 이를 연기해 달라 했다. 나는 어쩔 수 없이 기자회견을 연기하고 기자실에 양해를 구했다. 아마 삼성이 본격적인 전방위 로비활동을 전개한 것 같았다. 삼성중공업은 4월 말 자동차 사업진출을 공식 선언하고 공장용지로 김영삼 대통령의 정치적 고향에 가까운 부산 신호공단을 지정했다. 평당 50만 원이 넘는 비싼 공업 용지를 자동차 산업 부지로 정한 것은 경제적으로 타당성이 모자란, 다분히 정치적인 선택이었다. 그 이후 부산·경남 출신 정치인들과 지방자치단체장들이 연이어 내 사무실을 방문해 삼성의 자동차 공장을 허용해야 한다고 주장했다. 당시 김영삼 대통령의 왼팔로 알려진 최형우 내무장관은 국회에서 나를 만나 "김 장관, 대통령을 그렇게 모셔도 됩니까?"라고 하며 삼성 자동차 산업 진출을 불허하는 내 입장을 비난하기도 했다. 그러나 나는 삼성의 자동차 산업 진출 문제는 정치적 논리보다 경제적 논리로 결정되어야 한다고 믿었고 대외적으로도 그런 입장을 견지했다.

김영삼 대통령께서는 한번 결정한 사항을 좀처럼 바꾸지 않는 것으로 유명했다. 그분은 삼성 자동차의 신규 진출 문제도 한번 결정한 것을 바꾸지 않았다. 대통령께서 상당 기간 버텨주셨기 때문에 나도 일관된 불허 입장을 견지할 수 있었다. 나는 대통령께서 뜻을 바꾸시지 않는 한 내 의견을 바꾸지 않겠다고 마음먹었기 때문에 여러 사람으로부터 욕을 먹었다. 그러나 이 문제에 관한 한 스스로 소신을 바꿀 수는 없었다. 나는 대통령께 이 문제를 1994년 4월 말에 보고한 후 6개월 이상 삼성의 자동차 산업 진출 시도에 반대 관점을 견지했다.

그런데 11월 30일 예정되었던 그해의 수출의 날을 전후해 태도를 바꾸지 않으면 안 될 일이 발생했다. 그해 10월 박재윤 경제수석이 재무장관에 임명되고 그 자리에 한이헌 전 경제기획원 차관이 임명된 후 얼마 뒤인 것으로 기억된다. 수출의 날 바로 전날 한 수석이 전화를 걸어 대통령께서 삼성 자동차 사업을 허용하라는 지시를 하셨다고 전했다. 나는 직감적으로 올 것이 왔다고 느꼈다. 국정 책임자인 대통령께서 태도를 바꿨다면 어쩔 수 없이 따라야 한다고 생각했다. 그다음 날인 수출의 날 나는 행사의 주무장관으로서 청와대로 들어가 대통령을 모시고 행사장인 강남 무역회관으로 향했다. 차 안에서 나는 대통령께서 지시하신 대로 삼성의 자동차 사업을 허가하겠다고 보고 했다. 대통령께서는 아무 말씀도 하시지 않았고 내 말씀만 듣고 계셨다. 나는 지시를 실행에 옮겼다.

나는 삼성이 기술도입 신고서를 제출토록 하였고 기자회견을 해 사업을 허가하겠다는 발표를 했다. 반년 이상 끌어오던 문제를 마무리하는 순간이었다. 그리고 이건희 회장에게 전화를 걸어 몇 가지 조건을 이행해 달라고 부탁했다. 생산 개시 후 1998년까지 국산화 비율과 수출 비율을 각각 70%와 30%로 할 것, 새로운 공장에 투입될 기술인력을 기존의 타사 자동차 공장에서 스카우트하지 않고 자체 양성해서 투입할 것, 그리고 생산 개시 6년 차(2003년)까지 독자 모델을 출시할 것 등이었다. 이 회장은 흔쾌히 이에 응했다. 그다음 날 상공자원부는 삼성이 제출한 닛산으로부터의 기술이전 신청서를 수리하고 각서를 받았다. 그리고 기자회견을 열어 옹색한 이유를 들어 허가 이유를 설명했다. 기자들도 그간의 사정을 잘 알고 있었기 때문에 내가 견해를 바꿔 이 사업을 허가한 것에 크게 비판적인 기사를 쓰지 않았다. 그러나 나는 내 소신에 반해 견해를 바꿀 수밖에 없었던 것에 지금까지도 애석함을 가지고 있다. 삼성자동차는 그 후 약 4조 원 이상을 투자하면서 자동차 사업을 추진했지만, 외환위기를 겪으며 사업을 접었고 경영권을 프랑스 르노에 넘기게 되었다. 외환위기가 없었더라면 어떤 결과가 나왔을지 아무도 알 수 없지만, 삼성의 자동차 사업진출 시도는 기업 스스로 막대한 손해를 끼치고 국가적으로도 큰 손해를 본 시도였다.

 개각으로 상공자원부 장관 퇴임

나는 이 일이 있고 며칠 후 예정되었던 개각에 포함되어 여러 장관과 함께 상공자원부 장관 자리에서 물러나게 됐다. 재임 기간이 2년이 채 안 되었지만, 우리나라 장관들의 평균 수명을 고려할 때 그리 짧지 않은 기간이었다. 우리나라의 산업·통상·에너지 정책을 관장하면서 열심히 일한 보람된 시간을 대과 없이 보내고 물러나게 된 것을 감사하게 생각했다. 나는 후임 박재윤 장관에게 장관직을 인계하였다. 김영삼 대통령과 아무 인연이 없던 사람이 장관이라는 영광스러운 자리에서 일할 수 있었던 것은 내 일생에 잊을 수 없는 추억이다. 상공자원부에서 헌신적으로 나를 보좌한 모든 직원에게 무한한 감사의 마음을 간직하고 있다. 아버님의 뒤를 이어 내가 경제부처의 장관에 올랐다는 사실은 우리 가족 모두의 큰 자랑이었다.

장관직을 떠나게 되었지만 나는 WTO 초대 사무총장 후보로서 할 일이 많이 남아 있었다. 여러 유력한 타국 후보들이 사퇴한 결과로 나는 당선의 가능성이 다소 높아진 상황이었다. 정부는 내가 장관직에서 물러난 며칠 후 나를 국제통상 대사로 임명하여 직함을 가지고 선거운동에 임할 수 있도록 배려했다. 상공자원부에서는 한국 무역협회 내에 후보 방을 하나 마련해주어 선거운동을 하는 데 지장이 없도록 조치해 주었다. 장관 시절 수행비서로 고생했던 안완기 사무관(추후 한국가스공사 부사장)을 보좌관으로 파견해 준 것도 큰 도움이 되었다. 나는 1995년 초 나와 함께 퇴임한 다른 장관들과 함께 정부로부터 청조근정훈장을 수여했다.

4부

WTO에서

1995년 제네바의 WTO를 찾은 가족과 함께

WTO 사무총장 경선과
사무차장 진출

 막바지 선거운동

　　1995년 새해에 들어서면서 WTO는 정식으로 출범되었다. 하지만 세 후보 간 교착 상태가 이어져 기구의 수장은 아직 결정되지 못한 상태였다. 살리나스, 루지에로 후보와 나는 거의 비슷한 수준으로 WTO 회원국의 지지를 받고 있었다. 하지만 멕시코 금융위기로 살리나스 후보의 지지가 흔들렸고, 제네바에서는 살리나스 후보가 사퇴하지 않을 수 없을 거라는 전망이 나오고 있었다. 이렇게 된 이상 살리나스 후보를 지지하던 미국과 캐나다 그리고 중남미 국가의 지지를 누가 확보하느냐가 경선 구도에 결정적 영향을 미칠 것이었다. 나는 남은 경선에서 유리한 고지를 확보하는 대책을 고심하다가 WTO 출범 직후인 1995년 1

월 남미 및 워싱턴 출장과 2월 유럽 국가 및 아프리카 방문을 계획했다. 국제통상 대사의 직함이 있었으므로 방문국 주요 인사를 만나는 데에는 큰 지장이 없었다. 그리고 그때는 이미 내가 사무총장 후보로서 상당한 지지를 받고 있다는 사실이 알려져 있었으므로 그들도 신경을 써 예우해 주었다. 방문국 언론에서도 아시아 후보의 방문에 상당한 관심을 보였고 기사를 잘 써주었다. 나는 남미로 가는 길에 1월 17일 미국 LA에 들러 〈로스앤젤레스 타임스〉사와 기자회견을 했고, 그날 저녁 콜롬비아 보고타에 도착했다. 다음날 대사관저에서 콜롬비아의 대외무역장관, 외무차관과 오찬을 하면서 만약 콜롬비아가 살리나스 후보를 지지하지 못하게 될 때는 나를 지지해 달라고 요청했다. 그날 오후에는 파르도Pardo 외무장관을 예방하여 같은 메시지를 전달하고 현지 신문인 〈엘 에스펙타도르El Expectador〉와 기자회견을 했다. 그날 저녁은 현지 한국 주재 상사 대표들과 간담회를 갖고 WTO 경선과정을 설명했다. 1월 19일에는 한국전 참전용사와 조찬을 갖고 칠레 산티아고로 출발했다. 산티아고에서도 알바로 가르시아Alvaro García 경제 장관과 호세 미겔 인술자Jose Miguel Insulza 외무 장관과의 면담 및 오찬이 있었다. 다음 날 아침에는 〈엘 메르쿠리오El Mercurio〉와 조찬회견을 했다. 다음 목적지는 부에노스아이레스였다. 여기서도 외무 장관과 경제 장관을 만났고 주재 한국상사와의 간담회도 했다. 다음으로 향한 곳은 우루과이의 몬테비데오였다. 여기에서는 데 포사다스De Posadas 경제 재무상과 면담했고, 우리 대사가 주최한 만찬에는 우루과이 외무차관이 참석하여 그에게 협조를 요청할 수 있었다. 이어 나는 브라질 브라질리아로 가서 유력인사와 조찬을 갖고 대사관에서 주선한 〈가제타 메르깐띨Gazeta Mercantil〉, 〈폴랴 지 상 파울로Folha de Sao Paulo〉지와 기자회견을 가졌다. 이어 람프레이아Lampreia 외무 장관과 프레드 알바레즈Fred Alvarez 통상 차관을 면담했다. 우연히도 내가 잘 아는 캐나다의 로이 맥라렌Roy McLaren 통상장관이 브라질리아를 방문하고 있다는 소식을 들었다. 우리는 반가운 마음으로 호텔에서 만나 포도주를 함께 마셨고 나는 그에게 협조를 요청했다. 방문국 인사들은 다들 예의를 갖추고 나를 대해주었으나 모두 살리나스 후보를 지지하고 있다고 밝혔다. 하지만 그들도 상황의 변화가 있을 수 있다는 점을 인정하는 것 같았다. 나를 수행했던 외무부 조현 과장과 김종갑 과장도 남미 출장은 의미 있는 일이었다고 평가했다.

나는 열흘간의 남미 출장을 마치고 워싱턴으로 향했다. 미국의 지지를 얻는 일은 매우 중요한 과제였기 때문에 일주일을 워싱턴에 머물며 다양한 활동을 해 나갔다. 나는 도착하자마자 워싱턴의 지인들과 함께 현지 상황을 파악하는 연쇄 회의를 했다. 주말임에도 불구하고 여러 사람이 호텔로 와 조언해 주었다. 그 가운데는 미국 통상대표부에 있던 빌 브록Bill Brock 대사, 마이클 스미스 전 미국 통상대표부 부대표, 도랄 쿠퍼Doral Cooper 전 미국 통상대표부 부대표보, 브루스 에이킨스 변호사, 리차드 알렌Richard Allen 전 백악관 비서실장과 함께 일했던 대럴 플럼크Daryl Plunk가 있었고 모두 미국 지지 확보가 중요하다는 의견과 함께 도움이 되는 조언을 해 주었다.

월요일인 1월 30일부터는 워싱턴 의회 및 기타 주요 인사를 예방하고 주요 언론과 인터뷰도 했다. 봅 카일Bob Kyle 의원, 맥키니스Scot McIness의원, 그래슬리Chuck Grassley의원, 김창준 의원, 필 크레인Phil Crane 의원, 리차드 게파트Richard Gephardt 의원, 레쉬Lescher 미국 상공회의소 회장, 타를로Tarullo 국무부 차관보, 애프샤이어Afshire CSIS 소장, 프레드 버그스텐Fred Bergsten IIE 소장, 헤리티지 재단 이사장 에드윈 퓰너Edwin Feulner, 미국 통상대표인 미키 캔터Mickey Kantor 등을 만났다. 퓰너 이사장은 나를 위한 만찬을 개최해 워싱턴의 영향력 있는 인사들을 초대해주었다. 그는 의회청문회에서 미국이 나를 지지해야 한다는 발언도 해 주었다. 캔터 통상대표와는 단독으로 만나 살리나스 후보가 사퇴하게 되면 한국후보를 지지해 달라고 요청했다. 당시 미국 정부는 살리나스 후보의 사퇴가 불가피할 것이라는 전망에도 불구하고 별다른 공식 입장을 밝히지 않은 상황이었다. 캔터 대표는 나와 잘 알고 있었고 호의적인 관계였다. 따라서 그의 입장을 곤란하게 만드는 일은 피하고 싶었다. 그는 아무 약속도 하지 못했지만 열린 마음으로 검토하겠다고 했다. 미국은 클린턴 대통령이 전 세계 미디어 앞에서 살리나스 후보를 지지했기 때문에 쉽게 입장을 바꾸지 못했다.

주요 인사 접촉과는 별도로 나는 워싱턴에서 대대적인 홍보 활동을 시도했다. 〈월스트리트저널〉, 〈파이낸셜타임스〉, 〈워싱턴포스트〉, 〈뉴욕타임스〉와 인터뷰를 잡아 WTO 사무총장 출마의 변을 자세히 설명했다. 그러나 살리나스 후보의 사퇴설은 공개적으로 언급할 수가 없었다. 이와 더불어 나는 에이킨스 변호사의 주선으로 미국 제조업자협회와 내셔널프레스 클럽National Press Club에서 공개 강연회를 갖고 미국이 지지할 만한 후보가 또 하나 있다는 점을 강조했다. 워싱턴 일정 중 국회의원을 만나는 일은 쉽지 않았다. 대우그룹의 이경훈 사장이 워싱턴에 있는 유력 법무법인과 컨설턴트를 동원해 많은 면담을 주선해 주었다. 이경훈 사장은 나의 WTO 경선 과정에 여러 가지 일을 가장 적극적으로 도와준 기업인이다.

나는 남미와 미국 출장에 이어 숨 돌릴 시간도 없이 2월 중순 구주순방에 올라 런던, 브뤼셀, 파리, 제네바, 이스라엘 텔아비브와 북경을 들렀다. 이 출장에는 김종갑 과장과 안완기 사무관이 수행했다. 유럽 국가들은 루지에로 후보를 강력히 지지했지만, 상황 변화에 따라 나를 지지하게 할 필요가 있었다. 제네바는 이미 WTO 이사회 의장이 된 케사바파니Kesavapany 싱가포르 대사를 중심으로 선출과정이 진행되고 있었다. 따라서 상황 파악을 위해서라도 방문이 필요했다. 나는 먼저 런던 외무부 아시아태평양 담당 국무상과 상공부 정무차관을 만났다. 그리고 〈이코노미스트〉, 〈파이낸셜타임스〉의 아시아 에디터와 마틴 울프Martin Wolf 수석 경제 기자와 기자회견을 했다. 우리 특파원과도 만났다. 런던에는 GATT 회원국의 제네바 비상주 대사들이 다수 있었다. 따라서 주 영국 노창희 대사가 가이아나Guyana와 앤티가 바부다Antigua Barbuda의 대사를 오찬에 초청해주었고, 이들과 만나 지지를 호소할 기회를 가졌다.

다음 목적지인 브뤼셀에서는 오랫동안 좋은 관계를 유지하고 있던 로베르 우르방Robert Urbain 벨기에 대외무역장관에게 지지요청을 보냈다. 유럽위원회의 레온 브리탄Sir Leon Brittan 집행위원도 만났다. 이들은 물론 유럽의 다른 후보를 지지하는 처지였지만 친절히 반겨주었다. 많은 아프리카, 카리브해, 태평양지역 개도국 국가들이 이곳에 대사관을 설치하고 있었으며 GATT 업무를 맡고 있었다. 주 유럽공동체 장만순 대사가 이들을 초청해주어 접촉하기 어려웠던 국가들에 대한 지지확보 활동도 할 수 있었다. 이 행사에는 도미니카, 콩고, 나미비아, 시에라리온, 차드, 나이지리아, 마카오, 그레나다, 부르키나파소와 감비아 대사가 참석해 주었다. 여기에서도 기자회견을 자청했고 여섯 곳의 현지 언론기관에서 내 얘기를 들어주었다. 다음은 파리로 옮겨 갔다. 이곳에서는 경제부의 대외경제 국장인 장 피에르 랜도Jean Pierre Landau가 주최한 만찬에 참여했고, 외무부의 클로드 마틴Claude Martin 차관보와 면담을, 〈르 피가로 Le Figaro〉와 인터뷰를 했다.

이어 나는 제네바로 이동하여 선출과정이 진행되고 있는 현장의 상황을 살폈다. 사무총장 경선 결과는 나지 않았지만 경선 구도가 바뀌고 있었다. 루지에로 후보는 추가로 지지를 확보하고 있었다. 제네바의 동향을 알려주던 한 컨설턴트도 같은 소식을 들려주었다. 상황이 불리하게 돌아간다는 것은 감지하고 있었으나 나는 아직은 '수건을 링에 던져야 하는 시간'은 아니라고 판단했다. 이런 상황에서 나를 만난 이사회 의장인 케사바파니 싱가포르 대사와 피터 서덜랜드Peter Sutherland GATT 사무총장은 나를 반갑게 맞아주었다. 그들은 경선과 관련된 어떤 의견도 내놓지 않았다. 몹시 조심하는 눈치였다. 나는 불리하더라도 결론이 날 때까지 끝까지 해 보겠다는 생각을 굳히게 되었다.

현지에서는 〈저널 오브 커머스〉, 〈닛케이〉, 〈로이터 유럽연합통신〉, 〈AFP 통신〉과 예정된 인터뷰도 다 소화했다. 이집트와 인도, 일본과 미국 대사를 만나 마지막 지지를 호소했으며, 그동안 나를 지지해 준 일본, 아세안, 홍콩, 파키스탄, 미얀마, 이집트, 바레인, 방글라데시, 스리랑카, 아랍에미리트의 대사와 만찬을 갖고 감사를 표했다.

그러는 동안에도 주 제네바 대표부를 통해 WTO 사무총장 선출 동향을 파악해야 했다. 허승 대사가 잘 해주었지만, 현지 네트워크가 더 필요하다고 느끼던 중 적합한 인물을 찾았다. 미국 정부에서 미국 통상대표부 고위직을 지내고 GATT에서 사무차장을 지냈던 찰스 칼라일 대사가 뉴욕에서 통상자문회사를 운영하고 있었다. 그는 오랜 시간 함께 일했던 믿을 수 있는 사람이었다. 나는 한국무역협회에 부탁해 그를 컨설턴트로 계약했고 WTO 사무총장 선거와 관련된 일을 돕도록 했다. 그는 정중하고 신중한 사람으로 현지에서 일어나는 일을 가감 없이 신속 정확하게 보고해 주었다. 지금은 고인이 된 그는 나의 친구였기 때문에 경선 전략에 대해 항상 신중하고 솔직히 충고해 주었다. 그는 경선 마지막 단계에서 내가 사무총장으로 선출될 가능성이 적다고 솔직히 털어놨다. 내 개인 자격이 부족해서가 아니라 한국이 아직 WTO 사무총장을 배출할 나라가 아니라는 인식이 회원국 사이에 널리 퍼져 있다는 것이었다. 그의 솔직함에 당시엔 조금 섭섭하기도 했지만, 그의 예측은 적중했다.

사무총장 후보사퇴 및 사무차장 진출

피터 서덜랜드 GATT 사무총장의 임기는 1995년 3월 말까지였다. 제네바에서는 서덜랜드의 임기 이내에 새 사무총장이 선출되어야 한다는 데 합의가 이뤄졌다. 내가 유럽과 이스라엘로 출장을 다녀온 직후인 2월 중순쯤에는 후보별 지지도 확인을 위한 제3차 비공식 투표가 진행될 예정이었다. 이에 앞서 외무부와 지지도를 점검해 본 결과 나는 루지에로 후보에는 뒤지지만, 나와 지지도가 비슷했던 살리나스 후보보다는 좀 더 앞선 것으로 나타났다. 투표 결과 루지에로 후보는 나보다 20여 표 앞서 있었다. 살리나스 후보는 나보다 많은 표수를 얻었지만 내가 좀 더 앞선 것으로 나타났다. 멕시코 후보는 대통령직에서 사임한 후 중동·아프리카·유럽 지역에서 선거운동을 하고 있을 때였다. 우리 외교 조직망을 통해 확인해 본 결과 그는 큰 성과를 내지 못하고 있었다. 살리나스 후보의 사퇴가 가시화되는 것 같았다.

3월 1일, 그동안 버티던 살리나스 대통령이 드디어 후보 사퇴를 발표했다. 그의 사퇴는 그간 경선에 진전이 없던 선출과정을 신속화하는 계기가 됐다. 선출과정을 주관하던 케사바파니 이사회 의장은 다시 한 번 비공식 투표로 나머지 두 후보의 지지도를 파악했다. 그 결과를 발표하지는 않았지만, 대세가 루지에로 후보 쪽으로 기울어지는 것은 틀림없었다. 루지에로 후보는 유럽 국가들의 견고한 지지를 바탕으로 다른 대륙에도 그 기세를 확장하는 중이었다. 유럽공동체와 ACP 국가(아프리카, 카리브해, 태평양 국가)의 장관회의에서 루지에로 후보를 지지하는 결의문이 나왔고, 중

남미의 많은 나라도 살리나스 후보 사퇴 후 이 후보를 지지했다. 3월 15
일까지 선출시한이 결정된 상태였으므로 우리 외무부는 대책수립에 나
섰다. 외무부는 후보사퇴가 불가피하다고 판단했다. 그리하여 총장 대신
사무차장으로 진출하는 방안에 대한 나의 의견을 문의해왔다. 정부는
우리의 첫 시도였던 주요 국제기구 책임자 진출이 아무 소득 없이 끝나
는 것은 바람직하지 않다고 판단한 것 같다. 총장 진출에서 사무차장 진
출로 길을 바꾸는 것이 조금은 이상하게 여겨질 수도 있지만, 한국인으
로서 그 자리는 당시 국제기구의 최고위직으로 진출하는 것과 다름없었
다. 또한, 그간 정부의 노력이나 후보 자신의 노력이 아무 성과 없이 무위
로 끝나는 것은 너무 아쉬운 일이었다. 나는 외무부 제의에 동의했다.

외무부는 이 절충안을 성사시키기 위해 적지 않은 노력을 했다. 나중
에 들은 얘기지만 미국은 한국 후보의 항소기구 위원 진출 안을 제시했
다고 한다. 하지만 우리 정부는 끝까지 사무차장직을 밀고 나갔다. 기존
3차장 체제를 4차장 체제로 바꾸는 어려운 타협안을 관철한 것이다. 일
반이사회는 이 절충안에 합의했고, 루지에로 당선자는 나를 새로 신설
한 사무차장으로 보임한다는 안에 동의했다. 나는 후보에서 사퇴하고 루
지에로 후보가 총장으로 만장일치로 선출되는 길을 열어 주었다. 어려운
경선 과정이 드디어 마무리된 것이다. 나로서는 애초 목표한 바를 성취
하지 못해 섭섭함이 적지 않았다. 그러나 한국인이 주요 국제기구의 고
위직으로 처음 진출한다는 데 의의를 두었다.

비록 WTO 사무총장 도전은 실패했지만, 범국민적인 지지 속에 선전
했고 보람된 일이었다. 우리 정부로서도 소중한 경험이었다. 나는 WTO

사무차장으로 확정되면서 한 신문과 인터뷰를 했다. 그리고 다음의 소감을 이야기했다. "무엇보다도 세계로 향하는 문을 처음 열었다는 데서 의의를 찾고 싶다. 이번을 계기로 우리 국민이 앞으로 국제기구에 많은 도전을 하길 바란다. 미래의 좋은 결과를 기대한다."[14] 그리고 이에 덧붙여 앞으로 끊임없이 노크하면 WTO 사무총장뿐 아니라 UN, IBRD, IMF 같은 세계적인 기구의 책임자도 될 수 있으리라 전망했다.

우리가 처음 시도했던 국제기구 장으로서의 진출에 많은 분이 힘을 보태 주었다. 김영삼 대통령께서 직접 밀어주셨고, 외무부 본부와 외교 조직망이 혼연일체가 되어 도와주었다. 또한, 당시 외무부 차관보였던 선준영 대사, 제네바 대사였던 허승 대사 그리고 경제기구과 조현 과장(추후 외무부 제1차관 역임)이 특히 큰 도움을 주었다. 그리고 상공부의 김종갑 과장과 안완기 사무관 또한 헌신적으로 나를 보좌해 주었다. 이분들에게 이 기회를 빌려 감사를 전한다.

WTO의 4년

많은 국민의 관심과 성원 속에서 WTO 사무총장 경선에 참여하여 선전했지만 아쉽게도 이 도전에는 실패하고 사무차장으로 가는 것으로 낙착되었다. 나는 1995년 6월 말경 집사람과 함께 제네바로 향했다. 당시 아들 주홍이는 미국에서 프랭클린 피어스 법대를 졸업해 학위를 취득한 후 뉴욕 주 변호사 자격시험을 치르고 귀국하여 입대를 앞두고 있었다. 딸 주연이는 이화여대를 졸업하자마자 좋은 신랑감을 만나 우리 내외가 해외로 떠나기 조금 전에 결혼식을 올렸다. 따라서 우리 내외는 아이들을 서울에 두고 단둘이서 제네바로 떠나게 된 것이다. 제네바에 도착한 후 우리가 살 아파트가 준비되어 있지 않았기 때문에 한 달간은 호텔 신세를 질 수밖에 없었다. 나는 이 한 달 동안 집사람에게 약속한 금연에 성공했다. 그전까지만 해도 나는 상당 기간 하루에 담배를 두 갑 이상 피는 골초였다. 아내는 내게 제네바에 가면 담배를 끊을 것을 강력히 요구한 바 있었다. 다행히 나는 담배를 끊었다. 우리 집사람에게 약속을 지킨 셈도 되었고 내 건강을 위해서도 좋은 결심이었다.

집사람이 직장암 수술을 한 후 화학요법 치료를 하는 도중 외국 생활을 시작하게 되어 그녀를 간호할 도우미 아주머니가 필요했다. 여러 곳에 수소문해 능력 있는 아주머니가 도우미로 합류하게 되어 세 식구가 제네바 생활을 시작했다. 우리 내외는 5년 동안 미국에서 지낸 경험이 있었으므로 제네바 생활에 큰 어려움은 없었다. 제네바에는 다양한 국제기구와 대사관이 소재하고 있어 영어가 어느 정도 통하는 곳이었으므로 일상생활에는 큰 불편이 없었다. 나는 해외로 가기 전 약 두 달 동안 가정교사를 초빙하여 불어 강습을 받았다. 대학 다닐 때 불어 과목을 들은 적이 있어 식당에서 종업원들과 간단한 말을 주고 받을만한 수준은 되었으나 그 이상으로 발전하지는 못했다. 이 도시에는 과거 상공부에서 나와 함께 일했던 분들이 상무관이나 국제기구 파견관 등으로 먼저 와 있었다. 정착과정에서 이분들께 많은 도움을 받았다. 제네바에서 근무하는 4년 동안 상공부와 특허청의 많은 동료와 교류하며 지냈다. 김균섭 상무관(추후 남아공 대사), 김동원 상무관(추후 나이지리아 대사), 이우석, 최평락 국제연합무역개발회의 파견관(추후 코오롱 생명과학 사장 및 한라대학 총장), 장홍순, 김현일 ISO 파견관(추후 산업기술대학 교수 및 한국의류시험연구원장), 김원준 특허관(추후 전남대학 교수 및 변리사) 등 여러 사람과 교류를 하며 가까워졌다. 나와 아내는 자연히 이분들과 같이 외국 생활을 하며 구심점 역할을 하게 되었다. 가끔 우리 집에서 그들과 식사도 같이하고 주말이 되면 운동이나 소풍도 함께 가곤 했다. 우리 집이 비교적 넓었기 때문에 한국인 가톨릭 신자들이 2주에 한 번씩 집에 와서 한국 신부님을 모시고 미사에 참여했다. 또한, 내 이종사촌 여동생도 제네바에 살고 있었다. 그녀는 스위스인 의사와 결혼했는데, 그는 아내를 위해 실력 있는 종양학 전문의를 소개해주었다. 덕분에 집사람은 안심하고 의료수준이 높은 스위스에서 진료에 임할 수 있었다. 나는 호텔에서 생활한 지 한 달 만에 WTO와 10분 거리에 있는 조용하고 널찍한 아파트에 입주했다. 그리고 그로부터 한 달 후, 8월 1일부터 WTO에서 일을 시작했다.

사무차장의 임무

WTO에 출근하기 전부터 이미 내가 담당해야 하는 업무와 사무실이 배정되어 있었다. 사무차장으로 확정된 후 나는 루지에로 사무총장의 요청으로 제네바를 방문하여 사무차장의 업무분담을 협의할 기회가 있었다. 루지에로 총장은 나와 마지막까지 경선했던 사람이었기 때문에 사무총장으로서 나를 어떻게 대우하고 내게 어떤 임무를 부여할 지 상당히 고심한 것 같았다. 그는 나와 함께 일하게 되어 기쁘다고 말 하며 내가 본국에서 장관직을 수행한 사람이므로 WTO 업무 중 가장 정치적 성격이 강한 업무를 담당하는 것이 어떻겠냐고 제안했다. 이 업 무는 무역정책검토국, WTO 가입국, 섬유국과 환경–무역국에서 다루고 있었다. 그는 내게 이 부서들을 담당해달라고 요청했다. 사무차장의 업 무는 총장이 정하는 것이기 때문에 나는 이 제안을 그대로 받아들였다.

당시 사무총장 밑에는 네 명의 사무차장이 임명되었다. WTO 출범 시 회원국들이 세 명의 사무차장을 두기로 합의했지만 내가 사무차장 으로 진출하게 됨에 따라 사무차장은 네 명으로 늘어났다. 과거 GATT 시절과 비교하면 WTO는 비교가 안 될 정도로 업무 범위가 넓었다. 따 라서 네 명의 사무차장을 둔 것은 무리한 결정이 아니었다. 당시 사무 차장 중에는 미국인 워렌 라보렐Warren Lavorel 씨가 기용돼 있었는데, 나 와는 잘 아는 사이였다. 또 다른 사무차장은 인도인 안와룰 호다Anwarul Hoda 씨였다. 그는 우루과이라운드 때 인도의 협상 수석대표를 지냈다. 멕시코의 통상협상 대표였던 헤수즈 세아데Jesus Seade 씨 또한 사무차장 자리를 지키고 있었다. 나는 이들 모두와 잘 아는 사이였기 때문에 협력 관계를 유지하는 데 큰 문제가 없었다. 또한, 내가 관장하게 된 네 개 부 서의 국장들은 모두 내가 제네바를 왕래하면서 잘 알게 된 사람들이어 서 나를 크게 반겨주었다. 자연히 업무는 원활히 수행할 수 있었다. 무역 정책검토국은 얼마 전까지 IMF의 경제 담당관이었던 클렘 보네캄프Clem Boonekampf가, WTO 가입국은 GATT 시절 아서 둔켈 사무총장의 비서실장을 지낸 인도인 아리프 후세인Arif Hussain이, 섬유국은 내가 MTN 협상 그룹 의장을 지낼 당시 협상 그룹의 간사를 지낸 노르웨이인 쟌에릭 소렌슨Jan-Eirik Sorenson이, 무역-환경국은 우루과이라운드에서 서비스 협상의 간사를 맡고 있던 호주인 게리 샘슨Gary Sampson이 각각 국장을 맡고 있었다. 이들은 자기 분야에서 세계 최고의 전문가라고 말해도 과하지 않을 정도의 실력자였고 나를 성심껏 보좌해 주었다. 나는 일주일에 한 번씩 산하 국장들을 내 사무실로 불러 업무 보고를 들었다. 또한, 각국의 당면한 과제들을 토의하여 해결방안을 모색하도록 했다. 국장들도 이러한 업무추진 방식에 적극적으로 호응했다.

1995년 1월에 출범한 WTO는 설립 초기 몇 년 동안 WTO에 부여된 무역협상 기능, 분쟁 해결 기능, 무역정책 검토 기능 등을 잘 수행했다. 우선 우루과이라운드 타결 시 남겨놓은 금융·통신·해운 분야의 무역자유화에 합의하였고, 복수 국가간 정보기술협정인 ITA를 타결하여 세계 무역을 주도하는 정보통신 관련 제품의 무세화를 달성하는 등 큰 성과를 거두었다. 또한, 회원국들은 크게 강화된 WTO의 분쟁 해결 기능을 적극적으로 활용했다. 한 해에 50건이 넘는 분쟁이 WTO에 부쳐졌고 회원국들은 WTO의 결정에 승복했다. 따라서 초기에는 미국을 포함한 모든 회원국이 일방적 통상정책을 자제하는 바람직한 방향이 확립되는 듯 보였다. WTO의 기능이 강화되면서 많은 나라가 가입을 신청했고, 그동안 가입이 진전되지 못했던 중국·러시아를 포함한 구 사회주의 국가들의 가입 협상이 다시 활성화되었다. 그리고 투명성 강화를 위한 회원국들의 각종 WTO 협정 관련 통보 의무 또한 완전하지 않았지만 비교적 잘 지켜지고 있었다. WTO 설립 초기 실적은 전반적으로 양호한 편이었다.

내가 맡은 WTO 가입 신청국 중 가장 무역 규모가 큰 나라는 중국이었다. 중국은 1980년대에 GATT 가입 신청을 한 뒤 가입 협상이 지지부진했다. 그러나 WTO 설립과 더불어 중국도 정책 전환을 하여 적극적으로 가입절차에 임하게 되었다. 대만도 동시에 가입을 추진했고, 두 나라의 절차는 함께 진행되었다. 나는 이 문제의 중요성을 잘 인식하고 있었다. 따라서 중국을 우선순위로 두고 가입이 원활히 진행되도록 조력자 역할을 자임했다. 나는 협상 차 WTO 가입 수석대표 자격으로 제네바를 수시로 방문했던 중국 상무부의 룽 용투Long Yongtu 부부장을 만나 중국 가입에 따른 회원국의 기대와 입장을 설명했다. 또한, 회원국들에는 여러 채널을 통해 중국에 대한 기대치를 가급적 낮추도록 설득하며 가입 과정이 원활히 진행되도록 배려했다. 미국·유럽 연합 등 회원국들의 대중국 시장 개방 요구사항은 상당히 거세고 방대한 것이었으므로 가입 협상은 난항을 겪었다. 하지만 조금씩 진전이 있었고, 내가 WTO에서 귀국하게 된 1999년 봄에는 가입 여건이 상당 부분 마무리되었다. 중국과 대만은 사전 합의에 따라 하루 차이를 두고 2001년 11월 WTO 가입이 성사되었다. 중국은 1986년 7월에, 대만은 1990년 1월에 GATT 가입신청을 했다. 그리고 그로부터 15년, 11년 만에 두 나라의 WTO가입이 이루어진 셈이다. 내가 WTO 가입 업무를 담당하던 1995년부터 1999년까지 불가리아를 포함한 7개국이 WTO에 새로 가입했으며 벨로루시를 포함한 7개국이 신규 가입 신청을 했다.

내가 담당했던 또 다른 WTO 주요 기능은 주요국의 무역정책을 전 회원국과 함께 검토하는 업무였다. 무역정책검토위원회인 TPRB는 WTO 전체 회원국의 회의체로서 1년에 열 번 내지 열다섯 번 개최되었다. 검토 대상국 중 4대 교역국(미국, 일본, 유럽 연합, 캐나다)은 2년에 한 번, 한국이 포함된 16개국은 4년에 한 번, 기타 국가는 6년에 한 번 주기로 회의를 개최했다. 이 검토는 WTO가 설립되면서 추가된 기능으로, 회원국들이 타국의 무역정책을 평가할 기회였다. 그 나라의 보고서와 사무국이 작성한 보고서가 검토 이전에 배포되어 이를 토대로 검토 회의를 진행했다. 우리나라도 내 재임 기간 중 검토 주기가 돌아왔다. 담당 사무차장으로서 당연히 엄정한 중립을 지켰지만, 우리나라 무역정책이 정확히 전달될 수 있도록 한국 사무국이 작성한 무역정책보고서의 오류를 지적하고 수정하게끔 도왔다.

내 소관의 또 다른 분야는 섬유 교역과 관련된 것이었다. 우루과이라운드 합의에 따라 그간 자유무역 원칙에서 예외로 취급되던 섬유 교역을 GATT 체제로 환원하는 일을 하게 되었다. 우루과이라운드의 섬유협정은 GATT 체제로 환원하는 경과기간을 두었고 WTO의 섬유국에서 이를 관장하도록 했다. 아울러 WTO 내에 섬유감시위원회인 TMB를 설치하여 경과조치를 감시하고 분쟁을 해결하는 특별기구도 두었다. 나는 1970년대 초 정부에 들어오면서부터 우리나라 섬유 수출 관련 업무에 오래 종사했다. 따라서 이 분야에 상당한 전문성이 축적되어 있었으므로 어려움 없이 업무를 수행할 수 있었고 우루과이라운드 협상에서 개발도상국의 가장 강력한 요구사항이었던 섬유류 수입규제를 해제하는 보람된 일을 할 수 있었다. 나는 1999년 4월에 잠시 섬유감시위원회의 임시 의장이 되었는데, 미국과 파키스탄 간의 섬유 분쟁을 조정한 적이 있었다. 나는 미국이 무리한 섬유협정 해석을 했다고 판정하고 수출국인 파키스탄의 손을 들어주었다. 나는 이 업무를 담당하는 사무차장으로 세계에서 제일 큰 섬유 단체인 유럽섬유산업연합회EURATEX의 1996년 브뤼셀 연례총회에 기조연설자로 초대된 적이 있었다. 연설에서는 세계에서 가장 영향력이 큰 섬유 단체인 유럽 연합 라텍스가 WTO 섬유협정이 잘 이행되도록 협조해 달라고 당부했다.

내 산하에는 무역환경국도 있었다. 환경국은 기술장벽업무를 관장하고 있었다. 국제무역에서 환경보호 문제를 다루어야 한다는 환경 NGO의 주장은 GATT 시절부터 이어져 온 것이었다. 그리고 이들이 미국, 유럽 등 선진국에서 상당한 영향력을 행사하게 됨에 따라 정부에서도 환경문제를 국제무역의 새로운 이슈로 취급해야 한다고 주장했다. 하지만 WTO의 무역환경위원회에서는 선진국과 개도국 사이에 많은 이견이 노출되어 큰 진전을 보지 못했다. 특히 개도국들은 선진국이 환경보호를 빌미로 무역을 제한하려 한다며 의구심을 강하게 표출했으며 선진국은 어떤 형태로든 무역과 환경보호를 연계하여 합의를 끌어내고자 했다. 무역환경위원회의 고위급 회의를 특별히 개최하는 등 상당한 노력을 기울였으나 큰 진전이 없었다. 시간이 흐르며 회원국들의 기술장벽업무 관련 조치와 환경 관련 WTO 분쟁도 늘어났고, 환경 문제는 국제무역의 중요 이슈로 부각되었다.

설립 초기 사무차장에게는 또 다른 임무도 부여되었다. 사무총장을 대신하여 WTO에서 일어나고 있는 일을 세계에 설명하고 이해를 구하는 홍보 활동이었다. 재임 기간에 나는 여러 국제기구, 회원국 정부, 회원국 내 무역 관련 기관과 대학들이 주최하는 국제 경제, 통상 관련 회의에 초청되었다. 그곳에서 나는 WTO의 주요 결정사항과 내가 맡은 분야의 논의사항들을 설명할 수 있었다. 사무총장 경선에 참여했던 장관 출신 사무차장이어서 그랬는지, 나는 다른 사무차장들보다 훨씬 자주 외부의 초청을 받았다. 내가 기조연설자로 초청 받은 기관은 다양했다. 한국에서는 한국무역협회, 대외경제정책연구원과 국제경제연구원에서 기조연설자 또는 세미나의 발표자로 초청해주었다. 그리고 스위스의 월드이코노믹포럼WEF, 영국의 왕립국제문제연구소, 미국의 아시아 소사이어티, 콜롬비아 대학과 미시간 대학, 일본무역진흥기구, 이탈리아와 프랑스의 아스펜 연구소 등이 연사로 초청해주었다. 나는 위 행사들에 참여하여 WTO가 당면한 여러 과제와 진행상황에 관해 이야기했다.

 ## 귀국 설명회

    1996년 5월, WTO에 부임한 지 1년 후 나는 한국무역협회와 세계경제연구원이 공동 주최한 서울 국제무역포럼의 기조연설자로 초청되었다. 이곳에서 나는 '다자협상체제의 새로운 통상의제'라는 제목으로 연설했다. 내가 사무차장이 될 수 있도록 도와준 정부와 기업 관계자분들에게 감사를 표시할 기회이기도 했고, 당시 관심의 대상이 되었던

WTO의 새로운 통상의제와 현황에 관해 설명할 기회이기도 했다. 나는 다음과 같이 WTO의 현황과 주목할 만한 활동을 소개했다.

'회원국들은 우루과이라운드 협정을 성실히 이행하고 강화된 분쟁해결절차를 적극적으로 활용하고 있다. 회원국은 120개국으로 확대됐고 가입 신청국은 30개국에 달하는 등 좋은 출발을 하고 있다. 우루과이라운드는 19개 협정, 24개의 각료결정문, 8개의 양해록 및 3개의 각료선언, 무려 2만 4,000페이지에 달하는 회원국들의 관세 인하 등 시장접근 개선 조치에 대한 약속을 담고 있다. 이 모든 것을 충실히 이행한다는 것은 쉽지 않은 과제지만 회원국들이 노력을 기울이고 있다. 우루과이라운드의 결과로 만들어진 분쟁해결절차는 신속하고 효과적인 구제조치로 잘 작동하고 있다. 이미 35건의 분쟁 사건이 회부되었고 더 많은 사건이 '법정 바깥'에서 해결되고 있으므로 WTO 분쟁해결 제도의 취지가 잘 구현되고 있다고 볼 수 있다. 또한, 금융서비스 협상이 1995년에 타결되었고 기본통신서비스 및 해운서비스 협상도 시작되었다.'

이와 더불어 투자, 경쟁정책, 노동, 뇌물공여 등 WTO 밖에서 거론되는 새로운 이슈들의 핵심 쟁점 또한 설명했다. 마지막으로 1997년에 있을 제1차 싱가포르 WTO 각료회의에서 이슈에 대한 논의 방향이 정해질 것으로 전망했다.

서울에서 온 두 가지 소식

WTO에 부임한 지 2년 반이 된 1997년 말 서울로부터 두 가지 소식이 들려왔다. 1997년 대선에서 김대중 후보가 승리하며 여러 변화가 예상되는 가운데 온 소식이었다. 하나는 우리나라가 외환위기를 맞아 IMF의 구제 금융을 받는다는 충격적 소식이었고 다른 하나는 김대중 정부 출범과 함께 통상기능을 외교부로 이관한다는 소식이었다. 통상기능 이관은 외환 위기라는 충격적 상황 속에서 크게 주목받지 않았으나 상공부에서 20년 넘게 일했고 최근까지 그곳을 책임졌던 나로서는 의미가 남다른 일이었다. 나는 외국에 있으며 할 수 있는 일이 없다는 것이 매우 안타까웠다.

나는 1997년 말 한 언론기관의 부탁으로 'IMF 시대를 극복하자'라는 제목의 기고문을 썼다. 우리가 앞으로 외채를 갚고 살아남기 위해서는 금융기관 체질을 강화하고 수출의 중요성을 다시 생각해야 한다고 지적했다.[15]

나는 다음 해 2월 초 무거운 마음으로 귀국했다. 그리곤 우리 무역업계를 대상으로 한 조찬강연에서 어려울 때일수록 큰 힘을 발휘해 온 국민의 저력과 함께 우리는 어려움을 극복하고 더 튼튼한 경제를 건설할 수 있다는 확신을 전했다. 그리고 국제 경제 사회에서 우리 경제에 대한 신뢰 위기를 극복하고, 외국인 투자자들이 우리 금융시장으로 복귀하도록 IMF와 합의한 내용을 충실히 이행하는 것이 중요하다고 전했다. 좀 더 앞을 내다보자면 그동안 누적된 우리 경제의 구조적 문제를 해결하고 수출을 늘려나가는 일이 궁극적인 난국 극복의 길이라 생각되었다. 그러므로 무역업계의 역할과 책임은 매우 큰 것이었다. 연설 끝에서 나는 우리 경제 제1의 기적을 이룬 무역업계가 또 한 번 기적을 만들기를 기대한다고 전했다.

나는 외국에서도 외환위기 관련하여 생각을 전할 기회가 있었다. 1998년 초 일본무역진흥기구JETRO가 주최한 도쿄 국제 심포지엄에서 내게 기조연설을 부탁했다. 나는 '2003년도 아시아 경제 전망'을 주제로 연설했다. 주최 측은 5년 후 아시아 경제 전망을 얘기해달라고 주문했다. 외환위기를 겪는 한국, 인도네시아, 말레이시아, 태국이 얼마나 빨리 위기를 극복할 수 있는지 전망해 달라는 것이었다. 나는 이들 국가의 정책 구사에 따라, 그리고 일본과 중국이 이들로부터 얼마나 많은 수입을 하는가에 따라 회복 속도가 좌우될 것이라 전했다. 그리고 WTO의 다자간 무역체제가 보호무역주의 대두의 가능성을 방지하는 방패 역할을 해줄 것으로 전망했다. 외환위기를 겪는 국가들은 단기적으로 고통이 크겠지만 경제 개방과 개혁을 추진하면서 경쟁적인 환율 인하의 유혹을 물리칠 수 있다면 외환 금융 위기를 조기에 졸업할 수 있다고 했다. '아시아의 기적'은 아직 끝나지 않았다고 결론지으며 연설을 마쳤다.[16]

서울에서 온 또 다른 소식은 1998년 초 새 정부가 들어서면서 통상산업부에 있던 통상기능을 외무부로 옮기는 조직 개편을 단행했다는 것이었다. 정부 수립 이래 통상 업무는 상공부에서 관장했고, 나름대로 큰 과오 없이 과제를 수행해 왔다고 믿었기 때문에 납득하기 어려운 결정이었다. 그 누구보다 오래 통상 업무 실무자로 살았고 최고책임자를 역임한 나로서는 섭섭한 결정이었다. 그동안 우리는 1960~1970년대 수출 초기 산업별로 전개되었던 선진국의 보호무역 조치에 잘 대응하였으며, 1980년대에는 선진국의 시장 개방 압력에 효율적으로 대응해 대외경제 개방이 무리 없게 진행되도록 하는 데 기여했다. 또한, 1990년대에는 다자간 무역체제 개편에 참여하여 범세계적인 시장 개방과 무역 규범이 이루어지도록 노력하는 등 시대적 요구에 잘 대처해왔다. 나는 시대의 흐름에 따라 정부 기구가 바뀔 수는 있겠지만 그에 따른 충분한 토론과 의견 수렴을 거쳐야 한다고 생각한다. 수십 년 동안 쌓인 경험과 전문성을 희생하면서까지 이 업무를 다른 부처에 이관한다는 결정에 그만한 당위성은 찾기 어려웠다. 나는 통상기능 이관이 임박했다는 소식을 접하고 답답한 심경으로 당시 정부조직개편 관련 위원회의 책임을 맡았던 서울대 김광웅 교수에게 내 의견을 말해주었다. 김 교수는 김대중 대통령이 외무부 이전에 대한 확고한 의지가 있다고 들려주었다. 내가 더 할 수 있는 일은 없었다. 통상업무는 1998년 초 이관되어 김대중, 노무현, 이명박 대통령의 재임 동안 외무부에 남아 있다가 2013년 박근혜 대통령의 취임과 함께 다시 예전의 위치로 돌아와 오늘에 이르렀다.

세계적으로 통상조직은 다양한 형태로 존재한다. 미국처럼 통상기능이 대통령 직속 통상대표부(USTR)에 귀속되는 예도 있고, 캐나다와 호주처럼 외교부 내에 통상기능을 두기도 한다. 그러나 더 많은 경우 우리나라처럼 통상기능은 산업육성기능과 같이 두거나 거시금융정책을 다루는 경제부처 산하에 둔다. 하지만 어떤 나라에서도 정부조직개편을 통해 통상기능을 이리저리 이관하는 경우는 보기 힘들다. 우리나라는 엄중한 외교안보 환경 속에 있다. 그러므로 통상기능과 외교기능을 한 부서로 몰아넣으면 통상이익이 외교안보 이익에 종속되어 희생될 수 있다. 통상 문제는 경제적 관점에서 철저히 국익에 입각하여 접근해야 함에도 불구하고 외교안보부서와의 우선순위에서 밀릴 수 있기 때문이다. 이러한 이해관계를 조정하는 일은 이를 관장하는 산업부서나 경제부서가 맡을 때 더 효율적일 것이다. 산업과 통상기능이 한 부서에서 수행될 때 통상정책의 수요자인 산업계의 입장이 보다 신속하고 용이하게 전달된다는 장점도 있다. 정권이 바뀔 때마다 통상조직을 흔들려는 시도를 보아 왔다. 그러나 앞으로는 이런 소모적인 일이 반복되지 않아야 한다고 생각한다.

다자간 무역체제 50주년

1998년은 다자간 무역체제가 탄생한 지 50년이 되는 해였다. 1948년 GATT가 발효되어 47년 동안 국제무역을 관장해 왔고, 1995년 WTO가 창설되어 GATT/WTO 체제는 50년이 되었다. WTO는 1998년 5월 제네바에서 열린 제2차 각료회의와 연계하여 다양한 행사를 개최했다. 50년 동안 다자간 무역체제는 세계를 보다 경제적으로 윤택하게 만드는 데 크게 기여했다. 그 기간 동안 세계 총생산은 매년 3.7% 성장한 반면, 세계 무역은 매년 6%씩 늘어났다. 세계 총생산은 5.5배, 세계 무역은 14배가 늘어난 셈이었다. 이 체제는 무역규범을 통해 세계화 시대에 국가 상호간 관계를 원만하게 유지하는 데 기여했으므로 세계평화에도 기여했다고 볼 수도 있다.

그 동안 GATT/WTO 체제는 세 가지 큰 기능을 해왔다. 첫째, GATT/WTO는 무역자유화의 원동력이었다. 여덟 차례에 걸친 다자간 무역협상을 통해 관세장벽과 비관세장벽이 인하 혹은 폐지되었고 오랫동안 자유화 대상에서 제외되었던 농산물, 섬유류 교역도 이 체제로 복귀되었다. WTO가 출범한 후 3년 동안 기본통신, 금융서비스 협상을 마무리 지었을 뿐 아니라 정보기기 관세를 2000년까지 제거하는 정보기술협정을 체결함으로써 세계무역자유화를 크게 진전시켰다. 둘째, GATT/WTO 체제는 무역규범의 설정과 확대를 통해 세계 무역의 투명성과 안정성을 확보해왔다. GATT 창설 시 확립했던 최혜국대우와 내국민대우를 근간으로 무차별 원칙이 확립된 이래 분야별로 새로운 무역 규범이 보강되었다. 셋째, GATT/WTO가 국가 간 무역 분쟁을 해결하는 데 큰 역할을 했다. 우루과이라운드를 통해 패널 보고서의 자동 채택, 상소기구의 설치 등이 이루어져 그간 문제로 지적됐던 분쟁해결절차의 미비점을 개선했으며, WTO 설립 후 3년 동안 100건이 넘는 분쟁 사안들이 분쟁해결기구에 회부된 것은 회원국들의 높은 신뢰를 반영하는 것이었다.

나는 WTO 50주년 즈음에 세계 도처에서 WTO의 장래를 주제로 강연 했다. 기구의 사무차장으로서 나는 항상 WTO의 다섯 가지 과제를 지적했다.

'첫째, 무역자유화는 계속되어야 한다. 둘째, 무역규범은 계속 보완되고 새로이 제정되어야 한다. 특히 새로운 무역이슈로 등장한 환경, 투자,

경쟁정책 합의를 조기에 도출해야 한다. 셋째, 50주년 당시 132개국의 회원국을 가진 WTO가 명실상부한 세계적 기구가 되려면 중국, 러시아 등 가입 절차가 진행 중인 30여 개 국가들이 가입해야 한다. 넷째, 무역 확대를 통해 최빈개도국의 경제발전에 기여해야 한다. 다섯째, 출범 이후 확산되고 있는 지역 무역협정이 차별적으로 흐르지 않고 WTO 체제와 보완관계를 유지하는 방안이 구체적으로 논의돼야 한다.'

나는 WTO 50주년을 맞아 서울에서 개최된 한 국제세미나에서 '50년의 GATT/WTO 체제: 주요 업적과 향후 과제'를 주제로 기조강연을 했다. 당시만 해도 WTO는 매우 효율적으로 운영되고 있었으므로 나는 WTO의 현재와 미래에 대해 긍정적이고 희망적인 평가를 했다. 강연에서 나는 우리나라가 지난 50년 동안 GATT/WTO 체제로부터 큰 혜택을 받았으며, 이 체제가 대표하는 자유로운 규범에 입각한 다자간 무역체제가 경제 개발에 유리한 환경을 제공했다고 평했다. 또한 우리나라가 세계 13위의 무역국가로 부상하는데 크게 이바지했음을 밝혔다. 당시만 해도 나는 새로 출범한 WTO가 꾸준히 순항할 것으로 예상했다. 여러 측면에서 어려움을 겪고 있는 지금의 WTO를 보게 될 거라 예상했던 사람은 많지 않았을 것이다.

제네바 생활

1995년부터 1999년까지의 제네바 생활은 국내에서의 공직 생활과는 큰 차이가 있었다. 한국에서보다 넉넉한 보수를 받고 공사가 엄격히 구분되는 생활을 할 수 있었던 것이 서울 생활과의 큰 차이점이었다. 나와 아내가 바라던 변화였으므로 우리 내외는 최대한 즐기고자 했다. 드물게 밤늦게까지 회의가 있었지만 주말에는 철저히 자유로운 시간을 가질 수 있어서 근교의 산을 자주 다녔다. 우리가 살던 아파트 왼쪽으로는 주라Jura산, 오른쪽으로는 몽블랑이 펼쳐져 있었다. 청명한 날이면 창 밖으로 몽블랑 꼭대기가 보일 정도여서 방문하는 손님들이 감탄하곤 했다. 주라산은 집에서 30분 정도 떨어진 곳에 있었기에 우리 부부는 퇴근 후 도시락을 싸 들고 산에 오르곤 했다. 그곳에서 야생화를 보며 저녁식사를 했다. 이 두 산 외에도 멀지 않은 거리에 명산인 체르마트, 훼라셰발Fer à Cheval, 융프라우가 있어 서울 손님들과 함께 자주 산에 다녀왔다. 집사람은 UN부인회 등산클럽에 가입하여 매주 수요일마다 종일 인근의 산을 등반하면서 스위스의 아름다움을 경험했다. 그리고 공직자의 부인으로서 서울에서는 할 수 없던 골프를 시작했다. 아내는 프랑스 국경 너머에 있는 한 골프클럽에 가입했고 나와 함께 주말에 운동도 하곤 했다. 암 수술 이후 화학요법 치료로 쇠약해졌던 건강을 회복하는데 제네바 생활이 크게 도움이 되었던 것 같다. 지금도 집사람은 제네바에서의 4년을 자기 인생의 황금기라고 말한다.

국내에 두고 온 아들 주홍이는 미국에서 법학 박사를 마치고 뉴욕 주변호사 시험을 치렀다. 그리고는 귀국하여 군에 입대했고, 제대할 때까지 제네바에 올 수 없었다. 다만 군 생활을 반쯤 마쳤던 1996년 말경 뉴욕 변호사 시험에 합격 통지를 받았고 워싱턴 D.C.의 변호사 자격도 함께 취득했다는 반가운 소식을 전해주었다. 주홍이는 제대 후 제네바로 와 우리와 지내면서 유럽여행을 함께 했다. 그 후 주홍이는 베이커 메켄지Baker and Mckenzie의 워싱턴 사무소에 채용되어 초임 변호사 생활을 시작했다. 그곳에서 혹독한 훈련과정을 겪은 후 변호사로서 어느 정도 경험을 확보한 뒤 귀국하여 김·장 법률사무소에 합류했고, 바쁜 변호사 생활을 이어 갔다. 그리고 KDI 정책대학원 교수로 있던 이기은 양을 아내로 맞아 결혼하게 되었다. 기은이는 미국의 웰슬리대학과 콜롬비아대학을 졸업한 계량경제학 박사다. 주홍은 항상 성실하고 노력하는 사람으로 고객과 소속 법률사무소로부터 신뢰를 받으며 일하고 있을 것이라 생각한다. 딸 주연이는 내가 WTO로 부임하기 직전에 결혼하여 우리가 돌보아 줄 수 없어 미안한 마음을 금할 길이 없었다. 그러나 결혼 초기에 맏 며느리로서 시집생활을 잘 했는지 시댁에서 칭찬이 자자했다. 결혼초기에는 남편과 함께 제네바를 몇 번 다녀갔다. 출산 후에는 외손자를 데리고 제네바로 와 우리의 귀여움을 독차지했다. 주홍이 군대 생활을 할 때 우리 대신 오빠를 잘 돌봐 주어서 마음을 놓을 수 있었다.

우연한 행운도 있었다. 우리 삼형제 모두가 같은 시기에 유럽에 근무하게 된 것이다. 우리 서로는 객지 생활에 큰 의지가 되었다. 여수 형님은 서울대학교 철학과 교수로 있다가 파리의 UNESCO 철학국장으로 발탁되어 나보다 조금 늦게 유럽으로 오게 되었다. 조금 더 늦게는 당시 외환은행에 있던 아우 윤수가 런던지점장으로 오게 되어 일 년에 두어 차례는 만날 수 있었다. 1997년 여름, 삼형제가 모두 유럽에 근무하는 동안 서울에 계신 어머님을 유럽에 모실 기회가 있어 무척 행복했다. 당시 여든을 넘기셨지만 건강하셨던 어머님은 파리와 런던을 거쳐 제네바로 오셨다. 약 한 달 동안 우리가 어머니를 모셨다. 어머님은 아버님이 주영대사를 지내실 때 유럽 생활을 하셨고, 영어도 하셨기 때문에 유럽의 세 아들집 방문을 무척 즐기시고 만족해하셨다. 제네바에 계신 동안 정성껏 모실 수 있어 우리 부부로서도 크게 행복한 일이었다.

스위스는 유럽 한복판에 위치하고 있어 여행하기 매우 용이했다. WTO에서는 매년 주말을 빼고 평일 기준으로 30일간 휴가를 주었기 때문에 집사람과 함께 여러 곳을 다녀올 수 있었다. 당시에는 내비게이션도 없었기 때문에 지도를 들고 다니며 부부싸움도 많이 했다. 어떤 해에는 독일의 고성가도를 거쳐 코펜하겐에서 페리에 자동차를 싣고 오슬로로 가 노르웨이 북부도시인 베르겐을 경유하여 다시 오슬로로 오는 긴 자동차 여행을 했다. 빼어난 경치와 피오르드의 아름다움에 감탄했던 북구 여행이 특히 기억에 남는다. 바르셀로나에서 스페인 북부의 아름답고 역사적인 도시를 거쳐 마드리드로 가기도 했고, 스페인의 아름다움에 심취하여 포르투갈의 리스본, 포르토, 파로 등 이베리아 반도 동부와 남부를 경유하여 세비야, 톨레도 같은 스페인 남부관광지를 여행한 적도 있다. 여름에는 프랑스의 남부도시 아비뇽을 경유하여 니스, 모나코, 센 트로페 등 코다주르 해안을 따라 지중해 연안의 아름다운 광경도 볼 수 있었다. 자주 들렀던 도시는 제네바에서 3시간 정도 떨어진 밀라노였다. 제네바에 비해 물가가 싼 점도 있었고 서울에서 온 손님들이 가보고 싶어 하는 도시여서 30번 넘게 이 곳에 갔던 것 같다. 아마도 몽블랑만큼이나 자주 들린 도시였다.

밀라노를 자주 들리면서 북 이탈리아의 아름다움을 알게 되었고 스위스 사람들과 달리 정 많은 이탈리아 사람들을 좋아하게 되었다. 밀라노는 멋진 도시였다. 라스칼라La Scarla 극장에서 열리는 오페라 공연에 가끔 갔었고 맛있고 저렴한 해산물 식당을 발견하여 단골이 되기도 했다. 한번은 밀라노 무역관에 파견근무를 하고 있던 상공부 후배 진흥 과장(추후 생산성본부회장 역임)이 라스칼라에서 몇 년 만에 올린 라 트라비아타 오페라 공연 티켓을 어렵게 구해주어 이를 관람한 적도 있다.

제네바에 있던 4년 동안 수많은 한국분이 이곳을 다녀갔다. 제네바에는 UN 국제본부를 비롯하여 WTO, WHO, ILO 등 수많은 정부간 또는 민간 국제기구가 있었기 때문에 회의에 다녀가는 분이 많았다. 세계 적십자사 본사가 제네바에 소재하고 있어 그쪽의 인사들도 더러 다녀갔다. 당시 적십자사 총재였고 국무총리를 지낸 강영훈 총재, 교육부장관으로 있던 안병영 전 연세대 교수, 손학규 보건복지부 장관 등이 다녀가셨다. 다들 잘 아는 사이였으므로 우리 집으로 초대해 점심을 대접하기도 했다. 고등학교 동창생들도 더러 방문했다. 두산 박용성 회장, 이건 박영주 회장, 한독 조덕영 회장, 한비 이용구 회장이 출장차 다녀가며 시간을 내 만날 수 있었다. 그리고 상공부에서 같이 일하던 수많은 동료 후배 공무원들도 국제회의 참석차 다녀갔다. 그들의 시간이 허락하는 한 점심을 먹거나 혹은 집으로 초대하여 옛 정을 나누고 서울 얘기도 들었다. 아마도 밖에서 이런 분들을 일일이 초대해야 했다면 비교적 넉넉했던 사무차장의 연봉으로도 감당하기가 어려웠을 것이다. 제네바를 다녀간 사람들은 잘 알겠지만 그곳 물가는 매우 비싼 편이였고 특히 음식 값은 세계 최고 수준이라고 해도 과언이 아니었을 정도다.

1999년 6월 나는 4년 동안의 제네바 생활을 마무리하고 귀국길에 올랐다. 해외에서의 첫 WTO 근무는 업무내용이나 일하는 방식에서 서울 공직생활 때와는 판이하게 달랐다. 그러나 언어 장벽이 없었고, 외국 사람들과 함께 지내 본 경험 덕분에 업무에 잘 적응하고 큰 실수 없이 마무리할 수 있었다고 생각한다. 또한 통상정책을 오래 담당하며 익힌 노하우와 WTO의 직원들과 잘 알고 있던 것도 크게 도움이 됐다. 나와 함께 일한 다섯 명의 국장들은 내게 깊은 신뢰를 주었고 나를 성심껏 보좌했다. 또한, 제네바에 있는 동안 우리나라 대표부 대사를 지낸 허승 대사, 선준영 대사도 아낌없는 지원을 보내주었다. 대표부의 상무관과 특허관으로 근무한 김균섭, 김동원, 김원준 국장과 김준규 과장도 여러모로 도움을 주었다. 국제기구에 파견근무를 했던 이우석, 최평락, 장홍순, 김현일 과장도 한 가족처럼 지내며 우리 내외에게 큰 도움을 주었다. 그리고 취리히 무역관장을 지낸 이종건 관장에게도 많은 지원을 받았다. 개인적으로 제일 고마웠던 일은 아내가 건강을 되찾은 일이다. 암 수술 후 얼마 되지 않아 제네바로 와서 걱정이 많았는데, 세계 최고의 의료수준과 좋은 환경에서 지냈기에 건강을 되찾을 수 있던 것 같다. 이것 하나만으로도 스위스에서의 4년은 우리 인생의 큰 행운이었고 보람이었다.

이렇게 나는 WTO에서의 4년을 마쳤고, 1999년 6월 취리히를 경유하여 서울로 돌아왔다. 취리히로 떠나는 기차역에는 제네바에 있을 때 가깝게 지내던 전창원 박사 내외와 현지 교민들이 우리 내외를 환송해 주었다. 나는 정확하게 4년 만에 서울로 돌아왔다. 제네바에서의 값진 시간은 나와 우리 가족에게 잊을 수 없는 추억이 되었다.

제1회 제임스 반 프리트 상 수상

나는 한국에서 공직생활을 마치고 WTO에 가 있는 동안 몇 가지 영예로운 상을 수상했다. 1995년 11월, 내가 WTO에 가자마자 한미 우호증진에 기여한 공로로 뉴욕의 한국협회가 제정한 제1회 제임스 반 프리트 상James Van Fleet Award을 수상하게 되었다. 그 후로 매년 많은 비중 있는 한국인과 미국인이 이 상을 수상했다. 한국에서는 김대중 전 대통령, 반기문 UN 전 사무총장, 백선엽 장군, 이건희 삼성 회장이, 미국에서는 지미 카터 전 대통령, 조지 부시 전 대통령, 콜린 파월 전 국무장관, 헨리 키신저 전 국무장관 등이 수상했다. 수상연설에서 나는 통상이라는 작은 분야에서 한미 우호관계 증진을 위해 노력한 것을 큰 보람으로 느낀다고 밝혔다. 그 노력이 인정되어 수상하게 된 것은 큰 영예였다.[17] 초대 제임스 반 프리트 시상식은 블랙타이 행사로 성대하게 개최되었다. 뉴욕 링컨센터에서 시상식과 기념만찬이 있었고 이어 아메리칸 심포니오케스트라와 소프라노 조수미가 출연한 음악회가 개최되었다. 당시 뉴욕의 한국협회 회장은 주한 미국 대사를 역임한 도널드 그레그 대사였다. 그는 나와 오래 알고 지내던 사람이었다. 수상자는 이사회에서 결정하였는데, 많은 한국 기업인 이사들이 나를 후보로 추천했다는 얘기를 들었다.

제1회 한국협상대상 수상

그 다음해인 1996년에는 서울로부터 또 다른 수상 소식이 있었다. 한국협상학회가 제정한 '한국협상대상'의 제1회 수상자로 결정되었다는 것이었다. 아마도 정부에서 오랫동안 통상협상에 참여해온 경력을 인정하여 나를 수상자로 결정한 것 같았다. 외국에 있던 나는 이 상을 직접 받을 사정이 되지 않아 서울에 있는 딸 주연이를 보내 대리 수상토록 했다. 협상은 인간사회의 모든 영역에서 벌어지지만, 통상협상은 국가 간 이해관계를 두고 하는 것이므로 그 중요성이 매우 크다. 모든 협상이 그렇겠지만 통상협상을 하려면 분야에 대한 전문성을 갖추고 상대방을 잘 파악할 필요가 있다. 나는 오랫동안 크고 작은 통상협상을 하며 이 두 가지를 철칙처럼 지키고자 노력했다.

협상 테이블에 마주앉게 되면 상대가 나를 신뢰할 수 있도록 만들어야 한다. 상대방이 나를 신뢰해야만 내게 양보도 할 수 있기 때문이다. 나는 사뭇 평범하게 들리는 원칙과 행동강령을 협상의 지침으로 삼아왔다. 많은 경우 이런 태도는 상대방을 안심시켰고, 관계에 신뢰감을 부여했다. 이는 당면한 문제를 해결하는 데 언제나 도움이 되었다.

자동차 도둑

WTO에서 근무를 마치기 수개월 전 나는 밀라노에서 아주 황당하고 어이없는 일을 당했다. 당했다기보다는 내가 어처구니없는 실수를 했다는 것이 보다 정확한 표현일 것이다. 어느 금요일 저녁, 퇴근 후 나는 집사람과 함께 밀라노로 향했다. 도착 시간은 밤 10시쯤이었을 것이다. 우리는 밀라노에 갈 때는 미리 호텔 예약을 하지 않고 역 근처에 있는 소박한 호텔에 투숙하곤 했다. 그날도 마찬가지였다. 호텔 앞에 도착하니 까만 정장을 한 멋진 청년 하나가 우리를 친절히 마중하며 차 문을 열어주고 트렁크에 있는 가방도 꺼내 주었다. 그는 근처 호텔 주차장에 주차한 뒤 열쇠는 리셉션에 두겠다고 했고, 나는 의심하지 않고 그렇게 하라고 했다. 그를 호텔 도어맨으로 생각했기 때문이다. 항상 상대방을 믿고 대하던 버릇이 화근이 되었다. 우리 내외는 호텔에 체크인을 하고 방으로 올라가 짐을 정리하다가 카메라를 자동차에 두고 온 것이 생각났다. 나는 곧 로비로 내려가 확인하였으나 차키는 돌아오지 않은 상태였다. 호텔 주차장으로 가보았으나 주차관리인은 내 차가 들어오지 않았고, 호텔에는 도어맨도 없으니 무언가 잘못되었다고 일러주었다. 도어맨 행세를 하던 청년은 자동차 도둑이었다. 그는 내가 4년 동안 스위스와 유럽전역을 여행했던 정든 벤츠 S300를 훔쳐 달아났다. 인근 경찰서에 가서 경위를 설명하고 도난 신고를 했지만 차를 찾기는 쉽지 않을 것이라고 했다. 경찰은 이렇게 도난 된 자동차는 이탈리아 동해안의 아드리아 해의 항구로 가 알바니아로 건너간 뒤 그곳에서 엔진번호를 바꾸어 중고차로 판매된다고 친절히 알려주었다. 어이없는 일이었지만 내 불찰이었기 때문에 어쩔 수 없었다.

귀국할 때 차를 가지고 갈 생각이었기 때문에 매우 섭섭했다. 보험회사에 보험금을 신청하면서 도난경위를 설명했으나 잘 믿으려고 하지 않아 설명하는데 진땀을 뺐다. 보험금이 나올 때까지 상당기간 걸렸던 것도 보험회사가 도난경위의 진위 여부 확인 과정이 어려워서였다. 이탈리아에서 자동차 분실이 많다는 얘기를 들어온 터였지만 실제로 이런 일이 일어날 줄은 몰랐다. 실제로 스위스 자동차 대여 업체들은 목적지가 이탈리아일 경우 대여를 거절하기도 했다. 살면서 더러 도둑을 맞아보았지만 자동차를 통째로 도둑맞은 것은 처음 있는 일이었다. 나는 이 사건을 상당기간 아무에게도 얘기하지 못했다. 얼마나 조심성이 없으면 그런 일을 당했겠냐고 창피를 당할 것 같았기 때문이었다.

5부

공직을 떠나

2004년 세종대 총장시절 천문학과 교수와 학생들과 함께 소백산 천문대에서

대학에서의 6년

세종대학교 교수로 임용

나는 WTO 임기를 앞두고 한국에 돌아가 무엇을 할 것인지 생각해 보았지만 귀국이 임박할 때까지 정하지 못했다. 나는 미국에서 교수 생활을 했었고 정부에서 일하면서도 항상 책을 가까이해왔다. 그래서 직함대신 '김 박사'라고 불리기도 했다. 따라서 막연하나마 대학교수 생활을 하면서 통상정책 분야에서 후배를 키우는 일을 하고 싶다는 생각을 하게 되었다. WTO에 있는 동안 연세대학교 국제대학원 방문교수로 임명되어 특별강연을 한 적이 있었으나, 나는 대학을 미국에서 다녔기 때문에 국내 대학과는 아무 인연이 없었다. 귀국 전 몇 대학과 접촉해 정규 교수로 갈 수 있는지 타진했지만, 논문 실적이나 연구업적이 없는 나로서는 쉽지 않은 일이었다. 어떤 국립대학에서는 내가 총장선거에 나오면 일부 학과 교수들이 지지해줄 테니 나와 보라는 제안을 했고, 다른 사립대학에서는 상당한 기금 유치를 조건으로 교수임용을 제안하기도 했으나 현실성이 적다고 판단하여 받아들이지 않았다.

그러나 귀국하기 얼마 전 세종대학교로부터 경제무역학과 교수 초빙을 받으며 문제는 비교적 쉽게 풀렸다. 세종대학교 주명건 이사장은 나와 매사추세츠 주립대학원 동문으로, 내가 대학교수 임용을 희망한다는 소식을 듣고 초빙해주었다. 나는 초빙교수나 방문교수가 아닌 정규교수로 임용되어 연구실과 조교가 배정되는 등 국내에서 교수생활을 처음 시작하는 데 좋은 여건이 마련되었다. 나는 첫해에 통상정책론을 강의했고 다음해에는 같은 과목을 영어로 강의했다. 오랜만에 강단에 서는 일에는 생각보다 많은 공부와 준비가 필요했다. 오랜 시간이 흘렀지만 1960년대 세인트로렌스대학에서의 강의 경험이 큰 도움이 되었다. 세종대학교에서는 국내외 통상 분야의 많은 경험을 강의에 녹여내 통상정책의 실체를 현장감 있게 전달하고자 했다. 이 강의는 여러 학생들의 관심을 받았다. 2년차 영어 강의에는 세종대학에서 공부하는 유학생들이 들어와 세미나 형식으로 과목을 운영했다. 한국 학생들의 영어 능력 향상에도 도움이 되도록 노력했다.

세종대학교 교수 임용은 내게 또 하나의 뜻하지 않은 혜택을 가져다 줬다. 나는 1994년 장관직을 떠나 소정근무기간인 20년을 채우지 못해 공무원연금 대상이 아니었다. 사실 나는 공직에서 20년이 훨씬 넘는 시간을 근무했지만 민주정의당에서 전문위원으로 있던 3년과 코트라 사

230

장으로 근무했던 2년이 근무 연한에서 제외되어서 공무원연금 대상자가 될 수 없었다. 공무원연금과 사학연금이 연계된다는 것을 안 것은 교수로 임용된 한참 뒤의 일이었다. 나는 상공부 퇴직 시 받았던 퇴직금에 금리를 가산한 금액을 사학연금에 내고 사학연금 대상자로 등록했다. 공무원 재직기간이 교수 근무기간으로 인정되고, 교수로 근무한 기간을 합산하여 20년이 초과하면 사학연금대상이 될 수 있었다. 나는 세종대학에서 약 6년 동안 근무했고, 사학연금을 받게 됐다. 평생 공직생활을 한 사람으로서 무시 못 할 노후 대책이 대학 교수가 되면서 마련된 것이다. 나와 집사람에게는 큰 행운이었다.

 ## 통상전문가로서의 활동

교수로 임용된 후에도 나는 통상 전문가로 폭넓게 활동했다. 통상과 관련하여 언론에 기고문을 자주 게재하려 노력했고, 국내와 해외의 통상관련 세미나 연사로 참여하여 한국 통상정책과 WTO에 대해 전문가로서 견해를 밝히는 일을 게을리 하지 않았다. 내가 들고 다니던 1999년도 수첩에는 그 해 6월부터 12월까지 총 29회의 국내외 강연과 회의참석 일정이 잡혀 있었다. 한국무역협회, 한국섬유산업협회, 마포포럼, 대한상공회의소, 도산아카데미, 인간개발원, 한양로타리클럽, 대외경제정책연구원, 한국표준협회, 국회동북아연구회, 현대그룹사장단회의, LG그룹사장단회의 등 다양한 기관에서 초청을 받았다. 나는 이

기회를 통상의 중요성을 환기시키고 그간 WTO 진출을 위해 성원해 준 많은 분들에게 감사를 표하는 시간으로 삼았다. 나는 또한 교수 임용과 함께 세종대학교 부설 세종연구원 원장을 겸하면서 주요 정책이슈를 토의하는 포럼을 운영했다. 주로 정부 장관이나 기타 정책 입안자를 초청하여 현안과제에 관해 강연을 듣고 질의응답을 하는 순서로 진행했는데, 매번 100여 명이 참석했다. 나는 세종연구원장 자격으로 1999년 10월 북경의 한 세미나에 참여하여 '21세기 동북아 지역 경제협력 방안'을 주제로 발표했다. 이 발표에서 나는 한중일 3개국 간의 FTA가 체결되어야 한다고 처음 주장했다. 이 제안은 당시 시기적으로 너무 이르다는 평가를 받았지만 2000년을 전후로 아시아 국가들이 FTA를 본격적으로 추진하면서 힘을 얻었다. 그리고 2002년 5월 신아시아 경제기술연맹창립총회에서 '21세기 동북아지역 경제협력 방안'을 주제로 기념강연을 하며 이 주장을 더 발전시킬 수 있었다.[18] 강연에서 나는 현재 한중일 간 경제통합을 어렵게 하는 역사적, 정치적 장애가 있지만 이런 요인들은 극복하지 못할 문제가 아니라는 점을 강조했다. 또한, 경제통합을 추진하는 데 유의해야 할 세 가지 사항도 언급했다. 그 첫째는 3국 간의 경제통합이 어느 한 국가에 의해 주도되는 것이 아닌 참여국의 공동형태로 진행되는 것이 바람직하다는 것이었다. 둘째는 3국 간 경제통합은 어떤 형태로든 WTO 규범과 조화를 이루는 내용이 되어야 한다는 것, 그리고 협정이 발효되기 전에 투자나 기술표준의 상호인정 등 나라 간 무역과 투자 원활화에 도움이 될 수 있는 분야별 협정을 우선 추진해야 한다는 것이었다. 마지막으로 3국 간 경제통합은 무역장벽만을 철폐하는 일반적인 FTA 형태보다는 투자, 서비스처럼 아직 WTO 규범이 완전히 정립되지 않은 분야까지 확대하여 경제적 효과를 극대화해야 할 것이라고 주장했다. 한중일 FTA는 그 후 2013년에 협상이 시작되었으나 여러 요인에 의해 부침이 있어 협상에 큰 진전이 없었다. 그러나 현재는 협상을 재추진하기로 한 상태이나, 실제로는 큰 진전이 이루어 지지 않고 있다.

1999년 세종대 교수로 임용된 후 처음 몇 년 동안 나는 이탈리아의 아스펜 인스티튜트가 밀라노 체르노비오에서 주최하는 통상정책 세미나에 매년 연사로 참석했다. WTO 재직 시에도 이 기관의 세미나에 몇 번 참여한 바 있었다. 내가 대학으로 옮긴 후에는 이 공공정책토론 기관의 관심이 세계 경제 속 부상하는 중국으로 바뀌고 있었다. 내가 초청될 당시 젊은 중국학자로 세계적 지명도를 높이고 있던 환강 박사 또한 연사로 초청되었다. 나는 아시아의 통상전문가로서 중국의 부상에 대해 발표해 줄 것을 제안받았다. 당시 중국은 WTO 가입 협상을 마무리 짓고 있었고 엄청난 속도로 경제성장을 지속하던 시점이었다. 나는 중국의 WTO 가입과 높은 경제성장은 주변 아시아 국가에도 도움이 되기 때문에 환영할만한 현상이라고 지적했다. 또한, 당시 중국의 문제로 거론되던 도농 간의 격차, 경제발전에 따른 사회주의와 자본주의 요소의 갈등, 정치 불안정 등의 제약을 극복한다면 지속적 경제성장을 이룩할 거라는 생각을 밝혔다.

나는 세종대학교 교수로서 2000년 1월 이탈리아 로마에서 아스펜 인스티튜트와 미국 필립 모리스 연구소가 공동주최한 심포지엄에 초대됐다. 심포지엄의 주제는 '대서양 세기(The Atlantic Century)'였다. 이곳에서 나는 'WTO의 차기 라운드는 얼마나 어려운가?'라는 제목으로 내 의견을 밝히는 시간을 가졌다. 1999년 말 시애틀에서 개최된 WTO 각료 회의가 결국 실패로 끝났고, 새로운 세계무역협상이 출범할 수 있다는 기대가 무산된 후였기 때문에 심포지엄 측은 여러 통상전문가의 의견을 듣고자 했다. 로마의 팔라초 콜로나 왕궁에서 개최된 이 회의에서 나는 새로운 무역협상이 출범하기 위해서는 다섯 가지 어려운 문제들에 공감대 형성이 필요하다고 주장했다. 첫 번째 문제는 개도국의 원활한 섬유교역 시장접근 기회 확보와 개도국의 협정의무 이행 기간 연장의 수용여부였다. 두 번째는 농산물 시장의 강력한 개방을 요구하는 미국과 케언즈그룹 등 농산물 수출국 주장을 수용할 것이냐의 문제였다. 세 번째는 투자와 경쟁정책을 새 의제에 포함해야 한다는 일본과 유럽 연합의 일부 선진국 주장을 받아들일 것인가의 문제였다. 네 번째는 반덤핑 규범 일부를 재협상해야 한다는 일부 선진국과 개도국 주장의 수용여부, 그리고 마지막으로 새 협상에서 노동기준과 환경문제를 의제에 포함해야 한다는 미국과 유럽 연합 주장의 수용여부 등이었다. 나는 미국과 유럽 연합이 이러한 이슈에 공감대 형성을 성공한다면 협상에 진전에 있을 것이라고 보았다. 아울러 그들이 개도국의 신뢰를 확보할 경우 협상 진전을 기대할 수 있을 것이라고 보았다. 나는 발표를 마무리하며 미국, 유럽 연합 간 대서양 동맹관계는 다자간 무역체제를 확립하는 데 결정적인 역할을 했으므로 새 무역협상 출범에서도 그 책임과 역할이 크다고 결론지었다.

세종대학교 총장 취임

　　교수 생활을 시작하고 채 2년이 되지 않아 학교 재단 측에서 부총장직을 맡아 달라고 했다. 나는 교수로 남아 있고자 했으나 주명건 이사장의 간곡한 부탁으로 이를 받아들였다. 학교 본부의 부총장실로 자리를 옮겼고, 이중화 총장을 도와 본부에서 추진하는 대외적 일을 맡게 되었다. 당시는 세종대학교가 연구중심대학으로 발돋움하겠다는 청사진을 내걸고 우수 교수 초빙과 대형 연구 프로젝트 수주에 모든 역량을 동원하던 시점이었다. 이를 위해 대학은 당시 과학기술처 차관을 역임한 최영환 씨를 부총장으로 영입하여 일을 추진하고 있었다. 대학이 나를 부총장으로 임명한 것은 이 일에 도움이 되어 달라는 뜻인 것 같았다. 부총장 역할을 하면서도 강의는 게을리 하지 않았다. 영어로 진행하는 과목을 맡아 세종대학교에 유학 중이던 외국인 학생들과 경제학과의 우수한 한국 학생들을 대상으로 강의했고, 학생들도 열심히 호응해 주었다. 이 과목을 들었던 대여섯 명의 한국 학생들과는 내가 대학을 떠나고 그들이 사회에 진출한 후에도 몇 년 동안은 가끔 모임을 갖고 사제 지간의 정을 나눴다. 6년 동안 대학에 있었지만 이 학생들이 유일한 제자들인 셈이다. 서울에서 폴란드 대사관의 상무관으로 근무하고 있는 이현민 군, 회계사로 활동하고 있는 김태우 군이 그들이다.

　　나는 부총장으로 임명된 지 얼마 되지 않아 2001년 9월 총장으로 임명되었다. 아마도 재단 이사장은 나를 교수로 초빙하며 언젠가는 총장으로 기용하겠다는 복안을 가지고 있었던 것 같다. 나는 교수로 임용된 후 얼마 되지 않아 대학원장, 부총장을 거쳤고 이런 과정이 곧 총장으로 가는 길목이 된 것으로 생각한다. 당시 많은 국내 대학교는 교수들의 선거로 총장을 선출했다. 그러나 세종대학은 재단이 전권을 가지고 총장을 선출했다. 나는 대학의 다른 보직에는 전혀 관심이 없었지만 총장직을 제안 받았을 때는 이를 수락했다. 한 대학을 맡아 경쟁력 있는 학문의 요람과 인재양성기관을 육성하는 것은 보람 있는 일이며 도전해 볼만한 목표였기 때문이다. 세종대학교는 수도여자사범대학으로 출발하여 대학 설립 초기 우리나라 여성교육자 육성에 큰 기여를 했다. 그 후 1987년 남녀공학 종합대학으로 승격하여 착실히 성장하고 있는 대학이었다. 내가 총장으로 부임할 때는 대학 설립자 내외분인 주영하 박사님과 최옥자 목사님이 계셨고 학교재단인 대양학원은 큰 아들 주명건 박사가 이사장으로 대학운영에 깊이 관여하고 있었다.

대학이 당시 목표했던 연구중심대학으로서의 변신은 쉽지 않은 과제였다. 학생이 1만 명이 채 되지 않았으므로 등록금 수입만으로 우수 교수 인력 확충, 연구 인프라 구축 등 여건 조성을 위한 재원조달에 한계가 있었다. 수도여자사범대 출신 졸업생들은 대부분 교사였으므로 학교에 큰 기여금을 낼 형편이 못되었고 1991년부터 배출한 세종대학교 졸업생들은 아직 사회진출이 적어 대학에 기여금을 내기가 어려운 상태였다. 이런 제약에도 불구하고 이왕 대학에 몸담게 된 이상 최고 책임자가 되어 대학의 사회적 책무를 달성하는 데 기여하고 싶었다. 그리하여 총장 제의를 기꺼이 받아들였다. 나는 대학을 발전시키겠다는 주명건 이사장의 의지에 감명했으며, 그와 함께 대학 발전을 위해 새로운 도전을 해 보

236

기로 했다. 세종대학에 온 지 4년이 되는 시점이었다.

취임사에서 나는 우리가 맞이한 지식기반사회와 세계화 시대에서 더욱 커진 대학의 역할과 사명을 이야기했다. 국가 간 또는 기업 간 경쟁의 원천이 물적 자원이 아닌 인적 자원으로 이행되고 있으므로 우리 대학의 사명은 세계에서 통하는 인재를 더욱 많이 양성하는 것이 될 거라고 말했다. 나는 총장임기 동안 추진할 목표를 이렇게 잡았다. 첫째는 우리 대학을 2005년까지 국내 5대 연구중심대학으로 도약시키겠다는 것이었고, 둘째는 외부 협력을 통해 학교발전기금을 확충하고 앞으로 5년 이내에 500억 원의 학교발전기금을 조성한다는 것이었다. 마지막으로 우리 대학의 국제화를 추진하겠다고 밝혔다. 취임 당시만 해도 의욕적으로 이런 목표를 수립했지만 시간이 지나면서 여러 난관과 부딪히게 됐다.

대학의 발전을 위한 노력

나는 무엇보다도 연구중심대학으로의 변신을 적극 추진하고자 했다. 세종대학을 국내 제5위의 연구중심대학으로 만들겠다는 목표를 달성하고 싶었기 때문이다. 졸업생 후원이 부족했던 상황을 타개하기 위해서는 많은 연구비 수주가 필요했다. 나는 주로 과학기술부, 상공부의 대형 연구 프로젝트를 수주하기 위한 노력을 이어갔다. 연구부총장으로 송옥환 전 과학기술부 차관을 영입하여 사령탑을 세웠고, 연구처장으로는 신구 교수가 실무를 지휘하였다. 신구 교수는 후에 세종대학교

총장이 되어 대학 발전에 큰 기여를 한 바 있다. 이처럼 연구중심대학을 향한 막강한 팀이 구성되어 세종대학교는 과거에 상상하지도 못한 대형 프로젝트 수주에 성공하였다. 실패하는 경우도 적지 않았지만, 많은 대학의 연구 인프라는 이런 대형 연구프로젝트의 수주 성공을 통해 하나둘씩 구축되어 왔다.

취임 초기에는 두 가지 대형 연구 프로젝트 수행에 성공했다. 2002년 4월에 산업자원부의 지원으로 매년 8억씩 2001년부터 2005년까지 5년간 40억 원을 지원 받아 탄수화물 소재 연구소를 대학 캠퍼스에 개소했다. 이어 2003년 6월에는 과학기술부로부터 90억 원에 달하는 5년짜리 천문학 분야 우주연구센터SRC 지정을 받았다. 획기적인 일이었다. 연구에 관심 있던 교수들은 학교 본부의 이런 시도에 호응하고 프로젝트 수주에 동참했고, 덕분에 성과가 속속 나오기 시작하였다.

세종대학이 국내 유수의 연구중심대학으로 발돋움하기 위해서는 교수 처우를 획기적으로 개선할 필요가 있었다. 대학의 수월성은 교수들로부터 나오는 것이고, 우수한 교수를 영입하고 그들이 대학에 남도록 하려면 다른 대학에 처지지 않는 예우를 해주어야 한다고 생각했다. 나는 처우 개선안을 마련하기 위해 교무처에 국내 주요 연구중심대학의 교수 연봉을 비교 분석을 주문했다. 그 결과 우리 대학교수들이 연봉의 중하위권에 머물고 있음을 확인했다. 나는 우리 대학 교수들의 직군별 연봉을 5년 이내에 국내 5대 사립대학의 평균 연봉수준으로 끌어 올리겠다는 계획으로 재단을 설득하고 이를 교수회의에서 발표했다. 얼마 후 교직원들에게도 같은 대우를 약속했다.

더불어 나는 대학의 국제화를 위해 노력했다. 주요 외국 대학과의 공동 학위 프로그램을 개발했고 외국인 유학생 유치도 강화했다. 나는 세종대학교를 한국의 WTO 도서관으로 지정하도록 했고, 도서관에서 WTO에서 발행하는 모든 문서를 받아 볼 수 있도록 했다. 그리하여 도서관 내에 WTO 코너가 만들어졌고, 이를 전시하고 열람할 수 있었다. 국제화의 일환으로 추진했던 또 다른 일은 경영대학의 미국 AACSB(국제경영대학발전협의회) 인증 추진이었다. 양봉진 경영대학원장이 중심이 되어 이 일을 추진했고, 국내 대학 중 네 번째로 인증을 받게 되었다. 이는 경영학 분야 교육을 세계적 기준으로 끌어올리는 일이었다.

대학의 국제화와 함께 나는 세종대학을 사회에 더 잘 알릴 필요가 있다고 생각했다. 우리 대학의 종합대학으로서 위상과 평판을 확고히 정착시키고 싶었기 때문이다. 우리 대학의 자랑은 우수한 교수진이었으므로 대학을 홍보하는 기회가 있을 때마다 이를 강조했다. 또한, 우리 사회 지도자들에게 명예 박사학위를 수여하여 학교를 널리 알리는 전략도 구사했다. 삼보컴퓨터 설립자인 이용태 회장, 삼성의 이수빈 회장에게 명예 경영학 박사학위를 수여했고 2002년 월드컵 직후에는 거스 히딩크 축구대표팀 감독에게 국내 대학 중 최초로 명예 경영학 박사학위를 수여하여 언론에 크게 보도되었다. 명예 박사학위를 받은 분들 일부는 학교에 장학금이나 기부금을 내기도 했다. 우리 대학에서 명예 경영학 박사를 받은 동일방직㈜의 서민석 회장은 2001년 11월 도서관에 패션 디자인 도서를 기증해주어 4,600종의 패션관련 서적과 잡지를 갖춘 훌륭한 소 도서관이 만들어졌다. ㈜남성의 윤봉수 회장은 중견기업인 협회 회장일 당시 우리대학에서 경영학 박사학위를 받았다. 그는 공과 대학 내에 SOC(System on Chips) 연구실 설치를 위한 지원을 해 주었다. 발명가이자 세계적인 오토바이 안전모 사업을 가꾼 홍진크라운의 홍완기 회장은 명예 경영학 박사학위 수여 후 토목공학과에 필요한 고가의 실험장비와 건물을 희사해 주어 학교에 큰 도움이 되었다.

또 한 가지 기억에 남는 것은 세종대학이 2003년 초 유럽연합이 주관하는 ETP Korea(European Commission Executive Training Program Korea)의 위탁교육기관으로 선정되기 위해 노력한 일이다. ETP Korea는 한국과 교류하는 유럽기업체의 중견간부를 대상으로 하는 한국 전문가 양성 프로그램이다. 나는 유럽위원회 집행위원회가 이 프로그램을 일본에 이어 한국에서 시작할 거라는 소식을 접했고, 우리 대학의 국제화와 위상 강화를 위해 위탁기관으로 지정되고자 노력했다. 따라서 국제교류처장이었던 강자모 교수가 실무를 담당하도록 했고 주한 유럽 연합 대사였던 프린스 대사를 예방하여 ETP Korea에 대한 대학의 관심과 자원, 능력을 상세히 소개했다. 아울러 타 대학과의 경쟁에서 우위를 가질 수 있도록 교육 프로그램, 인프라를 갖추는 노력을 병행했고, 결국 우리 대학이 프로그램을 위탁받는 데 성공했다. 6개월 동안 한국어와 한국의 경제 무역 관행들에 대한 교육을 받고 3개월간 한국 기관과 기업에서 인턴으로 실무를 익히는 이 프로그램에는 8명의 유럽 연합 기업인이 참여했다. 그리고 그중 유럽 본사로 돌아갔던 6명이 한국지사로 발령을 받을 정도로 성과가 좋았다. 총장인 나도 이 프로그램에 참여하여 강의했다. 수료식에는 프린스 유럽 연합 대사, 통상산업부의 윤진식 장관이 참석하여 축하해 주었다.

우수 교수 채용 이외에도 연구중심대학으로 향하는 노력은 다양한 분야에서 이어졌다. 교수의 학술 논문 발표 실적에 따라 연구중심대학 외부평가가 크게 좌우되었으므로 논문을 장려하기 위한 강력한 인센티브 제도가 마련되어야 했다. 따라서 SCI 및 SSCI급에 해당하는 논문을 발표한 교수들에게 매달 시상을 하고 격려하는 모임을 가졌다. 특히 지명도 높은 과학 학술지 〈Nature〉, 〈Cell〉등 에 게재되는 논문은 특별 인센티브와 조기 승진을 결정하는 데 포함하도록 했다. 이런 노력의 결과로 이공계 교수들의 논문이 권위 있는 학술지에 실리기 시작하였다. 교수 연구 부문에서의 성과는 각종 국내외 대학평가에서도 빛을 발했다. 매년 전국 대학을 평가하는 중앙일보 대학평가에서 세종대학은 매년 그 순위가 급상승했고 교수들의 연구실적과 대학의 연구 프로젝트 수주 실적이 매년 신장했다. 대학 총장 취임 당시 20위권에 머물렀던 대학 평가는 매년 그 순위가 상승하여 2004년에는 전국 제8위로 자리매김했다. 대학사회에서는 세종대학의 부상이 화젯거리가 될 정도였다. 다른 대학 총장들과 이사장들이 내게 부러움을 호소했고, 나는 우리 대학이 제5위권 연구중심대학으로 발전하는 것이 불가능하지 않다고 생각하게 되었다. 세종대학교는 2004년에 이르러서는 학생 1만 5,000명, 전임교수 300명이 넘는 대학으로 발전하고 있었다.

대학과 인재 양성

나는 대학 총장으로서 우리 사회가 필요로 하는 인재란 어떤 것이며 대학의 역할은 무엇인가를 생각했다. 무엇보다 대학의 인재 양성 방향이 지금의 그것과는 달라져야 한다는 것은 분명했다. 그러던 2003년 초 전국경제인연합회에서 발표한 '우리나라 기업이 바라는 인간상' 기사를 관심 있게 읽어보았다. 대학에서 배출하는 대부분의 인력을 기업이 흡수하기 때문이었다. 보고서에 따르면 우리 기업은 글로벌 환경 하에서 전문지식과 프로근성을 갖고 올바른 가치관, 창의와 도전정신으로 맡은 바 임무를 완수하는 국제화된 인재를 원하고 있었다. 이에 필요한 소양과 자질은 전문지식과 폭 넓은 교양, 도전과 성취의식, 유연한 사고와 창의력, 올바른 가치관과 예의였다.

사회적 요구에 발맞춰 나는 대학 교육에 있어서도 영어와 정보화 교육을 강화하고 기술 개발속도가 빠른 전공과목과 교육 과정을 확대해야 된다고 생각했다. 그리고 스스로 '무엇'에 집중하는 전달교육에서 '어떻게', '왜', 그리고 '어디서'를 고민하는 지혜교육으로의 전환이 필요했다. 아울러 문제 해결책, 의사 결정력 등 사고능력을 키우는 교육 프로그램을 개발하고 산학 연계를 강화해야 한다고 보았다. 이를 위해 중등 교육에서는 기회의 공평함을 지나치게 강조하는 평준화 기조를 과감히 탈피하고 개인의 선택권과 교육 공급자의 책임성이 강조되는 경쟁적인 학교 운영방식이 도입되어야 했다. 대학 교육에서는 대학 간 생산적 경쟁과 구조조정을 유도하여 교육의 질을 향상하고 사회적 적합성을 확보해야 한

다고 믿었다. 나는 기회가 있을 때마다 이런 생각을 학내외 행사에서 이야기했다.[19]

 ## KBS 포럼21

나는 총장으로 부임한 후 대학발전에 진력하게 됨에 따라 통상 전문가로서의 활동은 줄여 나갔다. 그러나 불가피하게 활동해야 하는 경우도 생겼다. 나는 2001년 말부터 KBS가 새로 결성한 포럼21의 위원을 맡게 됐다. 사회 각계의 원로 지식인이 패널로 참여했던 이 포럼에서는 우리사회가 당면한 주요 이슈를 토론 주제로 다뤘다. 공개 토론에는 이세중 변호사, 박영숙 전 평민당 총재, 백낙청 교수, 박춘호 교수, 정근모 호서대 총장, 오명 전 과학기술정보통신부 장관이 참여했다. 나는 2002년 '한중 수교 10년 한중관계, 어떻게 열어갈 것인가?'라는 주제를 다룰 때, 그리고 같은 해 프레드 버그스텐 미국 국제경제연구소장, 환강 중국 국민경제연구소장, 아오키 마사히코 일본경제산업연구소장과 함께 '동북아 경제통합의 전망'에 대해 다룰 때 사회자 겸 토론자로 참여했다.

2002년 5월에는 이광요 전 싱가포르 수상과 함께 TV 대담 프로그램에서 '21세기 일류 국가의 길'을 주제로 한 시간을 토론했다. 이 토론은 국제해양재판소의 재판관이었던 고려대 박춘호 교수가 함께 참여하여 이광요 수상에게 질문을 던지는 형태로 진행됐다. 수상은 명쾌한 논리와 거침없는 언변으로 자기 소신을 펼쳤다. 나는 이광요 수상에게 그가 1999년에 낸 회고록 내용을 언급하며 질문했다. 그는 한국이 '교차로'에 서있다고 표현하며 한국의 재벌이 그들이 가장 잘하는 사업에 집중하고 비핵심 사업을 정리해야 한다는 의견을 표명한 적이 있다. 나는 그에게 현재 한국 재벌 기업들이 이에 따랐다고 생각하는지 물었다. 그의 답변은 다음과 같이 명쾌했다. "한국 재벌기업은 돈이 되는 모든 사업에 진입했고, 따라서 과잉설비와 자원의 비효율적인 배분이 생겼다. 그들은 가장 생산적인 핵심 사업에 집중해야 한다. 그렇지 않으면 세계 시장 경쟁에서 살아남을 수 없다."

나는 세계적 지도자가 나와 생각이 같다는 것을 확인하고 몇 년 전 장관 재직 시 추진했던 업종 전문화 시책이 그리 틀린 방향이 아니었다는 것을 확인할 수 있었다.

KBS 포럼21은 2003년 2월 25일 노무현 정부의 출범을 앞두고 '새 정부 출범제안: 성공한 대통령의 조건'이라는 주제로 토론을 개최했다. 나는 이세중 의원, 오명 위원, 박영숙 위원과 함께 토론에 참석했다. 토론에는 외부 연구원 자격으로 김병국 동아시아 연구원장, 정종섭 서울법대 교수, 박재완 성균관대 교수도 참여했다. 당시 노무현 대통령의 새 정부는 변화에 대한 국민의 엄청난 기대 속에서 태어났다. 하지만 변화의 방향과 속도에 대해서는 계층 간, 세대 간, 지역 간 갈등이 잠재해 있었다. 따라서 새로운 대통령은 변화의 요구를 수용함과 동시에 국민 통합을 이뤄내야 하는 어려운 과제를 갖고 있었다. 이를 위해서는 '민주적 리더십'이 필수적인 덕목이었다. 그러나 사회적 공감대를 이루는 데 너무 치중한다면 속도의 경쟁에서 뒤쳐질 것이었다. 특히 경제 분야에서 이런 부분이 우려되었다. 따라서 민주적 리더십과 더불어 용기 있는 결단을 할 수 있는 '과감한 리더십'이 조화되어야 했다.

국정 운영 관련해서는 청와대와 정부의 역할에 더욱 확실한 선이 필요하다고 생각했다. 대통령과 청와대가 챙길 일과 행정부가 할 일을 구체적으로 정하고 행정부가 끝까지 일을 마무리하도록 하는 것이 바람직할 것이었다. 정부는 알릴 것은 모두 알리고 언론의 비판에 대해 대범하고 너그럽게 수용하는 한편, 언론은 사실만을 보도하고 보도한 내용에 대해 책임을 지는, 항상 대안을 제시하는 언론이 되어야 한다는 원론적인 입장을 견지했다. 포럼 토론에서 나는 위와 같은 견해를 밝혔고, 마지막으로 대통령께 '위기관리에 능한 정부, 갈등을 치유하는 정부, 성장 잠재력을 키우는 정부'를 만들어달라고 주문했다.

 ## 한일 경제 관계의 장래

2004년 말에는 일본 교토에 있는 도시샤 대학의 초청으로 한일 관계 전반을 다루는 국제 세미나에 참여하여 '한일 경제 관계의 장래(The Future of Korean Japanese Economic Relations)'를 주제로 기조연설을 했다.[20] 이곳은 윤동주 시인이 유학했던 대학으로 우리나라에도 잘 알려져 있다. 세미나에는 《축소지향의 일본인》이라는 책을 써 일본에서 큰 반향을 일으킨 이어령 전 문화부장관도 연사로 참여했다.

그 당시 일본과 우리나라는 서로 세 번째로 큰 교역 파트너였고 양국 간 교역 규모는 650억 달러를 상회했다. 그만큼 중요한 경제관계를 맺고 있었다. 나는 연설에서 일본이 1965년 국교정상화 이후 우리나라에게 자본, 기술경영 노하우를 제공하고 우리 경제발전에 적지 않은 기여를 했다는 것을 인정했다. 우리에게 큰 시장을 제공해온 일본은 한국의 제2의 투자국이었다. 일본 기업은 한국 기업에 안정적으로 기계, 부품, 중간재를 공급했고, 우리기업의 국제경쟁력을 키우는 데 큰 역할을 했다. 일본의 산업정책은 우리 정부의 정책 수립에 큰 참고가 되기도 했다. 그러나 양국 간 경제관계는 국교정상화 이후 순탄하지 못했고 항상 긴장관계를 유지했다. 역사의 상처와 양국 간 정치적 갈등이 경제관계를 어렵게 만들기도 했지만 계속되는 무역불균형이 긴장관계의 원인이 되었다. 계속되는 대일 무역역조 속에서 한국정부는 1978년 '수입선 다변화'라는 정책을 도입했고 일부 일본 품목 수입을 금지했다. 이에 따라 양국 간 통상관계는 더욱 악화되었다. 무역역조 문제를 두고 한국은 양국 간 무역불균형을 개선하기 위해 정책 도입이 불가피함을 주장했고, 일본은 한국이 필요로 하는 자본재, 부품, 중간재를 그들이 공급하는 산업구조의 차이에서 무역역조가 발생한다고 주장했다.

무역 불균형 문제에 더하여 기술 이전 문제도 양국 간 마찰을 가져오는 문제로 대두되었다. 일본 정부는 이 문제가 양국 기업 간 문제이므로 정부가 나설 일이 아니라는 입장이었다. 반면 한국 정부는 양국 간 기술격차가 무역불균형의 원인이므로 양국 정부가 기업차원에서 기술이전이 원활하게 이루어지도록 조치해야 한다고 주장했다. 두 문제를 두고 양국 정부는 오랜 기간 협의했고, 1990년대 들어 완화되기 시작한 수입선 다변화 정책은 1999년에 폐지되었다. 기술이전에 관한 문제를 위해 한 일 기술 협력재단이 양국 정부와 민간 출연으로 설립됐고, 기술자 교환, 중소기업 기술자 훈련과 기술이전 촉진사업을 추진할 수 있게 됐다.

나는 한일 경제관계의 미래가 2003년 10월 합의된 한일 FTA 협상이 어떤 형태로 타결되느냐에 달렸다고 전망했다. 만약 한일 FTA가 타결된 다면 인구 1억 7천만 명과 5조억 불의 단일 시장이 탄생하게 되므로 양국에 엄청난 경제적 효과를 발생시킬 것이었다. 그러나 그 전에 극복해야 할 몇 가지 장애요인이 있었다. 양국은 서로 비슷한 사업구조를 갖고 있으므로 FTA는 양국 내에서, 그리고 제3국에서 경쟁을 격화시킬 것이 분명했다. 주로 전자, 자동차, 조선, 기계, 화학 산업 분야에서 이런 현상이 발생할 것이었다. 또한 수입개방으로 인해 피해가 예상되는 산업 분야에 종사하는 이들의 반대가 있을 터였다. 일본은 농업과 수산업이, 한국은 고도기술산업과 중소 부품산업이 이에 해당되는 업종이었다. 이런 장애 요인이 반드시 극복되어야 의미 있는 FTA가 타결될 것이었다. 양국이 산업적으로 민감한 분야도 무역자유화 대상에 포함시켜 경쟁을 유도하고 이에 따른 국내 산업의 구조조정의 비용은 국내 정책에 따라 부담하는 접근 방법을 쓰는 것이 FTA 체결의 취지를 살리는 길이라 생각했다. 양국은 포괄적 FTA를 추진하기로 합의한 만큼 무역자유화만을 다루는 것이 아니라 비관세장벽 투자확대, 기술이전 촉진 등도 FTA 협상의제에 포함시키는 것이 바람직했다. 이 방안을 통해 일부에서 우려하는 FTA에 따른 대일 무역역조 심화를 잠재울 수 있을 것이었다. 나는 위와 같은 내 견해를 담아 기조연설을 마쳤다. 끝으로 나는 한일 FTA가 양국 경제관계에 새로운 기회를 제공하고 양국 간 관계를 한 단계 높일 수 있는 계기가 될 수 있기를 기대한다고 밝혔다. 2002년 한일 월드컵 이후 좋아지고 있는 한일 관계를 경제 분야로 확산하고 당시 일본에서 일어나던 '욘사마' 현상이 경제 분야로 이어지길 바란다고도 했다.

내가 이 기조연설을 할 즈음 한일 FTA 협상은 진행 중이었다. 양국은 내가 잠재적 장애요인으로 지적한 문제들을 극복하지 못했고 얼마 후 협상은 중단되었다. 일본에게는 우리나라의 농수산물 수입 자유화 요구가 부담스러웠고 우리에게는 일부 첨단산업 대일 개방과 중소기업 부품산업 개방 문제가 걸림돌이 되었다고 짐작된다. 양국 간 FTA 협상은 다시 재개되지 않았으나 한중일 3국 간 협상이 다시 동력을 얻게 되어 한일 간 협의가 다시 시작될 가능성도 있다. 하지만 그렇다고 해도 상당 기간을 요하는 어려운 협상이 될 것이 틀림없다.

제1회 국제통상인 대상 수상

나는 2003년 2월 한국무역학회 정책토론회의 기조연설자로 참여하여 'WTO시대의 한국무역정책방향'에 대해 강연했다.[21] 강연에서 나는 우리 무역정책의 역사를 다시 한 번 정리했다. 그간 우리는 WTO체제 속에서 무역 입국을 실현하였으므로 이 체제의 수호자로서 응분의 역할을 다해야 할 것이었다. 그 다음해인 2004년에는 한국국제통상학회가 처음으로 제정한 '국제통상인 대상'의 수상자로 내가 선정되었다. 상패에는 다음과 같은 글귀가 적혀있었다.

"귀하께서는 1970년대 초부터 대외통상협상의 정부 수석대표로서 우리나라의 수출상품에 대한 수입규제완화와 국내시장 개방압력에 효율적으로 대처하는데 크게 기여하셨으며 1980년대와 1990년대에는 특허청장, 대한무역진흥공사 사장, 상공자원부 장관을 역임하시면서 우리나라의 산업발전과 수출진흥에 많은 공적을 남기셨습니다. 또한 우루과이라운드의 MTN 협상그룹의장과 WTO 사무차장으로서 국제통상규범의 발전과 WTO 체제를 조기에 정착시키는데 큰 역할을 하셨습니다. 이러한 국제 통상 분야에서의 큰 공로를 인정하여 국제통상인 대상을 드립니다."

총장 퇴임

총장으로 부임한 후부터 나는 대학을 발전시키겠다는 일념과 의지가 강했던 주명건 이사장과 함께 세종대학교를 국내 우수 연구중심대학의 반열에 올려놓기 위해 많은 노력을 기울였다. 그리고 어느 정도 성과도 거두었다고 생각하게 되었다. 그러나 불행하게도 세종대학교 설립자 가족 사이에 극심한 반목과 갈등이 표면화됐고, 학내 분규가 일기 시작했다. 설립자이자 이사장의 어머니인 최옥자 목사 측은 2003년 주명건 이사장이 비리를 저질렀다며 그를 검찰에 고발했고, 교육인적자원부에 세종대학교 감사를 요구했다. 이에 따라 2004년 10월에 실시된 교육부 감사에서 파주 출판단지 투자와 세종호텔을 관장하는 세종투자개발의 배당에 문제가 있다는 지적을 대학과 재단이 받게 되었다. 감사 결과가 발표된 후에는 극심한 학내 분규가 일어났고 이사장이 사퇴하게 되면서 대학은 걷잡을 수 없는 혼란을 겪었다. 얼마 되지 않아 학생들은 총장실을 점거했다. 나는 캠퍼스의 다른 곳으로 총장실을 옮겨야만 했다. 그리고 학생들 일부와 직원노조를 중심으로 총장도 퇴진할 것을 요구하는 집회가 계속됐다.

나는 지금까지도 설립자 가족 사이의 반목과 갈등이 어떤 연유에서 발생한 것인지 알지 못한다. 그러나 당시 학내 분규가 극도로 악화된 상황 속에서 이사장에 의해 임명된 총장이 이 사태를 수습하는 것은 불가능해 보였다. 오히려 내가 물러나는 게 사태 수습에 도움이 될 것으로 판단했다. 따라서 나는 2005년 4월 총장직을 자진 사퇴했다. 퇴진 결심

전에 가까운 친구들과 학내외 인사들의 의견을 구했는데, 그들 또한 이구동성으로 내가 사퇴하는 것이 학교뿐만 아니라 나를 위해서도 최선이라고 충고해 주었다. 나는 세종대학교를 떠나면서 만감이 교차했다. 무엇보다 6년 이상 교수로서 또한 총장으로서 학교발전에 쏟았던 열정과 노력이 허사로 돌아가는 것 같아 내 일생 어느 때보다 아쉬움이 컸다. 교육부는 그해 5월 세종대학교 재단에 관선 이사를 파견하여 새 이사회를 구성하고 새 총장을 선출했다. 시간이 흘러 다행스럽게도 세종대학이 안정을 되찾고 다시 발전의 궤도에 진입하는 모습을 보면서 나는 다소간의 안도감을 갖게 되었다.

2005년 무역투자연구원(ITI) 설립. 리인터내셔널 특허법률사무소에서

법률회사 고문으로

리인터내셔널 특허법률사무소

세종대학 총장직에서 물러난 후엔 조금 쉬고 싶었다. 나이는 60대 중반에 들어섰고, 아직 은퇴하기는 일렀지만 새로운 일을 위한 에너지를 충전하는 시간을 가지고 싶었다. 그간 쉬지 않고 치열한 삶을 살아왔고, 학교에서 겪은 소요사태에 지친 심신을 치유할 시간이 필요했다. 나는 조금 쉬면서 다른 일을 구상해 보기로 했다. 그러나 얼마 되지 않아 예상치 못한 제안이 들어왔다. 지식재산권분야에 특화된 리인터내셔널 특허법률사무소 이승훈 회장이 내게 고문직을 제안한 것이다. 과거에도 몇몇 법률회사 측에서 더러 공직에서 나오면 고문으로 와 달라고 제안했었다. 나는 신중한 마음으로 고민했다. 리인터내셔널은 1961년에 설립됐다. 특허와 상표 등 지식재산권을 전문으로 취급하는 전통 있는 법률회사로서 국내 고객보다는 해외기업을 고객으로 확보하고 있었으며 점차 국내 법률자문까지 업무영역을 확대해온 곳이었다. 이승훈 회장은 오래 전부터 잘 알고 지낸 분이었고, 사람 좋고 부드러운 분이었다. 아마도 특허청장 경력 때문에 나를 영입하고자 했던 것으로 생각된다. 변호사도 아니고 변리사도 아닌 내가 법률사무소에 어떤 기여를 할 수 있을까 걱정도 되었지만, '어떻게든 도움 될 일이 있겠지' 하는 막연한 생각과 기대로 고문직을 수락했다. 2005년 5월의 일이었다. 이렇게 나는 세종대학 총장직에서 사퇴한 후 숨 돌릴 틈도 없이 법률회사의 상임고문으로 일하게 되었다.

법률사무소 측에서는 특별히 내게 주문하는 사항이 없었고, 특별한 임무도 부여하지 않았다. 방문하는 주요 고객들을 만나 대화하고 변호사, 변리사들이 도움을 청할 경우 가능하면 도움이 되어 달라는 정도였다. 항상 바쁘게 지내왔던 나로서는 너무 한가하게 지내는 것이 익숙하지 않았다. 그래서 나는 어떻게 법률회사에 도움이 될 수 있을 것인지 생각해 보았다. 그리고 내가 할 수 있고, 회사에 도움이 될 만한 두 가지 일을 법률회사 측에 제안했고, 회사는 기꺼이 그것을 받아들였다. 그 후 나는 두 가지 활동을 주축으로 고문으로서의 역할을 수행해 나갔다.

그 중 하나는 내가 변리사들을 도와 법률사무소의 신규 외국 특허고객 확보에 힘을 보태는 것이었다. 우리 특허법률사무소는 60년 전 설립 초기부터 외국 회사의 국내특허 및 상표출원 업무를 담당해왔다. 때문에 외국고객을 오랜 기간 대리하면서 상당한 전문성과 능력을 축적해 오고 있었다. 변리사들은 기존의 고객들을 잘 관리하고 있었으나 새로운 고객 발굴과 확보에는 도움이 필요한 것 같았다. 특허법률회사가 성장하려면 지속적인 새로운 고객 확보가 필수적이므로 내가 그 역할의 일부를 맡아 노력해보기로 한 것이다. 나는 30대 초부터 30년 이상 공직 또는 국제기구에서 외국인을 대상으로 일하면서 많은 외국인 친구를 사귀었다. 그 중 상당수는 여러 나라의 영향력을 가진 자리에 있었다. 그들은 주로 공직에 있었지만, 간혹 사기업의 요직에 있는 분들도 있고 기업인들과 친분이 있는 분들도 있었다. 또는, 특허출원을 책임지는 회사의 간부를 직접 소개해 줄 사람도 있었기 때문에 내 인적 네트워크를 활용하는 것이 회사에 도움이 될 거라고 생각했다. 초기에는 특허 파트 소장이었던 특허청 출신 김성기 소장과 함께 미국, 유럽 등지를 출장하여 새로운 고객을 만났고 그 후에는 소장이 된 김태홍 변리사와 함께 오랫동안 출장하면서 대만, 중국으로 대상 지역을 넓혀 나갔다. 항상 경쟁자가 있는 마케팅 활동이었기 때문에 어려움이 적지 않았으나 더러 신규고객을 확보하는 데 성공했고 이들이 아직도 우리 법률회사의 큰 고객으로 남아있기도 하다. 이 활동은 지금도 계속하고 있다. 최근에는 특허소송도 증가하는 추세다. 따라서 우리 법률사무소의 특허소송 전문 김동환 변호사도 신규 고객 확보를 위한 외국 출장에 합류하여 힘을 보태고 있다.

새로운 고객확보 활동을 하는 동안 여러 경로를 통해 외국 기업과 지식재산권 관련 법률사무소를 새로이 만날 수 있었다. 경우에 따라서 이들 기업이나 법률회사 중 일부를 특허분야의 고객으로 확보했다. 고객으로 확보하기까지 해당기업의 관심사항을 잘 파악하여 여러 차례 접촉하고 공을 들여야만 했고, 같이 출장했던 김태홍 소장과 변리사, 변호사들이 전문지식으로 무장하고 훌륭히 대응해 주었다. 특허 고객들은 한 번 고객으로 확보하면 큰 실수가 없는 이상 대리인을 바꾸지 않는 경향이 있다. 새롭게 확보한 고객은 대부분 오랜 고객으로 남기 때문에 노력의 대가는 항상 크기 마련이었다. 지금은 리인터내셔널 특허법률사무소의 최대 고객이 된 한 다국적기업이 있다. 이곳에 우리가 처음 접촉을 시도할 당시 그 기업의 법무실장은 내가 정부에서 미국과 지식재산권 협상을 할 당시 미 정부대표단의 민간고문으로 참여했던 미국 기업의 변호사였다. 그가 나에 대해 좋은 감정을 간직하고 있었기 때문에, 우리는 금방 좋은 관계를 맺을 수 있었다. 다음해부터 그 기업은 한국출원 특허를 전부 우리 법률회사로 보내왔다. 최근에는 우리 법률회사에 대한 신뢰를 바탕으로 국내 특허 소송사건도 우리에게 수임했고, 우리 법률사무소의 부동의 고객이 되었다.

우연히 관계가 맺어지는 경우도 있었다. 몇 년 전 미국 캘리포니아 소재의 한 특허전문 법률회사를 방문할 당시 상대측을 대표한 변호사가 나와 대학 동문인 것을 확인하고 우리는 급격히 가까워졌다. 그 후 동 법률사무소는 미국에서 우리에게 가장 많은 특허사건을 보내주는 법률사무소로 발전하여 오늘에 이르렀다. 이 밖에도 많은 외국기업을 신규 고객으로 확보하는데 변리사, 변호사들과 함께 노력한 결과 우리 법률사무소는 지식재산권 전문 사무소로 국내외에서 자리매김하고 계속해서 그 위상을 이어나가고 있다.

무역투자연구원 설립

　　내가 추진한 또 하나의 아이디어는 통상정책과 외국인 투자 관련 연구 컨설팅 서비스를 제공하는 연구소를 법률사무소의 계열사로 설립, 운영하는 것이었다. 나는 정부에 있으면서 워싱턴에 있는 저명한 로펌들이 통상정책을 자문하는 자회사를 설립하여 성공적으로 운영하는 것을 보았고 이들로부터 도움을 받은 적도 있던 터였다. 따라서 이 같은 아이디어를 내게 된 것이다. 법률사무소에서도 연구소 설립에 찬동하여 2005년 가을, 무역투자연구원(Institute for Trade and Investment, 이하 ITI)을 창립했다. 내가 설립자로서 이사장직을 맡았고 초대 원장에는 채훈 전 코트라 부사장(후에 충청남도 부지사 역임)을 기용했다. ITI는 통상 문제를 다루는 국책연구소와는 달리 정부기관에 외국과의 통상협상에서 겪는 문제에 대한 연구와 자문 서비스를 제공하고, 우리 기업과 해외 기업에 해외진출과 관련하여 일어나는 통상, 투자문제에 대한 해결방법을 제시하는 데 목표를 두었다. 민간연구소로서 이런 시도는 우리나라에 처음 있는 일이었고, 언론에서도 ITI 설립에 주목하고 이를 비중 있게 보도해주었다.[22] 우리나라에서 사회과학분야의 연구소를 상업적으로 운영하는 일은 쉽지 않았지만, 점차 실적이 쌓이고 전문성을 인정받는 민간연구소로 자리매김하게 되었다. 채훈 원장이 초기에 연구소의 기초를 닦아놓았고 그 후에는 코트라 이사와 경북 통상 사장을 역임한 정동식 씨가 후임 원장으로 기용되어 약 10년간 연구소를 잘 이끌었다. 최근 건강문제로 정 원장이 퇴임하고 이수원 전 특허청장과 박우규 전 SK연구소 소장이 각각 잠시 원장 역할을 해주었다.

활동하는 14년 동안 ITI는 활동분야를 넓히고 다양한 고객을 확보해왔다. 2005년부터 2018년 말까지 105개 과제를 수주했고 누적 수주금액은 106억 원에 달했다. 매년 수주활동에 기복이 심해 어떤 해에는 비용 대비 이익을 냈으나 손해를 보는 때도 있어 법률회사의 지원을 받을 때도 있었다. 법률사무소 내부에서 연구소의 지속가능성에 대한 의문을 제기하기도 했다. 연구소는 정부, 정부투자기관, 업종별단체, 민간 기업으로부터 각종 연구 컨설팅 프로젝트를 수주하여 자체인력 혹은 외부 전문가를 활용하여 프로젝트를 수행해왔다. 미국·유럽·일본의 통상전문가들도 외부 전문가로서 적극적인 도움을 주었다. 최근에는 다국적 기업·국제기구와 외국 정부까지 고객층을 넓혀 활동을 하고 있다. 그 동안 연구소가 수주한 여러 프로젝트에 법률회사의 변호사, 변리사들이 참여하기도 했고 이런 케이스가 점차 늘어나고 있어 법률회사와의 시너지도 확보해가고 있었다.

연구소 설립초기에 타미 오버비Tami Overby 미국상공회의소 부회장이 연락을 해왔다. 한국 진출을 계획하고 있는 큰 미국 기업을 도와 달라는 부탁이었다. 나와 친분이 있는 그는 미국의 통상공세가 심한 1980년대에 적극적으로 한국의 입장에 서서 우리 정부를 도와준 적이 있었다. 미국의 대표적인 에너지기업이 한국에 배터리공장을 세울 계획인데 정부의 외국인 투자자 지원제도 활용과 관련하여 컨설팅이 필요하다는 거였다. 우리 연구원은 법률사무소의 변호사들과 함께 이를 지원하여 성공적으로 구미에 공장을 설립하도록 도와주고 상당 비용을 청구할 수 있었다. 옛 친분을 생각하여 나를 기억해준 오버비 부회장에게 감사하다는 얘기를 충분히 전하지 못한 것 같아 마음이 쓰였다. 역시 설립 초기에 독일 자동차 부품 업체 컨설팅을 맡기도 했다. 이를 계기로 기업 대표인 독일인 CEO와 친하게 되어 앞으로 더욱 확산될 것으로 예상되는 아시아의 FTA 현상이 기업의 아시아 활동에 어떤 영향을 미칠 것인지, 또한 어떻게 대응하는 것이 좋을지에 관한 연구 보고서를 쓸 수 있었다. 이 보고서가 도움이 되었기를 바랄 뿐이다. 보다 최근인 2013년에는 처음으로 아시아개발은행의 대규모 용역을 수주하여 라오스 정부의 동식물 위생검역 인프라를 구축하는 프로젝트를 수주했다. 수십 명의 국내외 위생검역 연구자와 전문가가 참여한 이 프로젝트에는 5년간 250만불 규모가 투입됐다. 이는 ITI의 대규모 사업수행능력을 향상하고 수익성을 개선하는 데 큰 도움이 되었다. 2018년에는 통상관련 여러 가지 프로젝트를 수주하여 성공적으로 수행했다. 미국 트럼프 행정부의 일방적 통상정책에 대한 분석보고서는 ITI 객원연구원인 미국 통상 변호사의 참여 하에 진행했고, 정부에서 좋은 평가를 받았다. 같은 해 진행했던 기술장벽 관련 보고서도 정부에서 도움이 된다는 피드백을 얻었다.

　이렇게 의미 있는 통상·투자관련 프로젝트들을 수행하고 있음에도 불구하고 우리나라에서 사회과학분야 연구소를 순수하게 상업적 베이스로 운영하는 것은 쉽지 않음을 절실히 느끼게 되었다. 나는 ITI의 활동이 법률회사의 다른 부문으로 파급되는 시너지 효과도 있으므로 연구소의 단기적 손익상황을 따져 지속가능성이 판단되리라고 생각하지 못했다. 정부가 수립한 주요 경제·무역관련 연구소들도 모두 정부의 상당한 보조를 받아 운영되는 것이 실정이었다. 그러나 점차 ITI가 계속해서 지원을 받기는 쉽지 않겠다는 분위기가 만들어졌다. 재무를 담당하는 부서에서 주로 이런 얘기가 나왔다. 나는 내가 연구원 설립을 주도했지만 그 동안 손익관리는 전적으로 법률회사가 해왔으므로 법률회사의 결정에 따르겠다고 생각을 정리했다. 얼마 후 법률회사 측에서 ITI를 법률회사와 분리해 독립된 연구소로 운영하는 것이 좋겠다는 의견을 제시했다. 나는 섭섭했지만 의견을 수용했다. 그리고 ITI는 비용을 줄여 수지를 맞추고 명실상부한 독립 민간 통상전문 연구기관으로 '제2의 도약'을 이루겠다는 포부를 갖게 되었다. 그 동안 연구실장으로 묵묵히 연구소를 지켜온 이광현 박사를 원장으로 기용하고 모든 체제를 갖추어 나가게 되었다.

나는 2005년부터 리인터내셔널 특허법률사무소의 상임고문과 무역투자연구원의 이사장으로 있지만, 회사의 양해를 얻어 몇 가지 사회적 활동을 병행하고 있다. 주로 공익 사회활동이기 때문에 큰 문제는 없을 것이다. 나는 2005년부터 상공부 출신 공직자 모임인 상우회 회장직을 6년 동안 맡았다. 그리고 2007년부터 오랜 기간 품질향상운동에 참여했고, 뜻하지 않게 국내 주요대학의 이사장직을 잠시 맡은 때도 있었다. 지금도 한 기업이 설립한 장학재단의 이사장을 맡고 있으며, 에너지기업의 사외이사 겸 이사회 의장으로 활동을 이어 나가고 있다. 가급적 이런 대외적 사회활동을 줄여나가고자 하지만 내 희망대로 되는 것 같지는 않다.

상우회

　　나는 2005년 상공부 본부 및 외청에서 퇴직한 공직자들의 친목단체인 상우회의 회장으로 선출되었다. 상우회는 정부부처의 친목단체 중에서 가장 활발하게 활동하던 단체였다. 그 동안 김정렴 전 청와대 비서실장(23대 상공부 장관)과 최각규 경제부총리(26대 상공부 장관)가 상우회 회장을 역임해왔다. 상우회 전임회장이었으며 내가 장관으로 모셨던 최각규 부총리가 퇴임을 앞두고 상우회 회장직을 맡을 수 있겠냐며 내 의사를 타진했다. 물론 나는 기꺼이 해보겠다고 했고, 다음 총회에서 3년 임기 회장으로 선출되었다. 상우회 살림을 총괄할 운영위원장에는 내가 장관으로 재직 시 제2차관보를 역임하고 공업진흥청장으로 영전한 박삼규 전 청장이 수고를 해주었다. 나중에는 기획관리실장을 지내고 상사중재원장을 역임한 김재현 전 실장이 운영위원장이 되었다. 취임 당시 상우회가 너무 고위직 위주로 운영되고 있다는 일부 의견이 있어 과거 현직에서 주사·사무관을 지낸 분들을 이사로 영입하였다.

　　정관에는 상우회가 통상·산업·자원행정에 관한 건의 및 자문에 응하고 회원의 친목과 복지증진을 목적으로 한다고 되어 있으나, 정책이나 건의, 자문활동에는 여러 제약이 있어 친목활동에 중점을 두기로 했다. 재임기간 6년 동안 매년 봄가을에 걸쳐 현역들과 함께 산행을 했고, 현역들과 우애를 돈독히 했다. 현직에 있던 사람들도 사정이 허락하는 한 장·차관 등 다수의 간부가 참여하여 즐겁고 의미 있는 행사가 되도록 노력했다. 내가 상우회를 떠난 이후에도 산행은 계속되어 지금까지 좋은 전통으로 이어지고 있다. 상우회에서 진행한 또 하나의 행사는 한국석유협회 회장으로 부임한 전 특허청장 오강현 회장의 제의와 지원으로 이루어진 산업시찰이었다. 상우회 원로회원 중에는 현직에 있을 때 우리 산업발전에 기여한 분들이 많았기 때문에 이분들에게 산업발전상을 보여주는 것은 의미 있는 일로 생각되었다. 따라서 오강현 회장의 제의를 감사한 마음으로 받아들였다. 광양·포항·여수·울산 등 우리나라 에너지 및 중공업 중심지를 시찰할 수 있었고 많은 원로회원이 참여하여 좋은 시간을 가졌다. 나는 오 회장이 석유협회 회장을 맡고 있을 당시 협회 내에 새로 설립된 녹색성장에너지 기금관리위원회의 위원장을 맡게 되었고, 정유사가 공동 출연한 기금관리 운영에도 관여했다. 때에 따라 상우회 회장 자격으로 가끔씩 회원들을 돕기도 했다. 2010년 나와 현직에서 일을 같이 해온 이재훈 차관이 퇴직하고 부천에서 국회의원 출마를 계획하면서 서울 프레스센터에서 출판기념회를 열었다. 역시 함께 근무한 적 있는 배성기 전 기획관리실장(추후 생산성본부회장, 중부발전사장 역임)이 여수 시장에 출마할 때도 여수에서 출판기념회를 열었다. 나는 두 행사에 참여하여 축사를 했다. 상공부 선배이자 에너지 분야에서 오래 일한 김병용 전 전기국장의 팔순잔치에도 참석하여 축사를 한 기억도 있다.

상우회 회장을 하면서 한 가지 아쉬운 점이 있었다면 상공부와 동력자원부 합병 이후 상당기간이 지났음에도 불구하고 동력자원부 출신 회원들이 많이 참여하지 않고 있다는 것이었다. 이분들은 따로 친목단체를 만들어 활동했고, 극히 일부만 상우회에 참여했다. 이런 점을 인식해 동력자원부 출신들을 가급적 여러 명 상우회 이사진에 포함시켰으나 이

것으로 양 부처 출신 공직자가 진정으로 하나가 되지는 못했다. 다행히
도 동력자원부 출신으로 한전사장을 지낸 ㈜삼천리의 한준호 회장이 최
근 상우회 회장으로 선출되어 기대를 품게 되었다. 나는 상우회 회장을
한 번 중임하여 6년 동안 자리를 지키다가 나와 같이 오래 일했고 2011
년 통상산업부장관을 역임한 정해주 장관에게 회장직을 물려주었다. 특
별히 내세울만한 업적은 없었지만 상우회가 별 탈 없이 친목단체로서 소
기의 목적을 달성한 것 같아 기쁜 마음으로 퇴임했다. 그 후 정해주 회
장이 6년 동안 의욕적으로 상우회를 이끌어 주어 많이 활성화되었다. 회
원들이 적극 호응하고 상우회를 지원하는 모습은 명예회장인 나로서는
매우 만족스러운 것이 아닐 수 없다.

 사회적책임경영품질원

2007년 나는 2002년에 시작한 창조적 품질경쟁, 경영 품질
을 기치로 내걸고 시작한 신 품질 운동과 인연을 맺게 되었다. 나는 설립
이후 경영품질을 연구하고 보급해온 '신 품질 포럼'의 제4대 위원장으로
초대 조순 전 경제부총리, 제2대 오명 전 과학기술부장관, 제3대 전 김
기환 상공부차관의 뒤를 이어 이 일을 맡게 되었다. 과거 상공부에서 같
이 일했던 품질관련 전문가인 전병식(한국세라믹총협회 회장), 나창수(한국심사자
격인증원 회장), 김우현(한국품질재단 이사장)등이 찾아와 이를 맡아 줄 것을 간곡
히 부탁했고, 또 전임 위원장이던 김기환 전 상공부차관(KDI 원장 역임)도

전화를 걸어왔다. 나는 상공부에서 품질 관련 업무를 직접 담당한 적은 없지만 분야의 중요성을 인식하고 있었다. WTO 사무차장 시절에 기술장벽 업무가 내 산하에 있었기에, 기술장벽(TBT) 문제가 국제무역에서 과거보다 훨씬 중요해졌다는 흐름도 파악하고 있었다. 때문에 내가 기여할 수 있는 분야의 하나로 생각되었다. WTO 재직 시 나는 국제표준화기구ISO의 창립 50주년 기념식에 참여하여 WTO를 대표하는 축하연설을 한 적도 있었다. 몇 년 후에는 미국 휴스턴에서 열린 국제전기표준회의 연차총회에도 기조연설자로 초청되기도 했다. 나의 위원장 취임을 전후하여 그간 포럼형태로 운영해온 신품질 포럼은 산업자원부의 허가를 받아 사단법인 표준품질선진화 포럼으로 전환했다. 나는 이와 함께 회장으로서 활동을 이어갔다. 포럼에는 품질표준분야에서 평생 기여했던 학계, 기업계 전문가들이 다수 참여했다. 사업계획에는 국제기구가 설정하는 표준규격·지식 등을 국내에 접목시키는 사업, 전문가 육성, 전문가 협력, 네트워크 구성, 품질표준화 선진화 시책의 보급 및 대정부건의와 선진경영 포럼의 도입을 위한 연구개발 실천을 포함했다. 내가 회장을 맡고 전병식 회장, 나창수 회장, 김우현 한국품질재단 이사장, 김재주 전 서울대 교수와 박성현 서울대 교수가 부회장으로 선출되었다. 표준품질선진화 포럼은 여러 어려움에도 불구하고 이 형태로 매년 착실히 사업을 추진해 나갔다. 매년 가을에 개최된 표준품질선진화 포럼에는 세계적 품질 전문가를 초청하여 강의하도록 했고, 선진국의 품질경영 우수사례를 수상 기업이 직접 설명토록 하는 등 우리 기업에 도움이 되는 프로그램을 개발했다. 매년 200~300명의 학계·산업계·연구계의 품질전문가가 참석하여 높은 관심을 보였다.

신품질 포럼 10주년을 기념했던 2012년 신 품질 컨벤션은 63빌딩에서 한국경제신문사와 공동으로 개최했다. 포럼 주제는 '지속성장을 위한 품질혁신의 새로운 패러다임: 장수기업의 비결'이었다. 행사에는 품질경영의 세계적 권위자인 싱가포르 국립대학의 T. N. 고브 교수가 '현재의 지속가능성 요구와 변화하는 품질의 개념'을 주제로 강연했다. 1847년 창립되어 당시 165년의 역사를 가진 독일기업 지멘스의 지속성장 비결을 김종갑 지멘스코리아 회장이 직접 소개하기도 했다. 김종갑 회장은 나와 함께 상공부 통상 분야에서 오랫동안 일했던 동료이다. 그는 공직 퇴임 후 하이닉스 사장을 역임하면서 경영 수완을 입증했고, 그 후 지멘스가 처음 뽑은 지멘스코리아의 첫 한국인 경영책임자였다. 나는 이 행사를 즈음하여 공동주최자인 한국경제신문과 인터뷰를 가졌다.[23] 기자는 기업이 장수하려면 어떤 노력이 필요한가를 물었다. 나는 이 질문에 기업에게 필요한 세 가지를 답했다. 첫째는 경쟁력을 확보하기 위해 장기적 안목으로 R&D 투자를 늘려야 한다는 것, 둘째는 새로운 사업을 무리하게 추진하지 말고 특정 분야를 전문화해야 한다는 것, 셋째는 직원들이 마음껏 일할 수 있도록 '인간 중심 경영'을 해야 한다는 것이었다.

포럼 설립초기에는 우리나라 품질표준 커뮤니티의 관심과 호응 속에서 활발한 활동을 이어 나갔지만, 해가 지날수록 재정적 어려움에 봉착하게 되었다. 자체사업을 통해 소요예산의 많은 부분을 조달했지만, 회원 유치 사업이 순조롭지 못해 매년 예산 부족을 염려해야 했다. 부족예산을 메우기 위해 한국품질재단의 지원을 계속 받아야 하는 상황도 부담이었다. 어려움 속에서 회장단은 사업의 활성화를 위해 무언가 새로운 시도를 해야 한다고 생각했다. 이에 따라 2012년 말부터 활성화를 위한 여러 가지 아이디어가 논의되었다. 많은 사람이 품질의 개념이 과거의 제품과 생산과정의 개념으로부터 발전되고 있음을 주목했다. 따라서 2010년 확정된 조직의 사회적 책임과 관련된 지침인 ISO 26000을 우리 포럼 활동과 접목시키는 것이 바람직하다는 의견이 제시되었고 이를 추진했다. 이에 따라 2013년에는 기획재정부로부터 사회적책임경영품질원(이후 사경원으로 표기)이 설립인가를 받았고, 그 해 말에는 비영리법인으로서 지정기부금 단체 지정을 받을 수 있게 되었다. 품질표준 관련 단체들은 많은 경우 산업통상자원부와 관련되어 있지만 사회적 책임을 함께 다루는 사경원은 기획재정부 산하 사단법인이 되는 것이 좋겠다는 의견을 반영한 결과였다. 최근 제조업뿐 아니라 서비스업이 사경원의 활동에 포함된다는 고려도 있었고, 새 부처에서 새로운 의지를 가지고 사경원의 활동을 지원할 수도 있다는 기대도 있었다. 기획재정부에서도 사단법인 설립을 적극 지원하는 입장이었고, 얼마 후에는 사경원이 제안한대로 부총리 명의로 사회적책임 대상과 경영품질 대상, 최고경영자 대상을 수여하기로 결정하여 큰 힘이 되었다. 상이 제정된 이후 해태제과, CJ, 에쓰오일 등이 사회적책임 대상, 한국엔지니어링플라스틱, 풍산, 동부저축은행이 경영품질 대상을 받았으며, 수산그룹, 동양피스톤(주)이 최고경영자 대상을 받았다. 내가 취임한 2014년 한 해 동안 사회적책임경영품질 컨벤션과 추계학술대회를 개최하고 몇 개 기업과 인력양성협약을 체결했다. 동시에 사회적 책임 내부 평가사 양성과정 교재가 개발되었고, 일부기업과 공공기관이 연구 용역사업을 수행하여 활발한 활동을 펼쳐 나갔다.

나는 새로운 분이 새 아이디어로 기관을 이끄는 것이 좋겠다는 생각에서 2016년 사경원 사퇴를 결심했다. 현재는 명예회장으로서 기구에 도움이 되도록 힘을 보태고 있다. 2008년부터 활동에 참여했고 8년 이상 품질운동을 해왔으니 조금이나마 기여했다고 믿는다. 새 회장으로는 신 품질 포럼 시절부터 적극적으로 활동하고 나와 함께 일했던 전 한국 과학한림 원장을 역임한 박성현 전 서울대 교수가 선출되었다. 사경원 원장으로는 전 품질재단 대표인 김재룡 씨가 임명되어 활발한 활동을 이어가고 있다.

 포니정 재단

나는 2008년 고 정세영 회장을 생전에 알고 지낸 인연으로 그의 아들인 정몽규 회장이 2005년 설립한 장학재단 포니정 재단과 처음 인연을 맺었다. 고 정세영 회장은 현대자동차를 설립하여 우리나라 자동차 산업을 일으키고 최초의 국산차 포니를 개발하고 수출한 선구자적 기업인이었다. 나는 상공부에 근무하면서 가끔 정 회장을 만날 기회가 있었고, 항상 영국신사 같은 풍모와 부드러운 대인관계를 유지하는 그에게 호감을 가져왔다. 우리나라 자동차 산업의 미래와 관련하여 가끔 상의도 했었기 때문에 이사 취임 제의를 기꺼이 수락했다. 처음 몇 년 동안은 평이사로 있다가 김진현 전 과학기술처 장관이 이사장자리에서 물러난 2014년부터 그 자리를 이어받아 오늘에 이르고 있다. 포니정 재단은 정세영 명예회장이 타계한 2005년 11월에 아들 정몽규 회장이 선친을 기리고자 설립한 장학재단이다. 정몽규 회장이 출연한 18억 원으로 설립되어 그 후 HDC그룹과 정세영 회장을 기리는 여러 기업과 개인의 출연으로 매년 자산과 사업규모를 확대해왔다. 특히 2015년에는 정세영 명예회장 10주기를 맞아 정몽규 회장이 보유하고 있던 현대산업개발 주식 20만주(신고금액 113억 원)를 기부하면서 자산이 크게 확대됐고 2018년 말 재단의 총 자산은 639억 원으로 커졌다.

포니정 재단은 한국산업사의 큰 역할을 했던 정세영 명예회장의 혁신적인 생각, 도전정신, 평생을 몸소 실천했던 정도정신과 인재 중시 경영 철학을 기리는 각종사업을 매년 시행한다. 일례로 매년 포니정 혁신상을 제정하여 '혁신과 도전으로 우리 사회에 긍정적인 변화를 일으키고 공헌한 인물'을 선발한다. 반기문 전 UN 사무총장이 제1회 수상자였고 그 후 다양한 분야에서 수상자가 나왔다. 최근 수상자는 김연아 선수(2015), 조성진 피아니스트(2016), 이국종 교수(2017), 김하진 신부(2018), 장윤정 뮤지컬감독(2019) 이다. 포니정 재단은 또한 설립 초기부터 꾸준히 기초학문인 인문학 분야 학술지원을 이어왔다. 2013년부터는 박사학위를 취득한지 5년 이내의 신진학자들에게, 그리고 2015년부터는 한국학 분야 국내외 연구자들에게 지원을 하고있다. 지원 받은 신진학자들은 후에 대학교수나 전임연구원으로 발탁된다. 최근에는 재단에서 지원받은 한국학 전공자 최덕호 선생이 영국 셰필드 대학교 동아시아학과 전임교수로 임용되었다.

이와 더불어 포니정 재단은 핵심 사업으로 국내외 대학생을 대상으로 장학생을 선발하여 지원한다. 매년 국내에서 20명, 베트남에서 60명의 장학생을 선발하여 1년간 등록금 전액을 지원한다. 국내장학생에게는 장학생 프로그램에 참여할 기회를 제공한다. 베트남 장학생들은 고려대학교에서 2년간 석사과정을 이수할 수 있는 등록금, 생활비, 항공료를 지원하는 초청 장학생 프로그램에 지원할 수 있고, 한국어를 전공하는 학생들을 대상으로 1년간 고려대학교에 초대하는 교환 장학 프로그램을 운영한다. 이는 베트남 학생들의 큰 호응을 받고 있다. 포니정 재단에는 그동안 설립자를 비롯하여 많은 분이 출연을 거듭했고, 이제 상당한 규모의 재단이 되었다. 그리고 꾸준히 더 많은 사업예산을 확보하기 위해 자산 관리에도 힘쓰고 있다. 최근에는 이런 노력이 결실을 맺어 사업예산이 크게 확대되는 좋은 결과를 얻었다. 2019년 중에는 확대된 재원을 재단 사업에 반영하는 방안에 대해 이사회의 지속적이고 활발한 토의가 있을 전망이다.

 에쓰오일 이사회 의장

나는 2015년 에쓰오일 경영진의 요청으로 사외이사로 참여했고, 이사회 의장으로 선임되어 지난 4년 동안 활동해왔다. 나는 과거에 두산 인프라코어, 제일은행의 사외이사로 활동한 적이 있어 이번이 세 번째로 사외이사를 맡은 셈이다. 에쓰오일은 사우디 아람코가 대주

주인 정유·화학회사로 이사진 11명 중 5인이 사우디인이다. 이사회는 통역이 제공되긴 하지만 영어로 진행되어 한국인 이사에게는 다소 불편함이 있는 것이 사실이다. 하지만 경영진에게 적절한 견제 역할과 유용한 지침을 제공하며 이사회는 아주 모범적이고 효율적으로 운영되고 있다.

다행히 내가 이사회 멤버로 활동하는 동안 회사가 좋은 경영 실적을 거양하였고 이에 따라 주주들에게 상당한 배당이 이루어졌다. 또한 4조원이 넘는 규모의 신규 화학 프로젝트 RUC-ODC를 성공적으로 수행하여 2019년 중 준공되었다. 2019년 초에는 사우디 측 사외이사인 알자이드 전 주중 사우디 대사가 사망했다. 이사회는 좋은 분을 잃게 되었다. 지난 3년 동안 에쓰오일의 CEO로서 많은 업적을 올린 알 감디 CEO가 6월에 아람코사로 복귀하고 새 CEO인 알 카타니 씨가 부임하였다. 앞으로 에쓰오일은 정유회사와 화학회사로 계속 크게 발전할 수 있을 것으로 기대된다. 2019년 6월 26일 에쓰오일은 사우디의 실권자인 모하메드 빈살만Mohamed bin Salman 왕세자의 방한을 계기로 RUC-ODC 화학플랜트 준공식을 서울에서 갖게 되었다. 단일 프로젝트로서는 우리나라 정유·화학 산업의 최대 투자 사업이었으며 한국과 사우디 간 대표적인 협력사업인 점이 고려되어 문재인 대통령도 행사에 참석해 축하해 주었다. 나는 이사회 의장으로서 준공식 환영사를 했다. 환영사에서 나는 사업이 성공적으로 수행되는 데 큰 도움을 준 한국정부와 울산시 그리고 사우디 아람코 사에 사의를 표하고 사업을 통해 에쓰오일이 기존의 정유 사업 위주에서 화학분야를 아우르는 정유·화학기업으로 발전하는 계기가 되기를 바란다고 전했다. 또한, 끝으로 사업의 성공적인 수행을 바탕으로 향후 화학분야 투자를 통해 아시아 지역에서 가장 경쟁력 있고 존경받는 에너지 기업이 되겠다는 에쓰오일의 비전에 더욱 가까이 가게 될 것을 기대한다고 밝혔다.

 ## 중앙대학교와의 인연

나는 2005년 학내 분규 때문에 세종대학교 총장직을 사임하고 떠날 때 다시는 대학과 인연을 맺지 않겠다고 생각했다. 그러나 3년 뒤 2008년에 아무 인연이 없던 중앙대학교의 법인이사로 선임되었다. 나는 2015년 이사장으로 취임했고 약 10개월 동안 대학 운영에 참여했다. 하루는 가까운 친구이자 고등학교 동창인 두산그룹의 박용성 회장이 중앙대학교 인수를 검토하고 있는데 어떻게 생각하느냐고 물어보았다. 아마도 가까운 사람들에게 의견을 구했으리라 생각된다. 우리는 친한 친구였고 선대에서도 인연이 깊던 사이였기 때문에 솔직히 말할 수 있었다. 나는 기업이 사회에 기여할 수 있는 방법이 여러 가지 있겠지만 대학을 인수하는 것은 바람직하지 않다고 생각한다는 뜻을 밝혔다. 나로서는 세종대학교에서의 뼈아픈 경험도 있고, 대학의 일반적인 행태에 대해서도 알고 있기에 이처럼 대답했다. 당시에는 박 회장이 어느 정도 중앙대학교 인수를 결심한 단계였는지 내 의견에 별 반향이 없었다. 얼마 후 두산그룹이 중앙대학교 인수를 결정했다는 소식이 보도되었다. 나중 얘기지만 그때 박 회장이 역시 가까운 친구였던 이동 전 서울시립대 총장(서울시 부시장 역임)에게도 의견을 물어보았다고 한다. 지금은 고인이 되었지만 서울시립대 총장시절 학내분규로 많은 고생을 한 이 총장도 대학인수에 대해 부정적 견해를 전했다고 알려주었다. 아마 박 회장은 친구인 우리 둘 다 대학총장을 지내며 많은 고생을 했기 때문에 부정적인 입장을 가진 것으로 생각했을 것이다. 중앙대 인수절차가 마무리되고 이동 전 총장과 나는 중앙대학교 학교법인 이사로 2008년 5월부터 참여했다. 대학 운영 경험이 있는 사람으로서 친구를 돕는다는 차원이었다.

중앙대학교 법인 이사로 있는 동안 대학의 요청으로 학생들에게 특강을 한 적이 있다. 2009학년도 신입생을 대상으로 한 '명사특강'이었다. 나는 자유전공학부에 입학한 백여 명의 신입생을 대상으로 '내가 걸어온 길'을 주제로 이야기했다. 자유전공학부에는 로스쿨을 희망하는 법률지망 학생들이 많이 들어온다는 것을 참고해달라는 학교 당국의 부탁도 있었다. 나는 다음과 같은 내 생각을 강의로 풀어냈다.

'인생을 살면서 실망도 많이 해보고 실패와 좌절도 없지 않았지만 대체로는 순탄하고 보람이 많았으므로 후회가 없는 삶을 살아왔다. 그 배경에는 부모를 잘 만난 행운으로 여러 가지 길이 열린 것도 있고, 고도성장기에 정부에서 일할 수 있었던 시대적 상황도 있었다. 이른바 '관운'도 좋아서 때 맞춰 승진할 수 있었고, 젊었을 때부터 '통상'이라는 한 우물만 판 것이 보람된 삶을 살 수 있었던 이유라고 생각한다.

세계화 시대에는 개인에게 노동력, 토지, 자본과 같은 물질적 요소 보다 지식이 중요하다. 대학생활이 중요한 것도 이 때문이다. 대학은 지식을 창출하고 공급하는 기관이며 전문가를 양성하는 기관이다. 세계화 시대에서 성공하는 비결은 '새로운 것을 창출하는 능력'이다. 이를 실현하기 위해서는 확고한 지식기반 위에 의사소통능력, 정보처리능력, 문제해결능력, 대인관계능력, 수리능력, 외국어능력이 필요할 것이다. 능력 확보를 위해 학생들은 끈임 없이 노력하는 자세를 가질 필요가 있다.'

장차 법조인을 꿈꾸는 학생들을 위해 법조인이 되기 위해 필요한 준비에 대한 이야기도 특강에 포함했다. 내용은 다음과 같다.

'지금까지 우리나라에서 배출된 법조인들은 국내사건을 다루는 데 치중하고 있다. 세계화 시대의 법조인은 국제적인 사건들을 많이 다루어야 하므로 외국어 실력, 국제적 안목과 외국법 지식이 풍부해야 한다. 지금까지도 국가의 중요한 일을 대외적으로 수행할 때 한국변호사 보다는 외국변호사를 활용하는 사례가 더 많다. 1997년 외환위기 때나 WTO 통상 분쟁에서 외국변호사가 한국정부를 대리하곤 했다. 이것은 모순이며 시정되어야 할 관행이다. 지금까지도 국가적으로 중요한 일을 수행할 때 한국변호사가 아닌 외국변호사를 활용하는 사례가 많다. 법률시장이 완전 개방된다면 외국변호사와의 경쟁은 더욱 치열해질 것이다. 로스쿨 지망생들은 국제화라는 흐름에 맞춰 영어실력, 특히 영작문 능력을 향상시켜 준비해야 한다.'

박용성 회장의 주도아래 중앙대학교를 인수한 두산그룹은 인수초기 상당한 출연금을 대학에 투입했다. 동시에 의욕적인 행보를 보이며 대학발전을 위해 여러 분야에서 개혁을 시도했고, 학교 내외에서 긍정적인 평가를 얻었다. 뚝심 있고 추진력이 강한 박 이사장 특유의 집념으로 대학은 바람직한 방향으로 발전하고 있었으며, 나는 이사회에서 이를 뒷받침하기 위해 노력했다. 그러나 강력한 개혁에 반대하는 일부 교수들의 저항도 만만치 않게 대두되었다. 이런 상황에 불행하게도 이사장이 학교 구성원에게 보낸 메일이 공개되면서 막말 논란에 휩싸였고, 박용성 회장은 이사장직에서 2015년 4월 사퇴했다. 그 후 중앙대학교 법인 이사회는 새로운 이사장을 선출했다.

두산그룹은 당시 법인이사였던 내게 이사장직을 맡아 줄 것을 요청했다. 나는 처음엔 사양했지만 여러 가지 정황상 요청을 수락하지 않을 수 없었다. 법인이사로서 학교 안정에 책임을 느끼고 있었고, 두산 관련 인사가 이사장을 맡기는 어려운 상황이었다. 따라서 이사장직 요청을 받아들이고 2015년 4월 말에 이사장으로 선출되었다. 이사장으로 활동했던 10개월 동안 나는 '로우-키low-key' 이사장이 되겠다고 마음먹었다. 주인이 아닌 사람이 주인행세를 하는 것도 어색하거니와 두산그룹에서 차기 이사장이 선출되면 그가 대학의 중요 사항을 결정하도록 남겨 두어야 한다고 생각했다. 물론 나는 세종대학 총장 등 여러 보직을 거치면서 대학 운영과 관련된 노하우와 소신이 있었지만, 중앙대학의 주요결정 사항은 후임 두산그룹 이사장이 행사하는 것이 도리라고 생각했다. 따라서 나는 대학관련 결정사항은 이용구 총장에게 위임하고 대학을 안정시키는 일에 전념하기로 했다. 대학이 어느 정도 안정을 되찾은 2016년 초 두산그룹의 박용현 회장이 이사장으로 오게 되었다는 소식이 들렸다. 서울대학 법인 이사장을 지낸 분이 후임으로 결정됐다는 소식을 듣고 다행이라고 생각했고 기꺼이 사퇴하기로 결정했다. 이사장직을 떠나게 된 이상 법인의 이사 자리에서도 물러나는 것이 좋겠다고 판단하여 관계자들에게 양해를 구하고 중앙대학교와 인연을 맺은 지 8년 만인 2016년 2월 초에 대학을 떠났다.

 ## 국제통상 세미나 참석

리인터내셔널 법률사무소에 있으면서도 통상전문가로서 기고를 하거나 국내외 세미나에서 기조 강연자 혹은 토론자로 참여할 기회가 여러 차례 있었다. 내가 법률회사 상임고문으로 부임한 2005년부터 이어진 몇 년 동안 세계적으로 지역무역협정 동향은 활발했다. 우리나라에서 FTA로 불렀던 지역주의 현상은 2000년대 초부터 아시아 지역, 특히 동아시아 지역에서 활발했다. 우리나라를 비롯하여 일본, 아세안 국가들이 관여한 FTA가 다수 체결되고 있었다. 나는 일본통산성 산하 일본국제경제교류재단JEF이 동아시아 국가에서 2003년부터 차례로 매년 개최한 이 지역의 FTA와 관련된 국제세미나에 세종대학총장시절부터 유일한 한국 참가자로서 참여하여 개인적인 견해를 밝힌 바 있다. 이 재단의 이사장 하다케야마 노보루 씨는 통산성 차관 출신으로 일본무역진흥기구 이사장을 거쳐 일본국제경제교류재단 이사장으로 일본 FTA 정책에 상당한 영향력을 행사하고 있었다. 나는 그와 국장 시절부터 친하게 지냈고, 항상 한일 간 문제를 솔직히 토의할 수 있는 관계였다. 내가 현직에 있을 때는 워싱턴에 마이클 스미스 부대표가 있었고, 도쿄에는 하다케야마 차관이 나의 통상대화 채널이 되어 있을 정도로 서로 믿고 밀접한 사이였다.

하다케야마 이사장은 2000년대 초 일본정부가 FTA정책을 채택하게 만든 장본인이라는 평가를 받았다. 일본은 우리나라처럼 지역주의를 배격하는 통상정책을 구사했다. 그러다 다른 나라들이 FTA로 정책을 변경하는 추세를 파악한 하다케야마 이사장이 일본통산성 관리를 설득하여 궤도수정을 하게 했다는 소문이 있었다. 일본은 그들의 새로운 통상정책을 뒷받침하고 주도적으로 동아시아 국가들의 경제통합을 주도하기위해 여러 국가의 전문가들을 초청하는 세미나를 개최했다. JEF 세미나에는 일본, 한국, 중국, 싱가포르, 인도네시아, 태국, 필리핀 등 동아시아의 통상 전문가가 참석하여 역내 FTA 동향을 파악하고 향후 추진 방향을 논의하는 기회를 가졌다. 이 세미나는 내게 FTA 관련 정보를 획득하는 좋은 기회가 되었다.

나는 동아시아의 FTA 논의에서 상당한 경제적 비중을 가진 대만이제외된 것이 지역 경제통합에 도움이 되지 않는다고 보았다. 따라서 대만 대표의 세미나 참석을 하다케야마 이사장에게 건의했고, 이를 관철시켰다. 주최 측인 일본국제경제교류재단에서는 나와 오랜 친구였던 대만의 경제부장, 행정원장과 부총통을 지낸 소만장Vincent Siew 씨를 초대해주었고 다음해 세미나에는 동인이 직접 참여하여 대만의 입장을 개진했다. 정부 간 회의에 중국이 참여하는 경우 대만의 참가가 불가능했지만, 민간 차원의 회의라도 대만을 초대해준 것에 부총통은 나와 하다케야마 이사장에게 크게 고맙게 생각했다. 그는 회의를 대만에 유치하는성의도 보였다. 약 10년 가까이 계속된 일본국제경제교류재단 세미나는 역내 통상전문가들 사이에서 동아시아 지역 통합 의지를 결집하는데 상당한 기여를 했다고 평가된다. 하다케야마 이사장은 일본경제교류재단 이사장으로 상당기간 활동하다가 2015년경 은퇴하고 조그마한 통상 연구소를 설립하여 지금도 활동을 계속하고 있다. 건강이 그리 좋지 않다고 들었지만 다행히도 지적활동은 아직도 왕성한 것 같다.

 ## 한미 FTA 협상

나는 2006년 5월 주한미국상공회의소의 초청으로 '어떻게 한미 FTA 협상에 대한 반대를 극복할 수 있는가(Surmounting South Korea's Domestic Opposition to the FTA)'를 주제로 의견을 제시할 기회가 있었다. 당시 한미 양국은 FTA 협상을 막 시작한 시점이었고 제2차 협상을 앞두고 있었다. 한미 FTA를 적극 지지했던 주한미국상공회의소는 당시 우리 국민들 사이에 확산되고 있는 한미 FTA 반대 목소리를 우려하고 있었다. 미국은 여야를 막론하고 한미 FTA를 지지했고 어떤 이익단체도 FTA를 반대하지 않았다. 그러나 한국에서는 반 FTA 연합이 형성되었고, 270여 개의 단체가 함께 반대활동을 조직적으로 전개해 나갔다.

나는 국내 상황을 설명하고 대다수의 국민이 FTA 체결을 지지하고 있지만 농민, 노동, 환경, 영화산업과 반세계화 세력의 조직화된 반대가 한미 FTA를 위태롭게 한다고 경고했다. 그리고 한미 양국 정부에 몇 가지를 주문했다. 한국 정부는 한미 FTA의 긍정적인 효과를 국민에게 알기 쉽게 설명하고, 노무현 대통령은 한미 FTA를 적극적으로 지지해야 한다고 주장했다. 그리고 FTA 협상 결과를 투명하게 밝혀야 한다는 점을 강조했다. 미국 정부는 협상 과정에서 한국에 민감한 문제나 특정 그룹에 민감한 문제는 신중하게 대응해야 하며, 국내에서 불필요한 반대가 일어나지 않도록 신경 써야 할 것이라고 전했다. 그리고 한미 FTA 지지를 확산하기 위해서 '조기수확'을 통해 한국 국민의 지지를 받을 수 있는 합의사항을 먼저 발표하는 것이 도움이 될 거라 내다보았다. 일례로 쌀시장 개방요구를 하지 않겠다는 입장을 미국이 발표하거나, 양국 간 비자면제협정 체결을 예고할 수 있다면 도움이 될 것이라고 했다. 나는 역사적인 무역협상이 양국 경제에 큰 도움이 될 것이므로 성공적으로 추진하여 비준할 수 있을 것이라 예상했다. 끝으로 주한미국상공회의소가 협상 타결을 위해 더욱 노력해 줄 것을 당부했다.

 국제원탁회의

2014년 초 미국의 코넬 헐 연구소와 우리나라의 대외경제정책연구원이 서울에서 공동주최한 국제원탁회의 측으로부터 의장으로 참여해 달라는 요청을 받았다. 이를 수락하여 나는 원탁회의 토의를 주재하게 되었다. 이 회의는 세계은행의 재정 지원으로 성사되었다. '다극화 세계경제속의 무역협력(Trade Cooperation in a Multipolar World Economy)'이라는 주제로 선진국과 개도국을 대표하는 25명의 통상전문가들이 한자리에 모여 당시 어려움을 겪던 도하협상의 활성화 방안을 논의하는 자리였다. 참석자의 대부분은 정부나 WTO에서 일할 때 알던 협상 책임자, 제네바 대사 혹은 WTO 고위 관계관들이었다. 나와 WTO에서 함께 일했던 인도 출신 안와룰 호다 전 사무차장도 참석하였다.

회의는 2014년 2월 이틀에 걸쳐 롯데호텔에서 개최됐다. 세계은행 무역국장을 역임한 버나드 호크만 박사가 '발리 통상장관 회의 이후의 세계경제상황'을 주제로 발제했고, 이를 토대로 토의를 진행했다. 참가자들은 최근 세계무역의 큰 변화를 '공급사슬 무역' 현상 하에서 하나의 상품이 여러 나라에서 나누어 생산되는 현상이라고 진단했다. 그리고 이로부터 발생하는 여러 이슈를 다자간 무역협상에서 다루는 것이 도하협상을 활성화하는 방안이라는 데 의견을 같이 했다. 당시 도하협상은 2001년 출범 이후 무역원활화 협상 타결 외에는 선 개도국 간의 심한 대립으로 부진을 면치 못하고 있었다. 원탁회의에서는 부진한 도하무역협상을 진전시키기 위해 선 개도국 공통 관심사항인 국제무역의 공급사슬에서 발생하는 관련 문제들을 다루는 것이 바람직하다는 의견이 모아졌다. 이를 위해 복수 국가 간 논의로 시작하여 WTO 차원으로 확대하는 방법이 좋겠다고 결론지었다. 이 내용을 담은 보고서는 원탁회의의 이름으로 발간하여 전략을 구체화했다. 후속 원탁회의는 개도국인 브라질과 남아프리카 공화국에서 개최하여 접근방법에 대한 개도국의 지지를 확보하자는 의견이 모아졌다. 서울 원탁회의는 큰 이견 없이 끝났지만 이후 열리기로 했던 후속회의들은 도하협상이 중단됨에 따라 공감대 부족과 재원확보의 어려움으로 불발되었다. 현실적으로 공급사슬의 문제는 WTO에서 지금 당장 논의되기 어렵다. 그러나 앞으로 국제무역의 주요

이슈로 다루어 질 가능성은 충분히 있다고 생각되므로, 서울 국제원탁
회의에서의 논의는 그 나름대로의 의미가 있었다고 생각한다.

66 2005년 가을, 무역투자연구원ITI을 창립했다. 내가 설립자로서 이사장직을 맡았고 초대 원장에는 채훈 전 코트라 부사장을 기용했다. ITI는 통상 문제를 다루는 국책연구소와는 달리 정부기관에 외국과의 통상협상에서 겪는 문제에 대한 연구, 자문 서비스를 제공하고, 우리 기업과 해외 기업에 통상, 투자문제에 대한 해결방법을 제시하는 데 목표를 두었다. 민간연구소로서 이런 시도는 우리나라에 처음 있는 일이었다. 99

6부

이어지는 이야기

1997년 삼형제가 유럽에서 일할 당시 파리에서 어머님을 모시고

남은 이야기들

 《통상을 넘어 번영으로》 발간

나는 2013년을 맞으며 책을 쓰겠다는 계획을 추진하기로 했다. 그 동안 정부·국제기구·대학에서 일하며 많은 글을 써왔고 상당 부분 자료를 남겨두었기에 내가 했던 통상 분야의 일들을 정리할 수 있겠다는 생각이었다. 처음에는 회고록을 생각했으나 우선 내가 해온 일과 관련하여 연설문·강연·기고문·학술지 등의 자료를 가감 없이 정리하여 책으로 남기기로 했다. 회고록은 후에 기회가 되면 써보겠다고 생각했다. 나는 그 해 초부터 자료 분류 작업을 시작하여 시간 나는 대로 꾸준히 책 발간을 위한 준비를 했다. 독자에게 쉽고 재미있는 책이 되진 않겠지만 우리가 걸어온 통상의 길을 꿰뚫는 기록으로 남기를 희망하며 발간을 준비했다. 과거에 했던 일을 정리해서 책으로 내는 작업이었기 때문에 새로 글을 쓰는 것은 아니었다. 그리 긴 시간을 요하지는 않았지만 더러 영상으로 남아 있는 TV 강연이나 인터뷰 자료는 까다로운 문서화 작업을 거쳐야 했다. 이 과정에서 내 비서 역할을 했던 추희연 양과 ITI 이광현 실장의 도움이 컸다. 자료를 살펴보니 국·영문 자료가 거의 반반이었다. 따라서 국문으로 하나, 영문으로 하나씩 책을 출판하는 것이 좋겠다고 판단했다. 그때까지 한국 경제 발전 과정을 다룬 거시경제 정책에 대한 상당한 영문 자료가 있었지만 통상 관련해서는 영문으로 된 자료가 거의 전무했다. 따라서 내 책이 학문적으로도 상당히 유용하게 쓰이리라 생각했다. 책의 제목은 내가 장관 재직시절부터 관계를 유지해 온 기자들과의 저녁자리에서 탄생했다. 한 저녁모임에서 나는 책 발간 계획을 얘기하고 책 제목이 고민이라고 했다. 그러다 한 기자가 '통상을 넘어 번영으로'라는 제목을 제안했고, 다른 기자들 역시 호응해주었다. 훌륭한 제안이었다. 내 국문 책 제목은 이렇게 확정되었다.[24] 영문 책의 제목에 대해서도 고민하던 나는 런던에 있는 영국왕립국제문제연구소에서 1994년 7월 14일 WTO 사무총장후보로서 행한 기조연설문의 제목 'Trade Winds of Change(변화의 무역풍)'을 내 영문 책의 제목으로 쓰기로 했다.[25] 이 제목은 무역국으로서의 한국의 부상과정을 잘 나타내기도 하고 그 속에서 나의 역할 변화를 나타내기도 한다는 생각이 들었기 때문이다. 나는 2014년 4월 책을 발간하며 다음과 같은 머리말을 썼다.

'지난 40년은 우리나라가 수출 10억 불대의 개발도상국으로부터 세계8위의 중견 무역국가로 부상한 기간이다. 무역을 통해 경제발전을 이룩한, 세계에서 보기 드문 성과를 이룩한 기간이기도 하다. 이런 시기에 무역 정책에 직간접적으로 참여했던 한 사람으로서 한국의 통상 전략과 세계 통상 문제에 대해 당시 어떤 생각을 하고 있었는지 기록으로 남겨두는 것이 조금이나마 의미 있는 일이라고 생각되어 이 책을 준비하게 되었다.'

 ## 우리 가족 이야기

집사람 한유순은 우리가 제네바에서 서울로 돌아온 직후 2000년 초부터 지금까지 20년 동안 대한적십자사 서울지사 여성봉사 특별자문위원회에서 활동하고 있다. 적십자가 지향하는 인도주의가 본인의 이상과 가깝다고 생각해 큰 의미를 가지고 일하는 것 같다. 아내가 2017년 자문위원회 위원장을 맡을 때부터 적십자 일이 우리 생활의 일부분이 된 듯 중요해졌다. 어머님도 40년을 적십자 본사 자문위원으로 계셨으니 우리 집안은 두 세대에 걸쳐 적십자와 인연을 맺고 있는 것이다. 나는 직접 봉사활동을 하지는 못했지만 집사람에게 도움이 되기 위해 노력해왔다. 모금이 큰 문제인 적십자를 생각해 법률회사 일로 해외 출장을 갈 때면 선물로 적십자 바자에 나온 물건들을 가지고 다녔다. 회사 도움으로 적지 않은 기여를 해온 셈이다. 나는 집사람이 외국 고객들이 좋아할만한 세련된 감각의 한국적인 것을 여러 가지 개발하고 공장을 직접 찾아다니고 제작에 참여하는 모습을 보며 그 열정에 감탄하곤 했다. 나는 적십자사에 도움이 되는 방법을 모색하던 중 내가 이사회의 장으로 있는 에쓰오일이 적십자사에 기부금을 낼 수 있는지 알아보았다. 나는 기업의 CEO에게 협의했고, 그가 흔쾌히 응해주어 큰 액수를 기부하게 됐다. 2018년에도 기부를 이어나갔고 집사람이 무척 감사하게 생각하고 있다. 그리고 2019년, 아내의 은퇴를 앞두고 나로서는 적지 않은 기부금을 그의 명의로 내도록 도와주었다. 적십자사는 아내에게 큰 의미를 가진 단체이고 어머님도 관여하신 기관이기도 하다. 아내의 표현대로 '세상에서 가장 아름다운 단체'라는 적십자를 알게 돼 나도 기쁘다. 아내는 2019년 3월에 2년간 서울지사 부회장 임기를 마쳤고 대한적십자사로부터 적십자 광무장 금장을 수여받았다.

아들 주홍이는 김·장 법률사무소에서 벌써 10년 이상 근무하여 이제 중견 외국변호사로 활동하고 있다. 며느리 이기은 교수는 KDI 정책대학원에서 KAIST 경영대학원으로 옮겨 적지 않은 연구실적을 올렸고, 젊은 나이에 부교수로 종신교수가 되었다. 며느리가 교수 생활을 하면서도 초등학교에 다니는 딸 이수를 반듯한 사람으로 키우는 모습을 보며 늘 아내와 함께 감사하고 있다. 기은이는 2017년에 학교에서 안식년을 받아 손녀 이수와 함께 미국 보스턴에 다녀왔다. 본인은 연구하고, 이수는 미국학교를 다니면서 영어실력을 키워 돌아왔다. 나도 2017년 말 보스턴에 출장 가서 아이들과 즐거운 시간을 보내고 돌아오기도 했다. 딸 주연이는 오빠보다 훨씬 먼저 결혼했다. 외손자 종원이는 군복무를 마치는 중이고 올해 9월 초 성균관대에 복학할 예정이다. 외손녀 세원이는 KAIST에 들어가 벌써 3학년이 되었다. 주연이는 어머니로서 헌신적

으로 애들을 돌보아 왔고 아이 둘 모두 좋은 대학에 입학시키느라 수고
가 많았다. 이제는 애들이 대학생이 되어 조금 자유로워져 자기 취미를
살려보려 하는 것 같다. 늘 꽃에 대한 관심이 크더니 이제는 본격적으로
꽃 관련 사업을 해보려 한다. 2018년에는 이종사촌의 소개로 영국의 꽃
브랜드 맥퀸(McQueens Flowers)의 한국사무소 대표를 맡아 여러가지 사업
구상을 하고 있다. 사위 임진서군은 한국화장품 부사장으로 늘 바쁘지
만 자상하고 가정적인 성격으로 가정을 이끌고 있다. 이처럼 가족 모두
가까이 살면서 자주 만나고 건강히 지내고 있어 흐뭇하다. 다들 잘해주
고 있어 늘 감사하게 생각할 따름이다.

어머님의 별세

2016년 11월 초 나는 미국출장 중이었다. 서울에서 어머님
이 돌아가셨다는 소식이 왔다. 내가 출장을 떠날 때만 해도 건강이 괜찮
으셨기에 출국인사를 드리고 미국에 와있던 차였다. 돌아가실 때 연세가
103세이셨으니 많이 약해지신 것은 어쩔 수 없는 일이었지만 정신도 맑
으셨고 특별한 지병도 없으셨다. 나는 같이 출장을 떠난 법률사무소의
김태홍 소장에게 나머지 일정을 부탁하고 다음날 새벽 첫 비행기로 보스
턴을 출발하여 억누를 수 없는 슬픔을 참으며 서울로 돌아왔다. 그리고
어머님의 마지막 모습을 볼 수 있었다.

1975년 아버님이 돌아가신 후 40년이 넘는 시간 동안 우리 집안의 기

둥으로 흔들림 없이 가족을 지켜주신 어머님이 가셨다는 것은 좀처럼 받아들이기 힘든 일이었다. 내가 아주 어렸을 때, 해방 후 어머님의 손목을 잡고 이남으로 내려오려고 오른 배에서 풍랑을 만났던 희미한 기억이 되살아났다. 국민학교 시절 숙제를 잘못했다고 회초리를 드신 후 본인이 직접 실로 꿰매 만든 공책을 주시곤 숙제를 다시 하도록 하신 기억들도. 열일곱 살 때 미국으로 유학 떠나던 나를 공항에서 걱정하시던 모습도 떠올랐다. 어머니는 나의 오랜 유학 기간 동안 한 달에 한 번 꼴로 거르는 일 없이 편지를 보내주셨다. 또박또박 반듯이 세로로 쓰신 편지에는 집안 소식과 유학생활을 하면서 주의할 사항을 깨알같이 적어주셨다. 귀국 후 내가 공직생활을 하고 부터는 가끔 공직자로서의 바른 생활 태도에 대해서도 말씀해주셨다. 그리고 평소 모든 일에 조심하는 태도와 검소한 생활을 하시며 모범을 보이셨다. 어머님은 내가 아버님에 이어 장관직에 오른 것을 자랑스럽게 생각하셨지만 여러 사람들 앞에서는 이를 드러내지 않으셨다.

어머님은 1915년에 개화된 개성의 한 만석꾼 집안에서 태어나 지금의 경기여고를 졸업하셨다. 그 뒤 경성 사범학교 연습과를 마치시고 황해도 천태 보통 소학교 교사로 부임하셨다. 아버님을 만나 결혼하신 것은 1935년이다. 두 분은 슬하에 3남3여를 두셨다. 아버님이 상처를 하시고 어머님을 만나셨기 때문에 위로 형님 한 분이 더 계시다. 나는 4남 3녀 중 셋째다. 교사이셨기 때문인지 어머님은 아들딸 교육에 무척 철저하셨다. 7남매가 모두 서울고교, 경기고교, 경기여고나 이화여고를 졸업했고, 서울대학교를 졸업하거나 외국유학을 했다. 남자형제 4명이 모두 박사학위를 취득했는데, 우리나라에서는 드문 경우였다. 영수 형님은 원자공학박사, 둘째 여수 형님은 철학박사, 나는 정치학박사, 동생 윤수는 경제학박사 학위를 미국대학 혹은 독일대학에서 받았다. 여동생들은 음악, 미술, 문학 등 문학예술 분야에 큰 재능을 발휘하여 큰딸 영경이는 피아니스트, 둘째 여애는 작가, 막내 명희는 화가로 국내와 미국에서 각자 분야에서 두각을 발휘했다. 몇 년 전 큰형님은 미국에서 돌아가셨다. 나머지 6남매는 아직도 건재하다. 큰형님의 유해는 미국에서 돌아와 태릉의 가톨릭 가족묘에 할머님, 아버님, 어머님 산소 아래 묻혔고, 어머님은 아버님이 돌아가신 후 둘째 여수 형님과 형수님이 오랫동안 모셨다. 아래 위 아파트에 사셨기 때문에 다른 형제들이 안심할 수 있었고, 형님 내외가 어머님을 잘 모신 것에 늘 감사하고 있다.

나는 비교적 어린 나이에 유학을 떠나 상당기간 어머님과 같이 생활하지 못했다. 그러나 어머님을 향한 사랑과 존경심은 한결같았다. 아버님께서 계실 때도 어머님이 집안의 중심을 잡아 주셨던 것처럼 아버님이 가신 후에도 그 역할을 계속 해 주셨다. 노력도 상당하셨다. 아버님께서 돌아가신 후 어머님은 1976년부터 슬픔을 달래기 위해 동양화 사군자를 배우기 시작하셨다. 그분의 실력은 나중에 전시회를 여러 차례 가질 정도로 상당한 경지에 도달했다. 종교 생활도 열심히 하시어 우리 형제 대부분을 가톨릭 신자로 만드는 데 결정적 역할을 하셨다. 낙상으로 누워서 생활을 하실 때도 늘 십자가를 옆에 두고 계셨다. 아버님이 한국은행 총재를 맡으셨던 1955년부터 시작하신 대한적십자사 자문위원 활동도 꾸준하셨다. 1984년에는 여성봉사자문위원으로 활동한 공로에 대한 표창으로 대한적십자사 봉사장 은장을 받기도 하셨다. 그리고 2005년에는 대한적십자사여성 특별자문위원회 창립 50주년을 맞아 창립위원으로 표창을 받으셨다.

어머님은 2013년에 백수를 맞으셨다. 둘째 여수 형님을 중심으로 어떻게 축하를 해드리면 좋을지 의논하게 되었고, 백수기념집[26]을 내드리는 것으로 결정했다. 백수기념집에는 어머님의 사진, 어머님이 자손들에게 보낸 편지 그리고 그 동안 그리신 동양화 등을 수록했고. 어머님의 형제, 친지, 자식들이 그분을 기억하는 글을 싣기로 했다. 백수기념일에는 가까운 친지 자식들을 초대해 저녁을 함께했다. 미국에서 큰 형님 내외와 여동생 내외도 참석하여 모든 형제가 다 모인 자리였다. 어머님은 나와 우리가족에게 사랑을 주시고 인생을 이끌어 주신 분이다. 부디 하늘나라에서 편안 하시기를 빈다.

 두 가지 영예

법률회사 고문으로 활동하는 동안 내게 두 가지 영예로운 일이 생겼다. 하나는 2006년 미국 뉴햄프셔 주 수도인 콩코드에 있는 프랭클린 피어스 법과대학에서 명예 법학박사 학위를 받은 것이고, 또 하나는 2010년 모교인 미국 고등학교로부터 '자랑스러운 졸업생상Distinguished Alumnus Award'을 받은 일이었다. 프랭클린 피어스 법과 대학은 많은 한국 학생이 수학한 지식재산권 교육 전문 법과 대학이었다. 내가 특허청장으로 있을 때 매년 우수한 심사관을 이 대학에 유학시킨 적이 있었고, 내가 공직에서 나온 후 상임고문으로 들어간 리인터내셔널 법률사무소의 변리사들도 이 로스쿨에 많이 유학하고 있어 잘 알고 있는 대학이었다. 아들 주홍이도 이 로스쿨에서 지식재산권 석사와 J.D.학위를 받기도 했다. 나는 1997년에 모교인 매사추세츠 주립대학에서 명예 법학박사 학위를 받은 지 거의 10년 만에 두 번째로 명예 법학 박사학위를 받았다. 로스쿨 졸업식과 함께 거행된 학위수여식에서 나는 일인용 차량 세그웨이를 발명한 미국인 발명가 딘 케이만 씨와 함께 학위를 받았다. 이 법과 대학은 몇 년 후 뉴햄프셔주립대학의 법과대학으로 편입되었지만, 콩코드에 그대로 남아있다. 이 대학은 우리 법률회사와 오랜 인연을 맺고 있다. 김태홍 소장을 비롯하여 신윤숙 부소장, 박은영 변리사, 허건욱 변리사 등이 유학하여 지식재산권 석사 학위를 받았고 지금도 변리사 한 분이 이곳에서 공부하고 있다.

2010년에는 내가 졸업한 미국 고등학교에서 '자랑스러운 졸업생상'을 내게 수여했다. 이 수상은 특별한 의미로 다가왔다. 미국으로 유학을 떠나 첫 2년 동안 이곳에서 공부했고, 미국과 친하게 된 계기를 만들어 준 곳이기 때문이다. 우스타 아카데미에서 졸업50주년 기념식과 수상식을 함께 열어 주었기 때문에 나와 함께 공부한 30여 명의 동창생들도 참석해 축하해주었고, 수상식 만찬에는 학교의 이사장과 교장, 그리고 모든 선생님들과 유명 졸업생들이 대거 참석했다.

수상연설에서 나는 학교에서 처음 공부했던 한국인으로서의 학교생활을 회고했고 나를 미국에 제대로 소개한 선생님들과 동료학생들에게 감사를 표했다. 그리고 학교에서 보낸 시간이 발판이 되어 좋은 대학으로 진학할 수 있었고, 나중에 귀국하여 한국 경제 발전을 위해 일할 수 있었다고 밝혔다. 한미통상 관계를 원만하게 관리할 수 있었던 것은 우스타 아카데미에서 배운 미국 역사와 문화에 대한 이해도, 그리고 미국인을 이해하고 이들과 대화할 수 있는 능력을 키운 덕분이었다고 말했다. 마지막으로 나는 우스타 아카데미가 세계화의 큰 흐름 속에서 국제적 이해와 국경을 넘는 인간관계 형성을 교육 목표 중 하나로 삼아 줄 것을 당부했다.[27]

나는 상을 수상하고 몇 년 후에 출장 차 매사추세츠를 가게 됐고, 시간을 내서 우스타 아카데미를 다시 방문했다. 그리곤 학교가 본부 내에 새로 설치한 졸업생 홀을 볼 수 있었다. 홀의 한쪽 벽에는 2002년부터 '자랑스러운 졸업생상'을 수상한 졸업생 이름을 새긴 나무 패널이 설치되어 있었다. 나를 포함한 약 20여 명의 졸업생이 이 상을 받았으며 내 이름이 영원히 모교에 남아있게 된 것에 상당히 자부심을 갖게 되었다.

" 가족 모두 가까이 살면서 자주 만나고 건강히
지내고 있어 흐뭇하다. 다들 잘해주고 있어 늘
감사하게 생각할 따름이다. "

김철수 金喆壽 연보

출생	1941년 1월 26일(군산)

학력	경기고등학교 중퇴(1957)
	미국 우스타 아카데미 졸업(1960)
	미국 터프츠대학 졸업(1964)
	미국 매사추세츠 주립대학교 정치학 석사(1967) 및 박사(1973)
	미국 매사추세츠 주립대학교 명예법학 박사(1997)
	미국 프랭클린피어스 법과대학(뉴햄프셔 주립대학) 명예법학 박사 (2006)

주요경력	미국 세인트로렌스 대학 정치학과 조교수(1969-1970)
	상공부 시장3과장(1973-1977)
	상공부 수출1과장(1977-1979)
	상공부 통상진흥관(1979-1980)
	상공부 통상진흥국장(1980-1981)

민주정의당 상공 전문위원(1981–1984)

상공부 제1차관보(1984–1990)

우루과이라운드 협상그룹 의장(1986–1989)

제7대 특허청장(1990–1991)

제10대 대한무역진흥공사 사장(1991–1993)

제38대 상공자원부 장관(1993–1994)

초대 WTO 사무차장(1995–1999)

세종대학교 교수(1999–2001)

세종대학교 총장(2001–2005)

리인터내셔널 특허법률사무소 상임고문(2005–현재)

무역투자연구원 이사장(2005–현재)

상우회 회장(2005–2011)

사회적책임경영품질원 회장(2007–2016)

중앙대학교 법인이사 및 이사장(2008–2016)

포니정재단 이사 및 이사장(2008–현재)

에쓰오일 사외이사 및 이사회 의장(2015–현재)

주요수상	홍조근정훈장(1981)
	황조근정훈장(1991)

청조근정훈장(1995)

미국 디킨슨대학교(Dickinson College) 벤저민 러시상(1993)

미국 뉴욕 한국협회(Korea Society) 초대 제임스 반 프리트상(1995)

한국협상학회 초대 한국협상 대상(1996)

한국 국제통상학회 국제통상인 대상(2004)

미국 우스타 아카데미 "자랑스러운 졸업생"상(2010)

주요저서

1. 《통상을 넘어 번영으로: 경제발전과 한국의 통상》, (좋은땅, 2014).

2. 《Trade Winds of Change: Korea in World Trade》, (G-World, 2014).

3. 〈Parties and Factions in Korean Politics〉, Ph.D. Dissertation, University of Massachusetts, 1973.

4. Super 301 and the World Trading System: A Korean View, in Jagdish Bhagwati and Hugh Patrick, 〈Aggressive Unilateralism: America's 301 Trade Policy and the World Trading System〉, (University of Michigan Press, 1990).

5. 〈"Korea" in The World Trade Organization: Legal, Economic and Political Analysis〉, Vol. III, edited by P. Macrory, A. Appleton and M. Plummer, (Springer, 2005), pp. 183-214.

1 Chulsu Kim, "The Changing World Trade Environment and Future of Trade Remedies", Keynote Address, Seoul International Forum on Trade Remedies 2019, Seoul, May 16, 2019.

2 이 인터뷰는 SBS CNBC에서 2018년 6월 14일 밤 11:00–11:50에 방영되었다.

3 《디지털 타임스》, 2018년 12월 21일 자, pp. 4–5. 이 인터뷰는 https://youtu.be/SGlCMfO2kf4 에서 볼 수 있다.

4 United State Senate Committee on Finance, Hearing on "Approaching 25: The Road Ahead for the World Trade Organization", March 12, 2019.

5 "Potential Economic Effects of a Global Trade Conflict", World Trade Organization, April 1, 2019.

6 김유택, 《회상 65년》, (합동통신사 출판부, 1964).

7 Chulsu Kim, 〈Parties and Factions in Korean Politics〉, Doctoral Dissertation, University of Massachusetts, Amherst, May 1973.

8 Chulsu Kim, 《Trade Winds of Change: Korea in World Trade》, (G–World, Seoul, 2014), pp. 103–114.

9 김철수 "21세기 국제무역환경 변화와 대응전략" 중앙공무원 교육권 특강, 1993.2.22, 《통상을 넘어 번영으로》, (좋은땅, 2014), pp. 76–83.

10 Chulsu Kim, "The Next Step in U.S. – Korean Relations" in 《Trade Winds of Change: Korea in World Trade》, (G–World, Seoul, 2014) pp. 187–198.

11 Chulsu Kim, "Korea–U.S. Industrial Alliance in the Changing Global Economic Order" in 《Trade Winds of Change: Korea in World Trade》, (G–World, Seoul, 2014), pp. 199–211.

12 "국제화 개방화에 따른 우리의 국제경쟁력 강화방안", KBS 특별초대석 강연, 1993.12.13 방영, 김철수 《통상을 넘어 번영으로》, (좋은땅, 2014), pp. 195–211.

13 Benjamin Rush Award Ceremony, Dickinson College, May 18, 1994, in 《Trade Winds of Change: Korea in World Trade》 by Chulsu Kim, (G–World, Seoul, 2014), pp. 28–38.

14 《조선일보》, 1995.3.24, "세계기구 진출 문 열어 만족".

15 〈서울경제〉, 1997.12.22, 김철수, 《통상을 넘어 번영으로》, (좋은땅, 2014), pp. 170–172.

16 "Outlook for Asian Economics in the Year 2003", JETRO · IDE Symposium, Tokyo, February 5, 1995, Chulsu Kim, 《Trade Winds of Change: Korea in World Trade》, (G—World, Seoul, 2014), pp. 369–381.

17 Acceptance Remarks, James Van Fleet Award Ceremony, Korea Society, New York, November 1, 1995 in Chulsu Kim, 《Trade Winds of Change: Korea in World Trade》, (G—World, Seoul, 2014), pp. 220–223.

18 "21세기의 동북아 지역 경제 협력 방안" 기조연설, 김철수, 《통상을 넘어 번영으로》, (좋은땅, 2014), pp. 376–381.

19 "국가 경쟁력과 인재양성", 김철수, 《통상을 넘어 번영으로》, (좋은땅, 2014), pp. 255–261.

20 "The Future of Korean—Japanese Economic Relations". Doshisha Economic Seminar, Dec. 4, 2004, Chulsu Kim, 《Trade Winds of Change: Korea in World Trade》, (G—World, Seoul, 2014), pp. 274–285.

21 "WTO 시대의 한국무역정책 방향", 2003.3.27, 김철수, 《통상을 넘어 번영으로》, (좋은땅, 2014), pp. 26–33.

22 〈매일경제〉, 2005. 9.22, "무역투자연구원 설립한 김철수 전 상공부 장관", 〈헤럴드경제〉, 2005.9.30, "기업 해외 진출, 투자 유치 가교역할", 〈이코노미스트〉, 2005.10.11, "민간 무역투자연구원 여는 김철수 전 상공부 장관".

23 〈한국경제신문〉, 2012.5.15., P.15.

24 김철수, 《통상을 넘어 번영으로》, (좋은 땅, 2014).

25 Chulsu Kim, 《Trade Winds of Change: Korea in World Trade》, (G—World, Seoul, 2014).

26 《혜당 박흥득 : 어머니의 삶과 사랑을 기리며》, (효성문화, 2013).

27 Acceptance Speech, Distinguished Alumnus Award Ceremony, Worcester Academy, May 8, 2010. in 《Trade Winds of Change: Korea in World Trade》, (G—World, Seoul, 2014), pp. 233–237.